当代中国高等教育改革口述史丛书（第一辑）
编委会

顾问
柳斌杰　第十二届全国人民代表大会教育科学文化卫生委员会主任委员
　　　　原国家新闻出版总署署长　国家版权局原局长
　　　　清华大学新闻与传播学院院长
章开沅　著名历史学家、教育家　华中师范大学原校长

主编
周洪宇　第十三届全国人民代表大会常务委员会委员
　　　　湖北省人民代表大会常务委员会副主任
　　　　中国教育学会副会长　华中师范大学教育学院教授

学术协调人
刘来兵（华中师范大学）

编委　（按姓氏拼音排序）
蔡三发（同济大学教授）　　　　申国昌（华中师范大学教授）
操太圣（南京大学教授）　　　　沈　红（华中科技大学教授）
陈洪捷（北京大学教授）　　　　石中英（清华大学教授）
程方平（中国人民大学教授）　　眭依凡（浙江大学教授）
程斯辉（武汉大学教授）　　　　熊庆年（复旦大学教授）
杜成宪（华东师范大学教授）　　熊贤君（深圳大学教授）
刘海峰（厦门大学教授）　　　　徐　勇（北京师范大学教授）
陆根书（西安交通大学教授）　　张传遂（湖南师范大学教授）
欧七斤（上海交通大学研究馆员）

湖北省学术著作出版专项资金资助项目

当代中国高等教育改革口述史丛书（第一辑）

顾问 柳斌杰 章开沅　　主编 周洪宇

实践—理论—应用
潘懋元口述史

潘懋元　口述
郑　宏　整理

中国·武汉

图书在版编目(CIP)数据

实践-理论-应用:潘懋元口述史/潘懋元口述;郑宏整理. —武汉：华中科技大学出版社，2019.1(2024.5重印)

(当代中国高等教育改革口述史丛书. 第一辑)
ISBN 978-7-5680-4752-4

Ⅰ．①实… Ⅱ．①潘… ②郑… Ⅲ．①高等教育-教育史-中国-现代 Ⅳ．①G649.29

中国版本图书馆 CIP 数据核字(2018)第 266238 号

实践—理论—应用——潘懋元口述史
Shijian—Lilun—Yingyong——Pan Maoyuan Koushu Shi

潘懋元　口述
郑　宏　整理

策划编辑：周晓方　杨　玲　周清涛
责任编辑：章　红
封面设计：原色设计
责任校对：何　欢
责任监印：周治超

出版发行：华中科技大学出版社(中国·武汉)　　电话：(027)81321913
　　　　　武汉市东湖新技术开发区华工科技园　　邮编：430223
录　　排：华中科技大学惠友文印中心
印　　刷：湖北金港彩印有限公司
开　　本：710mm×1000mm　1/16
印　　张：20　插页：4
字　　数：266千字
版　　次：2024年5月第1版第2次印刷
定　　价：168.00元

本书若有印装质量问题,请向出版社营销中心调换
全国免费服务热线：400-6679-118　竭诚为您服务
版权所有　侵权必究

◆ 1945年获厦门大学学士学位

◆ 潘先生(右六)1981年访问英国卡迪夫

◆ 2004年潘先生参加厦门大学教育研究院元旦晚会

◆ 2009年潘先生到韶山

◆ 2010年潘先生在从教75周年庆典上

◆ 潘先生把自己的英文版论文集赠送给加拿大著名学者许美德教授（右一）

◆ 潘先生与学生们在厦门大学新体育场

◆ 潘先生在家里的学术沙龙

总序

一

"记忆的需要就是历史的需要。"①

历史是有目的的人的活动。这是自有人类记忆以来传统总是被口耳相传和文字记述的原因,也是今天学者们通过不同的历史课题探究过去的原始驱动。记述往往与客观现实有所偏差,使得部分历史学家不满足于从正统的史书和典籍中发现过去,热衷于从笔记、小说等私人叙述空间中寻找历史。在当代,越来越多的历史学者不再只是枯守故纸堆,而倾注时间走向更为广阔的生活空间,留心于观察、倾听、访谈,用声音和影像来保存历史,是为口述历史的实践。

20世纪80年代以来,中国处于一个前所未有的改革大时代,教育改革是社会变革的重要组成部分,并在一定程度上影响和推动了中国的社会变革。在这个过程中,涌现出一批思想解放、视野开阔、勇于改革、善于创新的高校校长,成为勇立时代潮头的弄潮儿。他们大都是中国高等教育改革的亲历者、参与者、组织者、实施者、推动者、见证者,他们或重教学改革或重科学研究,或重社会服务或重文化引领,或重国家需要或重大学自主,或重人文社科或重自然科学,或重行政改革或重教师作用,或重本科教学或重研究生发展,或重顶层设计或重基层创新,或重本土联盟或重国际合作,

---

① [法]皮埃尔·诺拉主编:《记忆之场:法国国民意识的文化社会史》,黄艳红等译,南京大学出版社2015年版。

以高等教育改革家之风范,从高等教育不同层面入手,披荆斩棘,大刀阔斧,为推动中国高等教育的改革和发展发挥了重要的奠基和垂范开拓作用。本套丛书以当代中国高等教育改革为主题,以当面访谈聆听20世纪80年代以来一批高等教育改革家的高等教育改革的亲身经历和体会,同时将这些一手资料整理成书,传于后人,具有重要性、必要性和紧迫性。

组织编写出版本丛书是一件很有意义的事情。现代口述历史先驱、英国历史学家保尔·汤普森(Paul Thompson)认为,口述历史的基本重要性在于给了孩子们、学生们,或者说年轻人,一个理解过去发生的事情的机会。2017年是恢复高考40周年,社会各界和人士通过不同的方式举行了纪念活动。恢复高考是国家的英明决策,于国于民都影响深远。那么,高考是如何恢复的?恢复之后大学的办学是如何逐步恢复并发展的?其中都离不开大学校长在此间的努力。本套丛书所邀请的校长便是这一重要历史活动的亲历者与主持者,他们能够提供作为历史参与者的视角与声音。2018年是改革开放40周年,教育作为社会系统中的重要组成部分,能反映社会整体变革的内容。1977年,邓小平在科学和教育工作座谈会上提出:"我们国家要赶上世界先进水平,从何着手呢?我想,要从科学和教育着手","不抓科学、教育,四个现代化就没有希望,就成为一句空话"。他明确把科教发展作为发展经济、建设现代化强国的先导,并将其摆在中国发展战略的首位。在教育系统中,高等教育的地位举足轻重,尤其是对于中断高考十年之久的国家来说,急需一批年富力强的青年骨干承担起建设现代化国家的重任。本丛书的出版对回顾过去40年来高等教育改革发展与社会经济变革具有重要意义,既是缅怀过去,也是总结现在,还能展望未来。

编撰出版本丛书为回顾中国特色社会主义高等教育制度发展历程提供口述历史资料很有必要。口述历史的必要性关涉的是历史本质、功能与意义的讨论。历史是什么?谁是历史的叙述者?怎样的档案资料才能呈现最客观的历史?在历史学的研究中,此类问题的解答通常被视为专业的缄默知识体系构建。口述历史研究者认为人民应该享有话语权,通过人民的声音,把历史交还给人民。正如意大利历史学者克罗齐所言,"一切历史都是当代史",口述历史的基本功能在于留存当代历史参与者的口述档案资料。收集口述历史资料的必要性在于:一是能提供档案资料的补充与印证,弥补档案资料中某些重大事件过程与细节的缺失;二是口述历史资料可以发挥历史研究和社会教育功能,那些重要历史事件的决策者、参与者通过口述历史能够提供更为丰富的历史细节,而对于一般公众来说,通过阅读这些口述资料更具有社会教育意义。本丛书是口述历史在当代高等教育研究领域的一次尝试。新中国成立以来,我国一直在探索建立中国特色社会主义教育制度,尤其是高等教育发展经历了起步、发展、挫折、中断、恢复、改革与腾飞的多样化的发展阶段,我国当代对教育改革发展历程的研究是当代教育史研究的重要组成部分。

本丛书编撰出版具有紧迫性。20世纪80年代以来,中国高等教育改革与发展经历了几个不同的发展阶段,不同时期均涌现出杰出的大学领导者。第一批引领高等教育改革的校长们有的已经辞世,大多已进入耄耋之年,本丛书的编撰有抢救性保护之意,是为这批勇立改革潮头的中国高等教育改革领军人物留下智慧以指导未来我国高等教育进一步改革创新。本丛书编撰的初衷之一便是考虑到曾担任华中工学院(现华中科技大学)党委书记兼院长的朱九思先生已年近百岁,为他整理完成口述史实属迫在眉睫。遗憾的是,我们在整理朱九思教育口述史的过程中,先生于2015年6月13日因病医治无效逝世,他指导的博士生、现为重庆工商大学副校长的陈运超教授在博士学位论文基础上,凭借朱九思先生生前谈话、师门集体回忆,以及朱九思先生系列著述,费时数年完成该书的整理工作。因而,当面访谈聆听20世纪80年代以来一批高等教育改革家的高等教育改革的亲身经历和体会,同时将这些一手资料整理成书,传于后人,已经成为一件具有重要意义和急迫的事情。

二

口述历史不同于学术著作,相比学术著作而言口述历史的读者受众更加广泛。我们在编撰本丛书的过程中,结合口述历史的特点考虑本丛书所追求的风格、特点和定位。

力求复原史实、保全史料、深化史学。要做好口述历史研究工作,应明确"历史"的三层含义,即客观的事实(史实)、主观的记载(史料)和主客观结合的研究(史学)。与传统的单纯以文献为依据进行的历史研究不同,口述史研究是史实、史料和史学三层历史的融合。口述者叙述的是史实,但首先是属于口述者自己认定的事实,还需要通过记载的史料去印证,整理者通过比对口述材料与文献材料也能得到最终的口述历史作品。口述历史必须恪守真实、客观、中立的基本原则,必须厘清访谈者与口述者之间的关系。左玉河教授认为历史研究者与历史当事人是口述历史研究的双重主体,但两者在口述访谈中充当的角色及所尽的职责是不同的。作为访谈者的历史研究者,是口述历史访谈的策划者和引导者;作为口述者的历史当事人,是口述历史访谈不可缺少的主角。口述历史访谈的过程,是访谈者与当事人通过口述访谈的方式共同回忆和书写某段历史的过程。本套口述史丛书力求做到以史为据、论从史出、史论结合、述多议精,求信、求实、求真,为后世存信史,为学术做积累,为改革指正路。

力求形式与本质的结合。口述历史作为一种史学实践在近年来颇为兴盛,源于社会大众对历史的关注热情显著增强。大众在获得一定的物质保障之后,会转向对精神、文化的追求以提升自身的素养,人们开始去关注历史的、过去的、传统的东西,而不只是当下的日常生活。口述历史能很好地满足大众对当代社会生活中某些重要事件的了解。这套口述史丛书,"口述"是形式,是特色,"历史"是本质,是根本。既要遵从口述的"形式"和"特色",更要坚持历史的"本质"

和"根本",使之与一般历史著作区别开来,具有口述历史的风格和追求。

力求口述文本鲜活、生动、可读。口述者有自己的语言风格,善述者引人入胜。作为大学领导者,卓越的演讲能力是其胜任领导职位的基本能力之一。然而,口述历史与平常的对话不一样,需要整理者在前期做好一定的准备,把要了解的内容提前告知口述者,口述者需要一定的时间去回忆,甚至是查阅资料去印证。对话的过程要尽可能做到问题有来由、事情有曲折、过程有细节、结果有悬念、语言口语化。问题有来由强调的是口述历史有自己的主题,是带着问题开展的研究工作,而不是日常生活中的漫谈。问题可以是整理者在前期准备的,也可以是口述者根据主题自我提出的。事情有曲折强调重要历史事件的发生发展均是螺旋式前进的,其过程大多循环反复,通过不懈的坚持与努力才能最终取得成功。过程有细节强调的是在事件的重要节点与关口,某些重要决策与行动使事件的发展方向发生根本性转变,在此结果之前所发生的细节过程仅仅是少数参与者才知晓的,而这也正是需要通过口述历史公之于众的。结果有悬念强调的是叙述能引人入胜,而不是故作惊悚,是增加可读性,使人们意识到任何一次成功的改革实践均是特定时期不同主体博弈的最终结果。语言口语化强调的是口述历史不是文本写作,是日常生活中口述者的自我呈现,这种表述更容易被大众所接受。

力求处理好共性与个性的关系。本套口述史丛书以当代中国高等教育改革为主题,每一位大学领导者均以个人主导大学改革为主题开展口述史的整理工作,每一本口述著作既要反映时代和改革的共性问题,也应体现传主的个别应对及其个性特征。共性指不同高校教育改革的普遍性质,个性指每一位大学领导者推进教育改革的特殊性质。教育是社会系统中的组成部分之一,教育改革离不开整体的社会变革系统的支持,也受制于一定时期的社会改革氛围。同一历史时期的不同高校的改革,所面临的时代和改革背景是一样的,具有共性的时代烙印。不同的大学领导者具有不同的改革思路与领导方式,即使在共性的改革背景下也会呈现出不同的改革实践。从纵向来看,不同时期的大学改革实践更是如此,因而,对每一位大学领导者的个性呈现是本丛书的特色所在。

力求处理好重点与非重点的关系。口述历史的叙事风格在追求可读性、鲜活性、生动性的同时,必然以付出较多的篇幅为代价,甚至是事无巨细的情节交代,在此过程中如何在有限的篇幅中呈现重点的内容,而不至于被其他非重点内容所掩盖,是本丛书在编撰时一直强调要处理好的问题。我们认为,重点不在于篇幅的"多",更是思考的"深",只有篇幅的"多"而没有思考的"深",那是"流水账",要避免写成"流水账",力争成为"沉思录"。而要成为"沉思录",需要做到"国际视野、中国特色、问题意识、改革导向"。国际视野是叙述中国高等教育改革的发生被置于国际高等教育发展趋势的观照之下。毋庸置疑,中国高等教育改革发展有自己的道路与模式,然而西方国家建设高等教育的经验应该成为我们建设中国特色社会主义高等教育制度的借鉴。中国特色是指我国高等教育改革是在中国特色社会主义教育制度内进行的,尽管有借鉴西方国家高等教育办学经验,但坚持社会主义办学方向是永不动摇的根本。问题意识是指以问题为中心论述大学改革的主要思考与举措,这些问题能反映大学改革的困境与突破以及决定未来走向,在推进大学改革这一过程中遇到哪些困难以及如何克服这些困难并有哪些经验和启示。改革导向是指这套口述历史丛书不是个人的生活史、活动史,而是以20世纪80年代以来中国大学改革为主线的口述史。在叙述的过程中要把个人生活史与改革史结合起来,个人的日常生活与后来的主持大学改革是有内在关联的。

应处理好经验与教训、正面与负面的关系。任何一项改革都不是一帆风顺的,其过程必然是反复曲折而最终达成的。20世纪80年代的中国高等教育经过拨乱反正后,在思想解放的大潮下获得快速发展,但在 80 年代末也遭受了西方势力侵蚀后的挫折,影响了一些大学改革的步伐,因而,该时期中国高等教育改革既有良好的经验,取得了积极的改革成效,也有深刻的教训。进入 90 年代尤其是 21 世纪之后,中国高等教育迎来理性的快速发展,逐步走向以中国特色的办学道路并入全球高等教育发展的轨道。因而,口述传主在对改革进行总结时应坚持客观理性的态度,认识到个体在整体中的作用是有限的,不宜只写传主如何"过五关斩六将",还要写其"走麦城",敢于自曝其短。这不仅反映历史的真实,体现人格的境界,而且也会给后人更多的启示。

力求处理好学校与个人的关系。一所大学改革的成功离不开校长的改革思路与实践以及协调各方关系的人格魅力,但不能完全归功于校长一人,与学校整体的改革环境也有密不可分的关系。正如曾任华中科技大学校长的中国科学院院士杨叔子所形容的,两者是"山"与"老虎"的关系,没有学校这座"山",就没有校长展示治校智慧与能力的舞台,所以说"山与虎为",而没有校长的治校智慧与能力,学校也难以实现跨越式发展,在这个意义上,可以说"虎壮山威"。两者不可或缺,相辅相成。因而,在口述的过程中,如何以大学领导者为核心,探讨学校在某个时期的整体发展环境,是很有必要的。

力求处理好大学自身办学规律与少数非学术、非教育因素但带有中国现阶段特征的关系。教育的发展离不开社会系统的支持,受政治、经济、文化的制约。大学发展同样如此,坚持社会主义办学方向,必须在社会主义制度内设计我国大学的改革方向。大学改革发展史,既有大学自身的办学规律,同时也要考虑到非教育因素、非学术因素的制约与影响。然而这部分的影响因素如何评判,不是短期内能够给予的,历史毕竟需要一定的时间才能看清背后的事实,这就要充分依靠传主和整理者的人生智慧。口述者应该谈出正能量,给人以温暖和力量,谈出未来,谈出希望。

三

本丛书最初的构想可以追溯到 2008 年初春，彼时刚好是恢复高考 30 周年，也是我们 77 级大学生 30 年前刚刚踏入大学校园的日子。犹记 1978 年 3 月初，我从湖北荆门姚河公社新华大队知青点取回行李，在家歇息几天后，便赴华中师范学院京山分院报到注册，正式成为华中师范学院历史系的一名新生，由此走上"知识改变命运"的人生之路。可以说，我个人命运的转折是以国家发展步入正轨为前提的，首先是整个民族发展的春天，其次才会有个人发展的春天。1978 年这个特殊的年份，无论是对我个人而言，还是对中国来说，都是一个重要拐点，具有里程碑意义。作为 77 级大学生，自己又是从事中国教育史研究的学者，组织编撰出版一套反映中国高等教育改革口述史丛书的想法便涌上心头。2008 年底，我在与新进入我门下攻读博士学位的刘来兵讨论他的博士学位论文选题时，与他交流了做大学校长口述史选题的想法，想借此机会推动当代中国高等教育改革口述史丛书的撰写工作。他在做了一番准备工作之后，随着个人研究兴趣的转移，改做教育史学理论研究，此事便搁置下来。2014 年，我早年指导的硕士生、现在华中科技大学出版社工作的周晓方找到我，与我沟通策划组织出版丛书选题事宜。周晓方所在的华中科技大学作为全国高等教育改革重镇，系高等教育研究人才荟萃之地，在学术研究、人才培养方面已经形成独有的特色和优势，具备较高地位和重要影响。我立即想到将已搁置数年的中国高等教育改革口述史丛书交由该出版社出版是最佳选择，此事已是迫在眉睫，且刘来兵博士现已留在华中师范大学教育学院工作，可以协助我完成组织出版工作。周晓方编审向华中科技大学出版社汇报了本选题，得到出版社的大力支持，将本丛书列为重点出版支持计划，并于 2015 年获得湖北省出版基金的资助。

四

在选题确定之后,我们分头联系国内几所高校已经退下领导岗位的校长们,主要有华中科技大学前校长朱九思、杨叔子,华中师范大学前校长章开沅,厦门大学前校长潘懋元,湖南师范大学前校长张楚廷,西安交通大学前校长史维祥,北京大学前常务副校长王义遒等,他们作为本丛书第一辑的口述传主先行出版口述史,另有其他数位前高校校长也已参与到本口述史丛书出版工作中来,他们的口述史作为本丛书的第二辑也将陆续出版。他们对本丛书出版计划给予了充分的肯定与支持,尽管他们年事已高,但仍坚持著书立说,发表对中国教育的真知灼见。他们的智慧与思想无疑对今后中国高等教育发展起到启迪作用,他们的肯定与支持使我们信心倍增,促使我们更加坚定地、全力以赴地完成本套丛书的编撰与出版。

在得到这些具有时代大学改革鲜明特色的校长们的认可与支持之后,我们又分别与校长本人以及校长们的学生进行了单独的沟通交流,并逐一确立了各口述史著作的整理者。我利用在北京参加会议之机,与原国家新闻出版总署(现国家新闻出版广电总局)署长柳斌杰沟通本套高等教育改革口述史丛书的选题情况,邀请其担任丛书顾问,并联系全国各所大学的从事高等教育研究的学者担任本丛书的编委会成员。有关丛书的编写体例,前期我与策划编辑周晓方编审和编委会秘书长刘来兵副教授进行了多次讨论,第一辑出版计划确定后,我们又征求了各位校长及各位口述整理者对编写体例的意见。考虑到本丛书中校长们的身体状况各不相同,无法保证每一位校长都能完全以口述加整理的方式完成书稿著述工作,故根据具体情况具体组织编撰,总体上保持口述历史的风格即可。随后,我们积极申报各级出版基金资助项目,现已获得2015年湖北省学术著作出版基金资助项目,并为争取获得国家出版基金项目资助做积极准备。

2017年2月17日，为推进本丛书的撰写工作，统合在撰写过程中的不同意见，华中科技大学出版社专门组织召开当代中国高等教育改革口述史丛书（第一辑）审稿会。华中科技大学总会计师湛毅青教授、北京大学原常务副校长王义遒教授、华中科技大学教育科学研究院院长张应强教授，以及本丛书主要口述历史整理者来自华中科技大学、西安交通大学、厦门大学、同济大学、华中师范大学、重庆工商大学的专家学者相聚武汉，交流本丛书参与写作的具体情况，共同回顾与展望中国高等教育的改革发展。

与会的专家学者一致认为，策划出版当代中国高等教育改革口述史丛书，还原高等教育改革家在高等教育改革领域的思想理念、真知灼见、践行历程，给时代留下真实的记录，为后来改革提供有益经验，传承后世，具有前车之功。与此同时，在党的十九大即将召开之际，借中国高等教育发展的大好时机，对老一辈高等教育学家的高等教育改革理论与实践进行梳理，对中国高等教育发展进行回顾与展望，这对实现"推动一批高水平大学和学科进入世界一流行列或前列，提升我国高等教育综合实力和国际竞争力，培养一流人才，产出一流成果"的宏伟目标具有重大意义和推动借鉴价值。2017年10月，党的十九大报告中指出要优先发展教育事业，加快高等教育内涵式发展，推动一流高校与一流学科建设，加快我国迈入教育强国行列的步伐。这充分说明本丛书的选题与编撰出版非常契合当前国家大力发展高等教育事业的需要。2018年，时值改革开放40周年，我们推出本丛书，希望能为总结改革开放40年来中国特色社会主义高等教育建设提供历史的借鉴。

本丛书在编撰过程中得到了国内多所高校以及大学领导者的大力支持，尤其是各位愿意参与本丛书计划的老校长们，在此一并致谢。参与口述史整理工作的诸位学者与我们结成了当代中国高等教育改革口述史丛书编撰团队，他们敬业的精神、严谨的态度、深厚的学术底蕴为本丛书的出版提供了保证。华中师范大学教育学院刘来兵担任本丛书编委会秘书长，协助处理日常具体事务与联络工作，华中科技大学出版社策划编辑周晓方等老师为本丛书的出版给予了极大的支持和帮助，在此谨表示衷心感谢。

今年是中国改革开放40周年，仅以此套丛书的出版隆重纪念改革开放40周年，向40年来为中国高等教育改革发展创新做出过巨大贡献的先驱者、探索者致以崇高的敬礼！

周洪宇

2018年元月

于武汉东湖之滨远望斋

前言

FOREWORD

"论从史出",说的是史论要从史料的研究中推导出来,这种治史方法,符合知识源于实践的人类认识过程。当然,史料必须是可信的。

但史书易得,"信史难求"!史书既有通史,又有专史;每门学科都有相应的学科史,如科学史、经济史、教育史等等;每部专著或研究论文,都有分章、分节介绍与课题有关的历史;此外,还有国别史、地域史、部门史、学校史等等,以致有人认为大学的课程内容,一半是学习历史。

但是,有多种主观或客观的因素,使得"信史难求"。例如:

1. 以政策的铺叙,代替历史的叙述。政策所提出的是"应然"的,而历史所叙述的应是"实然"的。某一政策的出台,往往是针对现实中某个问题,也即针对某一"实然"而提出"应然"。例如,高等教育在发展中,存在重数量的增长而不顾质量的问题,因而政策上提出要从外延式发展转变为内涵式发展。如果把"应然"的政策要求误解为"实然"的史实,岂非南辕北辙?

2. 大学的校史,应是比较具体而可信的高教史料,但也存在夸大校史上的光辉业绩而讳言校史上曾经存在的问题。正如一般工作总结,对一个时期的业绩津津乐道而对缺点、问题却一笔带过,轻描淡写。

3. 将先哲的理想作为史实。在中外古代教育史中,充满圣贤们的教育理想。如将中国古代的"有教无类"、西方古代的自由人教育(博雅教育)作为史实,以为中外古代就已有自由、平等、公平以及义务教育之类的教育。作为教育思想史，先哲们有这些思想；作为制度史，古代并无这些史实。

相对来说，教育工作者的口述史，可能比较接近于信史（这里所说的只是"相对""可能""比较"）。口述者将其思想与实践冶为一炉，而对理想与现实有所区别；探索社会上存在的实际问题，提出解决问题的想法或方案，不存在将"应然"作为"实然"；偶有自夸之嫌，也有自省之功，更不至于将他人或自己的理想误作历史的现实。

希望研究当代中国高等教育改革的专家、学者们，能从这套亲历亲思的口述史中，获得一些可以作为信史的史料。感谢周洪宇教授为当代中国高等教育提供信史所做的贡献。

潘懋元

2018 年 5 月 31 日

目 录
CONTENTS

第一章 厦门大学的发展历程 / 1

一、陈嘉庚：师生都称他"校主" / 1

二、"长汀精神"就是"本栋精神" / 6

三、汪德耀兼容并包建设学科完备的大学 / 10

四、王亚南率先创建研究型的重点综合大学 / 13

五、我担任厦门大学副校长前后 / 21

六、厦门大学历史与文化值得研究 / 33

第二章 高等教育改革与教育规律 / 36

一、教育两条基本规律 / 36

二、教育规律与教育实践的矛盾 / 46

三、高等教育与市场经济的关系 / 48

四、高等教育与文化的关系 / 50

五、理论研究如何发挥作用 / 52

六、对《教育规划纲要》的理解与研究 / 59

第三章 时代的选择：高等教育大众化 / 69

一、中国高等教育大众化时代 / 69

二、高等教育大众化与教育质量多样化 / 73

三、大众化进程的规模速度问题 / 82

四、大众化时期毕业生就业问题 / 83

五、应用型本科院校的定位与特色化发展 / 87

六、建立职业教育独立体系 / 99

第四章　高等教育管理：研究与实践 / 106

　　一、高等教育管理的研究 / 106
　　二、关于招生考试改革 / 113
　　三、高等学校评估 / 119
　　四、"双一流"建设 / 122
　　五、大学领导必须善于"沉思" / 132
　　六、学术权力与行政权力的关系 / 136

第五章　民办高校可能走在高教改革的前头 / 143

　　一、我对民办高等学校情有独钟 / 143
　　二、发展民办高等教育是大众化必由之路 / 146
　　三、对2002年《民办教育促进法》的看法 / 147
　　四、中国民办高等教育三阶段和第三条道路 / 154
　　五、独立学院的转型定位 / 161
　　六、中国民办高校的机制优势 / 173

第六章　教学改革是核心 / 186

　　一、"关键"与"核心"的关系 / 186
　　二、必须加强教学改革的研究 / 189
　　三、创新、创新人才与创新、创业教育 / 195
　　四、现代信息科技与"互联网＋教育" / 204
　　五、大学教师发展 / 210
　　六、中国研究生教育 / 219

第七章　高等教育研究：经验、问题与反思 / 229

　　一、新中国高等教育研究的发展历程 / 229
　　二、新中国高等教育研究的主要经验 / 241

三、高教研究在方法论上存在的主要问题 / 245

四、我的教育思想的背景:"封、资、修" / 251

五、给教育理论工作者的几点忠告 / 258

六、中国高等教育学科建设可能成为其他国家的借鉴 / 262

第八章　追寻高等教育的"中国梦" / 268

一、高等教育国际化与民族化 / 268

二、国际教育平台上中国应该从"听话"到"对话" / 272

三、高等教育国际化的"引进来"和"走出去" / 282

四、从研究大国到研究强国 / 288

五、高等教育研究的协同创新 / 291

六、对未来中国高等教育研究的展望 / 295

后记 / 299

第一章

厦门大学的发展历程

  校长应当是教育家,但教育家的校长并不多,能为后人所景仰并载入教育史册者更寥寥可数。而在厦门大学历届校领导中,名列《中国教育大辞典》的近现代教育家就有四位:陈嘉庚、林文庆、萨本栋、王亚南。而我有幸见过校主陈嘉庚,在萨本栋任校长时求学厦大,新中国成立后在王亚南校长领导下工作。

——题记

一、陈嘉庚:师生都称他『校主』

  我在厦门大学读书的时候,厦门大学已经是国立,陈嘉庚已经把厦门大学献给国家了,再加上抗战时期交通很不方便,他侨居新加坡,几次到重庆。不论从海外、从重庆到迁校福建长汀的厦大看望师生,千山万水,烽火连天,很不容易。陈嘉庚还是于1940年回来了,可惜我那时还没有考上厦门大学。但是在1941

年我考上厦大之后,听了高年级同学的热烈谈论,对陈嘉庚办这所大学的情况,毁家兴学的故事逐渐有所了解。原来在私立时代大家叫陈嘉庚"校主",后来改国立了,觉得叫"校主"不方便,不合适,就叫"创办人",但是大家都知道他就是"校主",文字上写的是"创办人",口头上仍称他为"校主"。

我真正对陈嘉庚了解比较多是新中国成立以后。新中国成立前夕,国民政府经济崩溃,通货膨胀,厦大经费很困难,曾经派人到新加坡去找陈嘉庚,希望他能够继续资助厦大,陈嘉庚说学校已经捐给国家了,不能再管了,也不方便再插手。但是新中国一成立,他马上回来,尽他所有以及他女婿李光前先生的捐款,还有在新加坡华侨中募集了一些钱帮助厦大和集美中学的校舍建设。集美中学基本上是重新建的,因为在抗战时期集美中学的校舍差不多都被毁坏了。新中国刚成立那几年,他在厦大亲自筹款、督工,建了上弦场上以建南大会堂为中心的五座大楼,还修了芙蓉一、芙蓉二、芙蓉三几栋学生宿舍,和国光一、国光二、国光三几栋教工宿舍。

新中国成立后,陈嘉庚回国长住,当时厦门在市区拨了一栋比较好的楼房,作为他办公和住宿之用,但是他不住在那里,而是住在当时集美区政府简陋的楼上,楼下是区政府办公区,楼上有几间房子他和工作人员住。那时大家就经常可以看到陈嘉庚。他常常扶一根手杖,在工地上转来转去,我们经常能在工地上碰到他,他东看看西看看,累了,就坐在工地的石头上,跟那些建筑工人聊天,如果你有事情要找他,最好就到工地去。现在"西式楼房中式屋顶"的嘉庚风格建筑已经成为厦大的标志。确实,陈嘉庚对房子的设计有他自己的观念,很特殊的,比如盖的房子周围一定要有排水沟,水沟一定是既宽又深的阳沟,便于排水和清理,所以他盖的房子四周都很干净,同时他认为大楼里面不能有厕所,屋顶不能有烟囱,因为厕所有异味,烟囱会破坏屋顶的美观。因此他盖一栋房子,旁边就盖一间厕所;化学楼盖起来之后,做实验必须排气,只能在屋脊背面开了一个排气的小烟囱。所以你们现在看看,化学楼背面有一个小小的烟囱出口。现在还在几栋楼后面盖了一间大的厕所,很漂亮的,那时就是一个小小的厕所。这些都是陈嘉庚特殊的建筑理念。

陈嘉庚先生在中国近现代教育史上,占有一个特殊的地位。这不仅是由于他毕生致力于教育事业,在国内和南洋兴办了几十所大、中、小学,树立了捐资兴学的典范;更由于他具有近代中国特色的、对中国教育事业有深邃意义的教育思想。

萨本栋与陈嘉庚(右)

我是厦门大学早期学生,毕业后基本上在厦门大学当教师,又是教育研究工作者。陈嘉庚所创办的教育事业,我身受其益;陈嘉庚的办学精神,一直为我所景仰;我认为陈嘉庚教育思想,是在一定历史时期,继承中华民族文化传统中的精华,兼采西方近现代化过程中具有先进性的理念而形成的,对于当前我们正在进行的建设中国特色的社会主义教育体系有重要的意义。

陈嘉庚青少年时期,两度在私塾念了十年书。他自己说对中国传统文化只是"略有一知半解";但生于纯朴的农村,长于中国文化传统气息浓厚的新加坡华侨社会中,不难设想他受到中华民族文化传统的影响。这种影响,在他一生的为人处世与言论中,随处可见。20世纪初，陈嘉庚面对国家内忧外患、经济凋零、教育落后、民众愚昧的现实，亲受"海外孤儿"任人欺凌的痛苦，培育了他强烈的爱国思想，立下了"救亡图存，匹夫有责"的壮志和"教育为立国之本，兴学乃国民天职"的信念。这一信念，贯串于他一生的教育实践中。但是，时代毕竟不同了。生产力迅猛发展的20世纪初，经济实力成为富强的基础。在帝国主义的侵略下，他认识到非振兴实业不能富强。而他本身又是一位早年参加辛亥革命的实业家，为革命活动与工商业经营，往来于得西方近代文明风气之先的南中国和南洋，广泛接触革命家、企业家和新知识分子，使他得以用当时的新思想净化旧文化传统中不合时代潮流的糟粕。在中西文化交汇处形成了他办实业、兴教育的报国思想。

陈嘉庚的报国思想是既要发展经济，又要发展教育，而发展经济有赖于发展教育。他说："振兴工商业的主要目的在报国，但报国的关键是在提倡教育。""教育不振则实业不兴，国民之生计日绌。"也就是说，在报国的两大任务中，他认为兴教育比办实业更具深邃意义。因此，当他企业经营亏损，经济陷于困难境地，有人劝他减少对厦大、集美经费的资助时，他斩钉截铁地回答："企业可以收盘，学校不能停办！"如此思想，不但比当年的实业救国论者看得更全面，也比今天那些只追求产值而忽视教育者站得更高，看得更远。

陈嘉庚认为办好学校，"第一问题"是要有合格的师资。而对于优秀教师，必须给予优遇。在他办学过程中，筹集资金、建筑校舍、充实设备，为学校创造良好的教育环境，自然是苦心经营。而他殚精竭思，多方请托，则是为遴聘优秀教师。积累多年的办学经验，他感叹地说："最难者教师，此为第一问题。"严师难求，所以他非常重视师范教育。为培养合格的小学教师，他创办集美学校时，首先设立的是中学部与师范部。开学第一年，中学部只办两个班，师范部却办了三个班。其后，集美学校先后办了旧制师范、普通师范、简易师范、女子师范、幼稚师范、乡村师范等各种班级。创办厦门大学，首先设立的是商学和师范两部。商学部培养企业经营管理人才与职业学校教师，师范部则培养合格的中学教师。其后，师范部曾扩展为国内外知名的厦门大学教育学院，下设教育原理、教育心理、教育行政、教育方法四个学系。他还经常资助优秀青年升学或留学，多方培养新师资；对于优秀教师，不惜重金礼聘，给予优厚待遇。但决不把教师当成被雇佣者。他在一封办学的指示信中说："聘请教师非同市上购物，可以到时选择。……稍好教师，设有更动，早被他人聘走，决无待价而沽之理。"陈嘉庚当时所办学校，对教师的尊重，待遇之优厚，在一般公立学校之上。因此，厦大、集美在私立时期，名师荟集，海内外学生慕名远道来就学者甚多，在全国私立大学、中学中，声名卓著。

但是，在中国旧传统中也存在许多糟粕，如封建宗亲帮派，重男轻女，以及上学只读死书，等等。陈嘉庚反对"办学而分帮派"，劝说集美陈氏各族私塾联合起来，办成"集美私立两等小学校"；召集新加坡、马来西亚等地六所华侨学校通力合作，成立"华侨南洋中学"；创办厦门大学，规定"大学生不分省界"。陈嘉庚否定"女子无才便是德"的陈腐观念，在闽南首开女禁，设立女子小学，鼓励女童上学，给就学女生发放生活津贴，后来还在海内外创办女子中学、女子师范多所。陈嘉庚反对旧式教育的教学内容与教学方法，认为对学生"不但教其识字而已，其他如知识、思想、能力、品格、实验、体育、园艺、音乐以及其他课外活动，均须注意，与正课相辅并行"。这个道理，在今天看来似很简单明白，但在一百年前，新学旧学交争之际，陈嘉庚在教育实践上，坚定地站在新学方面。他在集美学村，不但为学校建设当时可谓规模宏大的图书馆、科学馆，以拓宽学生的知识面，而且建筑了美术馆、音乐馆、军乐亭、娱乐部等以丰富学生的课外生活。他对于体育尤为重视，指出"有一部分同学只着意攻书，而对于课外运动不甚注意，是未悉三育并重之宗旨也"。以上所举这些事例，都可以说明陈嘉庚在办学过程中，结合中西文化的精华而弃其糟粕，形成了他的教育思想并付诸实践，在中国近现代教育史上有其特殊的地位。

二、"长汀精神"就是"本栋精神"

校长应当是教育家,但教育家的校长并不多,能为后人所景仰并载入教育史册者就更寥寥可数。而在厦门大学历届校领导中,名列《中国教育大辞典》的近现代教育家就有四位:陈嘉庚、林文庆、萨本栋、王亚南。而我有幸见过校主陈嘉庚,在萨本栋任校长时求学厦大,中华人民共和国成立后在王亚南校长领导下工作。陈嘉庚毁家兴学,创建厦门大学。王亚南是新中国成立后厦门大学的第一任校长,奠定了厦门大学的学术地位。他们都为厦门大学学子代代共仰。林文庆可以说是厦门大学私立时代第一位也是唯一的一位校长(邓萃英只在成立时露过面,主持过几个月的校务,他也是一位知名教育家,但他的主要业绩不在厦大),在任长达16年,打下了厦门大学的基础,对一所负有盛名的私立大学做出了应予肯定的贡献。

萨本栋在物理学界、电机工程界知名度很高,中华人民共和国成立后很少宣传,以致开始弘扬厦大光荣校史的"四种精神"时只提"长汀精神"而无代表人物。我作为萨本栋校长主持校政时的学生,又是高等教育研究工作者,有责任说一句实事求是的话:长汀精神就是本栋精神;或者说,厦门大学的长汀精神就是萨校长所树立、所形成的。本栋精神不但为厦门大学树立了自强不息的校风、南方之强的形象,为这所全国重点大学打下了坚实的基础;而且在半壁江山,坚持办学,立下了爱国主义的历史丰碑。

我于1941年考进厦门大学,中秋节这一天(10月5日)到长汀报到。由于当时福州沦陷,战况紧急,烽火连天,新生很难准时到校,延至10月20日才正式开学。我的第一课就是听萨校长的开学报告,几十年前所听的这场报告,记忆很深。报告词虽已刊在《萨本栋文集》中,但经过整理的文字,似乎不如当年说得激昂,听得感奋。我所记忆最为深刻的有以下三点。(一)为什么在国难如此严重的时刻,更需要坚持办学、办大学?因为敌人的奴化教育,不许你研究与国防和民生有关的学术与技能。(二)为什么不像其他大学迁移到西南大后方而选择接近战区的长汀?因为第一,要坚持东南半壁江山有大学,一方面对敌人显示坚强不屈的精神,另一方面要让东南数省的青年有大学可上;第二,既要设在敌人较难进犯的山区,又要选在闽、浙、粤、赣的学生较易通达的地点;第三,要粮食给养充足,环境较优良,以便安心读书的地方。(三)为什么不只是维持现状,还要增设会计、银行、机电等系并比往年增收学生(1939年以前,每年只招生百名左右,当年扩大招生共招收269名新生)?因为抗战必胜是毫无问题的。许多国家的大学战时停办让大学生去参战,我们却要准备建国人才。我就是在这种本栋精神鼓舞下在长汀完成了四年大学学业。

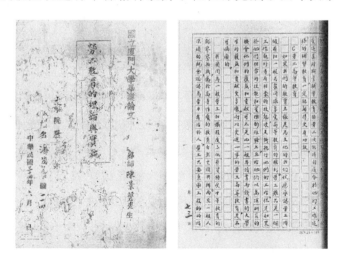

潘懋元先生大学毕业论文《劳工教育的理论与实施》

我在厦大时,萨校长只有40岁左右,却已弯腰驼背,不苟言笑而亲切待人。增招之后,全校学生为600~700人(当时可算是中等规模的大学），每学期初注册时，他都要亲自审定每个学生的选课计划，在注册证上加盖校长名章，因此，每个学生都有同他个别对话的机会。一般，他总要说三两句话："假期是不是留在学校里？留校很好，可以多读书。""你为什么修了这么多学分？学得过来吗？"如果你有什么话要对他说，可以利用这个短暂的机会，但不要说得太长，因为他要用两天的注册时间接待600～700名学生。别的时间当然也可以找他，但他实在太忙，事必躬亲，操劳过度，痛风而得不到及时医治，1944年他离开厦大之前，就得扶杖走路了。

2005年潘懋元先生在萨本栋校长旧居仓颉庙前留影

在那艰苦的环境中，如何使师生吃得饱、穿得暖，安心教书、读书，是萨校长最操心的事。他处处为教师、学生着想。租来的长汀饭店和新搭建的素心斋让教授、讲师住，他自己住破旧的仓颉庙；把学校唯一的一部小车的发动机拆下来改为发电机，提供学生宿舍和阅览室轮流照明；学生食堂白米饭不限量吃得饱。来自战区的学生可以申请贷金吃饭，还可以申请闽西救济金购买衣服和文具，我第一年申请了半份救济金，第二年自己找到一份工作，就把救济金让给了别人。

萨校长爱护学生，更体现在敢于保护进步学生，不许特务到大学里抓人。许多地下党员和进步青年就是得到这样的保护才免于毕业前被抓。

2005年潘懋元与厦门大学教育研究院部分师生重访厦门大学长汀旧址

郑朝宗教授写的《萨公颂》

本栋精神是什么？我同意郑朝宗教授在《萨公颂》中的概括："舍身治校"。萨校长是以自己的生命和健康来使厦门大学在抗战期间屹立于东南半壁，成为"加尔各答以东之第一大学"，树立了自强不息的校风，打下今日重点大学的基础。本栋精神不仅体现于办好厦大一所大学上，其深刻的意义还在于在敌人的包围中，坚持办学，发展高教，为科学救国、人才建国做出历史的贡献。

三、汪德耀兼容并包 建设学科完备的大学

1943年汪德耀应聘到厦门大学,历任生物系教授、系主任、理工学院院长、代理校长。1945年9月,正式任厦门大学校长。当时日本刚投降,学校仍然面对万分困难、百废待兴的局面:除了多方筹集资金、完成由长汀搬回厦门的迁校工作外,还要考虑学校的发展。早年汪德耀受蔡元培先生学术思想的影响,提倡学术自由、实行民主办校,1946年4月6日,汪德耀校长发表《25周年校庆致校友书》,明确提出"兼容并包"及"学术思想自由"的办学主张,"抱蔡子民先生办理北京大学之态度,取兼容并包主义,聚各方人才,谋各系充实;凡学有所长,课有所需,咸加礼聘罗致。至于学术思想,则依自由原则,无论何种学派,悉听其自然发展,务希我民族精神能发扬,固有文化能持续,戮力研究高深学术,理论与实用相系并重,期能完成本大学教育之使命焉。"从汪德耀拿着聘书到永安,延聘当时在福建省研究院任社会科学研究所所长、《资本论》译者王亚南到厦大教书,就可以看出汪德耀作为校长的办学思想。此外,他还聘请了林砺儒、洪深、罗志甫等当年被国民政府教育部解聘的"民主教授",著名的理科、工科教授寿俊良、叶蕴理、卢嘉锡、陈世昌、古文捷以及著名格式塔心理学派学者郭一岑等人来校任教或兼院、系领导职务。汪德耀在理学院增设海洋学系,在工学院增设航空工程学系和机械工程学系,在商学院增设国际贸易系,在法学院设立南洋经济研究室。1948年7月又将机电工程学系分为机械、电机两个系,理学院也因之分设理学院和工学院,至此,全校扩展到5个学院19个学系,厦门大学成

为学科比较齐全,具有文、理、工学科的综合性大学。这些在中国当时尚属新设立的系科,对于战后医治战争创伤和恢复经济的人才需要,以及学校和国家今后的发展,做出了重要的贡献。新中国成立后山东海洋学院、北京航空学院、厦大经济学院对外贸易系和厦门南洋经济研究室就是在上述四个富有特色的系室基础上发展起来的。因此,汪德耀被公认为办学有远见卓识的学校领导人。

当时在厦大,各种学说、理论皆可以讲授,相互探讨,汪德耀说"真理愈辩愈明",他又引用一位法国哲学家的名言"从论辩中放出光辉",称这两个原则就是"蔡元培精神"。他一方面提倡学术自由,另一方面实行开明民主办校,除了定期开行政会议及校务会议商讨治校大计外,还设立各种委员会(如聘任、训导、图书、仪器、基建等委员会),协助各行政部门工作。为了学校的安定和发展,汪德耀鼓励教授、副教授、讲师、助教及职员、校工,各自组织自己的团体,而且鼓励学生组织团体,办好"民主墙"。

汪德耀的民主办学,我有亲身的感受。1946年秋,厦大由长汀迁回厦门之后,教职工希望复办附属小学(私立时期有一所附属模范小学),以解决子女就近入学的问题。汪德耀立即同意,我们系的系主任李培囷教授推荐我当校长负责筹办工作,我当时提出的要求是要当厦大助教兼任小学校长,不愿放弃学术只搞行政;其次,自主办学,包括自主招聘教师,这些约定,他都答应并切实做到。

科学报国是汪德耀一直以来的愿望,也是他学习陈嘉庚的体会,汪德耀在96岁时曾经回忆他1950年2月经过香港去拜访陈嘉庚先生的情景,他说:"今天,我们就要像陈嘉庚那样重视教育、重视科学,依靠科技发展经济。中外的历史都已经证明,一个国家,如果仅仅是政治上独立,而没有把经济搞上去,这个独立也是一句空话。发展经济靠什么呢?发展教育!这就是陈嘉庚精神的所在和我们弘扬陈嘉庚精神要紧紧抓住的中心。"汪德耀宣布,大学的作用有三:(1)传授科学——教学;(2)发展科学——科研;(3)应用科学——开发、利用。

他倡议建立"新厦大精神",也就是"建国的精神"。在1946年抗战胜利后的第一个校庆日,他激动地说:"我们必须克服一切的艰难困苦,才能达到光明远大的理想。而欲求艰难困苦之克服,首在学风与精神的建立。在此廿五周年校庆之日,我愿意郑重地提出建立新厦大学风与新厦大精神。本校今后应发扬'敦厚朴实的',应培养'自由进步的'新学风——一种足以适应建设民主中国的新时代学风,以挽救我国数十年来,教育界虚浮浅薄的毛病!至于'新厦大精神',我以为就是'建国的精神'。因为今日是我中华民族复兴之期,也是中华文化继往开来的开头,我们必须认清我们的责任,适应当前的时代,以独立自主的思想为基础,发扬民族固有的优良精神;讲求科学知识,实践力行,崇尚果敢;生活必循纪律,行动必守规则;'明礼义,知廉耻,负责任,守纪律';以教育为改造社会的原动力,以社会的改造转移政治的风气,以期树立现代化国家的基础,使我们国家进入富强康乐的境域;更进而共负世界人类的永久和平。这是现代中国高等教育神圣责任。我们要使厦大成为全国理想完善的学府,成为世界闻名的大学,就应不断培养、不断发扬此种精神,更当群策群力,勇往直前担当此种责任!"当然,在当时国民党反动派的高压下,汪德耀民主办学的理想是不可能实现并为后人所理解的。

1946年4月6日,汪德耀(左十)与各系系主任在鼓浪屿新生院留影

汪德耀在指导研究生

四、王亚南率先创建研究型的重点综合大学

1950年6月，中央人民政府任命王亚南为新中国的厦门大学第一任校长。他长期在大学从事教学、科研和领导工作，先后担任过中山大学经济系主任、厦门大学法学院院长兼经济系主任，新中国成立后又任厦门大学校长等行政职务，积累了丰富的办学经验，对如何办好综合性大学有不少精辟的见解。

王亚南提倡教学为主，兼顾科研；提倡百家争鸣，学术自由，提出厦大最终要成为既是教学又是研究机构的综合性大学。坚持教学与科研相统一，通过高水平的科学研究来提升高质量的本科教学，将科研优势转化为教学优势，从而形成人才培养优势，是现代大学的基本办学理念。王亚南不仅熟知这一办学理念，而且

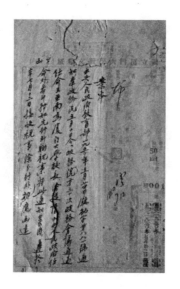

中央人民政府任命王亚南为厦门大学校长文件布告

也非常清楚社会主义新型大学的性质和任务。他认为,综合性大学与单科性院校不同,"更着重一般性的理论教育,以便培养出能独立地创造性地进行研究工作的人才,使他们能在马列主义方法论的基础上,解决自己专业方面的某些理论和实际问题;其次是像综合性大学这种高等学校,一方面是教育机构,同时又是研究机构,它的教学工作建立在科学研究工作的基础之上,它是其他各种专科性高等学校和研究机构的基础,是国家科学文化发达的标志。"因此,综合性大学培养的应是基础深广的综合人才和适应能力较强的自然科学与社会科学的各种专门人才,而单科性的高等院校培养的专门人才则偏重于应用,具有"动手能力强,上手快"的特点。在王亚南看来,综合性大学兼有教学和科学研究两种职能,但两者不是并列的。综合性大学以它"首先是一个教学机构来与一般研究机构相区别。不搞好教学,就谈不上科学研究,但不在满足教学需要、提高教育质量当中,同时注意到为科学研究工作创造条件,打下基础,那也不符合于综合性大学的基本精神"。王亚南关于综合性大学教学与科研两种职能的辩证认识,是符合综合性大学的性质、任务及其发展规律的。王亚南接任厦门大学校长之后,为了进一步把厦门大学办成教学与科研并重的机构,更加重视教学与科研两者的融合。

回顾新中国成立之初,王亚南在办学上就非常重视科学研究工作,主要的建设有四点:一是成立研究部,统管全校学术研究工作;二是倡建研究所,招收、培养研究生;三是出版厦大学报等学术报刊;四是召开全校科学大会。下面分别追忆于后。

(一)成立研究部,统筹领导管理、服务全校的学术研究工作。他亲自兼任研究部部长,请他的老师、国内知名的统计学专家胡体乾老教授实际操办。后来还曾请当时的副教务长卢嘉锡教授兼任。研究部是全校文、法、财经、理、工各学科的设计、管理、经营的工作机构,对全面推进厦大科研工作发挥了重要作用。

(二)1950年,王亚南在厦大设立经济、化学、海洋三个研究所,经济研究所招收研究生10名,这是厦大在新中国首批招收的正规研究生,标志着学校对人才培养提高到一个新的层次。邓子基、陈可焜都是首批研究生,导师正是王亚南。邓子基说,王亚南教会他们"中国人应站在自己的立场上来研究经济学"。其后,其他研究机构也招收少量研究生。到了1965年研究生人数达到32人,分布在明史、隋唐史、资本论、会计学、微分几何、催化理论、电化学、脊椎动物、植物生态、细胞学、放射生物、海洋生物等13个专业。几十年后再回头看王亚南的这一决策,是具有远见卓识的。20世纪50年代后期,美国也才发现他们培养的大学生基础知识浅薄,不能适应技术发展要求,转而强调基础科学的教学与研究,并集中在重点大学培养研究生,而王亚南在50年代初就这样做了。

同时,他同他的研究生,经常在他所居住的"卧云山舍"举行学术讨论会,我现在每个周末的晚上,在家里邀约一些青年老师、研究生举行学术性沙龙,也就是从当年王亚南校长的师生学术讨论会受到启发的。

(三)1952年7月开始恢复出版《厦门大学学报》,刊登本校教师的科学研究论文,作为推动科研的一种重要方式,这也是王亚南办学思想的主要组成部分。厦门大学私立时期,曾经出版过《厦门大学季刊》(创办于1926年4月),对当时的研究工作起了一定的推动作用。50年代初期,百废待兴,高等院校要不要办学报,如何办学报,教育界尚无统一认识。王亚南认为,高等院校不是单纯的传播文化知识的场所,它还有科学文化创新的任务,为了推动教学和科研,开展学术交流,培养科学人才,大学学报非办不可。王亚南亲自担任学报哲学社会科学版主编。《厦门大学学报》是全国各大学中最早复办的大学学报之一,最初文理各科分别出专刊,先后出过财经版、数学生物版、文史版、海洋生物版等各种专刊。从1955年第一期开始,才分成社会科学版和自然科学版,同时出版。《厦门大学学报》以崭新面貌与读者见面后,反映很好,也受到当时高等教育部的表扬。后来王亚南又增办了《学术论坛》(后改为《论坛》),作为青年教师和研究生发表尚不成熟的学术见解的园地。我所倡建的"高等教育学"新学科的第一篇论文《高等专业教育问题在教育学上的重要地位》就是在1957年《论坛》上发表的。其后,王亚南又亲自创办了《中国经济问题》期刊。实践证明,复办《厦门大学学报》对推动全校的科学研究,扩大厦门大学对外学术影响和提高学术地位,都起了积极的作用,影响至为深远。

(四)王亚南重视科学研究,影响更大的是从1953年开始每年召开一次科学大会,连续六届。每届科学大会全校停课三天:第一天是全校性的大会,一般是共性的重大研究报告,师生都参加。第二天开始,是各个学院或者各个系分别举行的各种各样的研究报告和讨论。还特设了一个教学研究成果讨论会,由教育学教研室主持,全校在教学上有研究成果或经验的教师可做报告,大家交流讨论。厦门大学科学大会在国内、省内影响很大,第二年福建师范大学也学厦大开科学大会,我还被邀请去作大会报告。反右之后,王亚南在"拔白旗,插红旗"的运动中被批判,实际上也失去了领导权,虽然挂名还是校长,但是长期离开厦门大学,所以只搞了六届科学大会。

王亚南(前排左五)与经济研究所师生

《新厦大》报道第一次科学大会

通过参加科学讨论会,兄弟学校和业务机关普遍产生互相联系合作的愿望,并在厦门大学倡议下签订了关于科学、技术、教学互助合作协议书。各系、各教研组也制定了科研计划和远景规划,全校科研活动搞得轰轰烈烈,形成了一个万马奔腾的大好局面。其中最为突出的是数学系,系主任是著名数学家苏步青培养的第一届毕业生方德植教授。这个系是在全国院系调整时才从数理系独立出来,全系教师仅有14人。这个年轻的小系却充满着活力,除本系的课程外,还承担理科各系的数学课和华侨函授部数学专业的教学工作,每个教师平均担负了两三门课的教学。在方德植的带领下,他们继承和发扬苏步青创办科学讨论班的优良传统,按照学科发展方向和教师的研究条件,开办了几何函数论、微分方程论和实变函数论等科学讨论班,每个教师轮流主讲,报告自己的研究成果,或介绍国内外学术动态。科学讨论班每周举行一次,连续几年不间断。有人称赞当年数学系有一种少林寺精神,即人人动手,各显神通,老和尚动,小和尚也动,老的少的都有两下子。厦大学报自然科学版,数学系发表的论文经常占一半,有一期发表了14篇论文,其中数学系就占了10篇。数学系不仅出成果,而且还出人才。陈景润就是在这种浓厚的学术气氛中培养出来的。与陈景润同时取得突出学术成就的还有1956届毕业生林群、赖万才等人。这就有力地说明,陈景润的出现,绝不是一种偶然的现象。

由于长期坚持教学与科研相互融合,学校在科学研究方面积累了较强的学科优势和人才优势,学校的师资队伍、招生人数、校舍面积和图书馆设备方面都有较大发展,1963年9月12日,国家教育部以〔63〕教厅秘字第178号文件,决定增定厦门大学为全国重点高等学校。

王亚南的领导作风不是浮在上面,而是扎到底下去。他每天早上四点起床,读两个小时书报,七点早餐后就在校园巡视,看看学生的起床、早操、就餐和进入课堂。八点后,学生上课了,他也开始一天的办公,他并不是只坐在办公室。他有一次在校报上写"一天参加三个会",那时我们教育系要开个会,前一天就去请他来参加。他说我明天已有两个会,没时间呐。我们说,我们晚上开,晚上他果然来了。了解我们当时的困难和要求,当场就拍板同意我们的要求,并且谈了对教育系发展的意见。

王亚南当校长期间,仍然承担繁重的教学和科研工作。他建立的经济研究所,自己兼任所长,每两周举行一次专题讲座,由教授们轮流担任主讲,介绍及探讨大学经济、财政各学科的研究方法及方向。在导师的指导下,研究生也努力收集分析资料数据,查阅文献,自选专题,积极撰写论文。1952年第一期《厦门大学学报(财经版)》中就有两篇学术论文出自研究生笔下。王亚南除了在经济系和经济研究所上课之外,他还上大课,什么叫大课?大课就是在大会堂上全校的共同政治课。当时有几门大课:中国革命史、政治经济学、辩证唯物主义和历史唯物主义,还有一门是新民主主义论。都是一些教授专讲,然后各个系要组织小组讨论。我负责教育系的讨论,还负责新民主主义论的"新民主主义文化"这一章。王亚南讲一个总的,文化部分由我讲。

1950年8月30日,厦门大学接收厦门私立海疆资料馆,9月在该馆基础上创办厦大南洋研究馆,1956年南洋研究所、华侨函授部正式成立,这是全国最早面向南洋的研究所和教学部,其目的一方面是为了丰富有关南洋问题的研究,招收南洋学生,从而促进中国与东南亚各国之间的相互了解,促进彼此经济、文化的交流;另一方面是为了服务华侨及加强与华侨的联系。当时南洋研究馆的主要研究课题有:南洋民族研究,福建社会经济史研究,东南亚民族独立运动之研究,中国南海贸易史略,东南海疆开发史研究,台湾的产业与经济研究以及华侨汇款研究等等;华侨函授部主要是培养师资,起初设文、理两科,后来应华侨要求,增设中医科,这些都处于全国领先地位。1953年厦门大学人类博物馆正式成立并开放,这也是全国第一个高校人类博物馆。

王亚南还积极倡导学术自由和百家争鸣。他主张在马列主义指导下,开展百家争鸣,繁荣学术文化。他认为:一方面,学术争鸣不但不与马列主义相抵触,而且是发展马列主义的重要途径;另一方面,以马列主义为指导与具有开明的研究态度,对学术争鸣同等重要。王亚南认为,学术争鸣对科学繁荣至关重要,任何正确的学说,都只有在诸多相反学说的质疑论难中,才能焕发出真理的光芒。他还指出,学术争鸣的目的不是为了求异或求不同,而是为了求得共鸣,共同发现真理。因此,对资产阶级的经济学说,哪怕是极其庸俗而少有科学价值的学说,也要以存疑的态度,宁信其中某种个别论点有可参考的价值;如指出其错误也须经过审慎钻研并抓住要点,否则就是"无参验而必之",那就根本谈不上研究。

王亚南毕生以一个民主战士的姿态站在教育战线的最前列,积极倡导学术自由、研究自由,经常鼓励学生自己学习和自己研究。新中国成立前他就亲自主持过学生论文竞赛评比,组织辩论会,出版期刊和壁报。他在厦门大学倡议创办了《厦门大学学生科学研究汇报》,把学生的科学研究,看作培养人才的重要手段和促进教师搞科研的推动力量。他认为,只有自己肯认真学习的人,才能体会到"自由"的可贵。他有一句名言:"从反对者获取自由,予反对者以自由。"王亚南不仅倡导学术自由,使厦门大学逐渐形成自由争论的风气,而且他还注意培养师生严谨的学风,1953年组织全校教师开始系统地学习辩证唯物主义和历史唯物主义,理科教师还联系自然科学各个学科的实际,认真学习恩格斯的《自然辩证法》。王亚南教导大家要谦虚,不要自己夸耀自己,他说自己评论自己是一个分数的分母,别人评论自己是分子,分母越大,得数就越小,真是形象而又深刻的教诲。他告诫青年人做科研选题时必须注意题目一般不要过大,应选择具有长期的、连续性的题目,同时选择题目必须有明确的目的。他甚至非常细致地谈到如何阅读书籍杂志、如何收集资料以及论文写作的方法。王亚南曾经对一位学生说:"搞学问可不能单打一,马克思可是博学多才啊!他的《资本论》是一座庞大的知识宝库,岂只有经济学理论,还包含了丰富的哲学、历史和文学的知识。马克思对古希腊神话及后来莎士比亚、巴尔扎克等人的著作非常熟悉,应用其中的典故来表述自己的经济学观点也非常准确自如,把非常枯燥的经济问题说得别有风味。而且还通过小说所描绘的内容,从不同侧面了解当时的社会背景,从而认识资本主义的剥削本质。对我们来说,如果对追杀恶魔的西波亚斯,或对被人骂为水獭的瞿克莱夫人均一无所知,连臭名昭著的夏洛克也不知其何许人也,要想完全啃动《资本论》,那是相当困难的。"他提倡应当向马克思学习,搞一点相互渗透。

王亚南把那些基础知识狭窄的人,比作陷身于象牙塔,关在小天地中,自我丧失学术上的自由,必将无所作为。王亚南自己就是一个具有深厚基础与广博知识的典范。众所周知,他有经济学的深厚基础,而又博学群书。他在大学时,读了一主二辅三个系,就是教育系、中文系与外文系。他对哲学、历史学、政治学、社会学以及文学艺术,都有广泛的知识和浓厚的兴趣。不要以为一位专家,就是一天到晚只钻所专的"窄门"。有一次我陪同他到青岛开会,他所带的不是政治经济学书籍,而是德文小说,早晚都在看,有时还朗读出声。当他总结自己一生的学习经验时,对于早年所学那些门类繁多的知识,深有体会地说:"在今天看来,这些还是很有用的。现在用的东西很多是第一个十年学到的东西,这就说明打基础很重要。"这些体会,我想,对于今天一些误信什么大学所学的知识过几年就"老化"了,没用了,因而轻视打好坚实的基础的知识青年而言,应当是语重心长的箴言。

五、我担任厦门大学副校长前后

1961年《高教六十条》出台的背景是教育革命之后,教育革命号召村村有大学,怎么可能?当时荒谬的事情多了。比如大炼钢铁,每家都把锅拿来融化,"大跃进"嘛。所谓大学不过是个房间,厦门当时办了许多大学,还有很多中学都变成大学的,厦门轻工学院就变成轻工大学。当时上学都不需要考试,教学计划都打乱了,1960年这一年就只有三十几天在学校念书,其他时间学生都到农村和工厂劳动,我们老师都要带着学生一起下去,一起劳动的。《高教六十条》就是要恢复教学秩序,提高教学质量。当时的教育大革命,说大学要拆掉"三层楼"。什么叫"三层楼"呢?就是公共基础课一层楼,一楼;专业基础课一层楼,二楼;专业课一层楼,三楼,这就是"三层楼"。拆掉"三层楼",学生要什么就讲什么,比如工科的物理课,不讲力学了,讲"三机一泵",就是柴油机、电动机、拖拉机和水泵,这些都是农村需要的,所有物理的原理都不讲了,力学原理、机械原理、流体力学啊,都不讲,只讲技术操作。还有当时全国办劳动大学,劳动大学原来是在江西办的,后来觉得这名字符合教育方针——培养劳动者,就在全国推广。在劳动大学里不念书,只种地,一个学生负责一分地或者两分地,这一两分地收成了,你就毕业。从开始犁地、播种、育秧、施肥、除草、收割,完成整个过程,不要学理论,只在需要时查阅科普性的农业书刊。毕业就根据你收成好还是差,来评你的等级。收成好分数就高,收成少分数就低。

1977年7月,党的十届三中全会召开,恢复并确立邓小平同志的领导工作与地位。小平同志复出之后,自告奋勇抓教育,特别是着重整顿高等教育。不仅因为高等教育是"文革"期间的"重灾户",更因为高等教育在社会主义现代化战略中具有不可代替的重要地位。然而当时高等教育秩序混乱、问题成堆,在千头万绪中,该从哪儿抓起?小平同志把抓恢复高考作为突破口。

当时我正在厦门大学里管招生与考试工作。亲历这场拨乱反正的变革,感触至深。正是在这场变革中,加深了对邓小平理论的理解以及对他英明果断的魄力的崇敬。

在三中全会开会的同时,教育部已经在太原开了整整一个月的招生工作会议。8月初,拟出了一个"1977年高等学校招生工作意见(草案)"。虽在招生的具体做法上有些改进,但基本上仍沿袭着"文化大革命"中所形成的思想路线和基本方式。许多人感到不满,但秋

20世纪70年代潘懋元（后中）与项南（前左二）、曾鸣（前左三）、项南妻子（前左四）等合影

季开学在即，时间紧迫，正在无可奈何之际，邓小平同志得悉这一情况，亲自召开会议，制止"意见"出台，决定停止所谓"群众推荐"，恢复高考，宁可推迟招生，也要当年即行改正。于是教育部重新在北京召开第二次招生工作会议。虽然停止推荐、恢复高考，废止只要初中文化程度就可上大学的规定，改为从高中毕业生中选拔大学生，这些前提已经确定，但许多重大的政策性问题，如高等学校培养目标是有社会主义觉悟、有文化的工人、农民还是高级专门人才，家庭出身与政审问题，择优录取与照顾工农子女问题，等等，争论仍很激烈。争论的实质是如何理解与对待毛主席有关教育问题的谈话，如"春节指示"、"五·七指示"、"七·二一指示"，等等。为此，小平同志再次亲自过问招生高考问题，从否定"两个凡是"和"两个估计"的基本前提出发，对争论的问题一一做了明确的指示。同时，特别解决了限制上山下乡知识青年参加高招的超龄与已婚问题，使大批文化基础较好、经过实践锻炼的大龄知青获得参加高考的机会，从而实现了高考选择优秀青年入学，提高了大学生源水平。实践证明这些决定是英明的、成功的。至今人们都承认1977、1978两年学生整体质量相对较高,毕业后对社会的所做的贡献也较显著,并培养出许多突出人才,正是当年所谓的"老三届"在其中起了中坚作用。

　　这里有必要说明,"文化大革命"期间,由于停止招生,普通高校在校生锐减。虽经1971—1972年陆续"复课闹革命",以推荐方式重新招生,但在校生仍少于"文革"前,"文革"前的1965年,在校生67.4万人,1976年56.5万人,减少了16%。而且这些"工农兵学员",程度参差不齐,不少只有初中程度甚至小学程度,还有"白卷英雄"也混迹其间。但中等学校学生却非正常地激增,从1965年的1431.8万人猛增至1976年的5905.5万人,增加了3倍多;其中普通高中从130.8万人猛增至1483.6万人,增加了10倍多!从这一非正常的膨胀,就可以反映出当年中学生,尤其高中生的知识水平如何。实际上,许多中学生只是挂名的学生而很少学知识,要从这些高中毕业生中选拔合格的大学生是很难的。了解当时的实际情况,可以较好地理解小平同志为什么坚持取消一切限制,让广大上山下乡知青,尤其是让许多大龄已婚的"老三届"知青参加招生高考的意义。1977、1978两年招生共148.1万人,其中半数以上是历届上山下乡知青,大大提高了大学的生源质量。

　　昔年的上山下乡知青,今天的高级专门人才,包括众多在事业上的成功者,应该怀着感激的心情,感谢小平同志为他们开辟上大学的通道,感谢小平同志爱惜人才、爱护青年的苦心。但这还不是小平同志当年抓高招高考的全部意义。小平同志恢复高考的深刻意义是为了社会主义现代化建设,这同他的整个教育战略思想是一致的。

　　我总的感觉是邓小平根据当时的新形势,开拓了新思路,做出了新决定:当时的新形势是在百废待兴的情况下要推进四个现代化——农业现代化、工业现代化、国防现代化、科技现代化。在四个现代化中,科技现代化是基本,没有科技现代化也就没有其他的三化。而"文化大革命"之后,中国科技的现状是很落后的。记得当时全国重点大学在北京举行了一次科技成果展览会,把当时最新的科技成果陈列出来，但对于展品的说明，不是要求说明成果如何先进，而是要求说明对比发达国家同类成果落后多少年。记得大多数成果所标明的是落后 20 年以上，也就是说开了一个科技成果落后的展览会，激励人们奋起直追。而要推进科技现代化建设，就需要培养大批高级专门人才。这就是当时摆在大学面前的形势与任务。面对这一新形势，不能等待没有好好读书的中学生来上大学。当时提倡学制要缩短，上完初中就可上大学，大多数中学生只是初中生，而且是在"复课闹革命"中学习的初中生。如果按照老思路，至少要 10 年之后才可能有合格的大学毕业生。邓小平恢复高考的新思路是招收上山下乡知青上大学。他们在"文革"初期已是高中毕业生，至少是高中肄业生，经过十几年的上山下乡或招工进城，都有十年左右的生活经验与生产经验，有的在事业上已有所成就，应当为他们开辟上大学的绿色通道。为此，当时在高考招生上做出以下两条新决定。第一，不限年龄。大家知道，原来招生报考年龄限制在 25 周岁以下，而上山下乡知青大多已 30 岁左右。第二，所在单位不得阻拦他们报考。这批知青，留在农村的不少已当了基层干部，招工进城的各有各的岗位，如果本人要报名参加考试，单位都得放行。考上大学读书，单位还要照发工资。我的儿子考上厦门大学，他所在的单位就工资照发四年。毕业后另行分配，不必回原单位。这就是邓小平基于当时的新形势，提出的新思路，做出的新决定。当年恢复高考的重大历史意义如下。

第一，解放思想。1977 年，有关部门开了很长时间恢复高考招生的会议，在一些多年形成的框框条条中转不出来，眼看已到年底，还未能拿出恢复高考招生方案。邓小平亲自过问，冲破了"文革"期间的《全国工作会议纪要》的束缚，决定当年就恢复高考招生制度，虽然时间稍迟，还是于 1977 年底（11 月份）恢复高考招生，1978 年春入学。第二批于 1978 年秋正常招生入学。

第二，培养了大批优秀人才。也就是中国现代高等教育史上的 77、78 级现象。许多高校校长、院长，还有很多院士、行政领导、科学家、文学家、艺术家,等等,都是人才荟萃的77、78级学生。其后的79、80级也有许多优秀人才,以后才有一些年轻的中学毕业生逐渐代替年纪大的上山下乡知青。

第三,缓解了专门人才青黄不接的矛盾。"文革"之后,80年代的专门人才,尤其是高级专门人才,大多是1964年以前的大学生和少量留学生、研究生。1965年之后,运动不断,影响了教学和学习,"文革"中的工农兵学员,"文革"后还得"回炉"。到了20世纪80年代,1964年之前的大学毕业生已经40~50岁以上,后继乏人。77、78级大学生于1982年之后毕业,多少缓解了当时专门人才青黄不接的矛盾。

因此,应该说,1977年恢复高考,不但有中国教育史上的重要意义,而且在中国现代发展史上有重大的意义。

两届新生同年入学,校舍就很成问题。除了要修葺被损坏的房屋,还要增建新校舍,地方政府把新校舍的建筑作为优先项目。当时厦门大学总务处处长开学前都要检查教室、宿舍准备好没有,就在那几年,厦大老校区建了好多宿舍和教学楼,如群贤二、集美二、映雪二,以及芙蓉四、五、六,等等,都是那几年作为全市优先建筑项目的。77、78级学生进来以后跟以前那些工农兵学员不一样,大多数工农兵学员不太认真读书,只有一个系的学生认真读书,哪个系?外语系。因为外语系的学员知道,外语不好他们毕业出去没办法当外交官。77、78级学生上大学后特别用功。一大早起来背外语,星期天,教室里、图书馆挤得满满的,都在用功。再加上这些学生许多都有生活经验,所以77、78级出了很多优秀人才。人才会读书是必要的,实践和社会经验也非常重要,阅历非常重要!

1978年,当时邓小平说他要抓教育,除了恢复高考,另外就是抓教材建设。1978年9月份,教育部在北戴河开了一次理科的教材会议,为什么是9月呢,因为那时候北戴河游泳的人慢慢减少了,不是最好的旅游季节了。会议开了半个月,过去会议常常开很长很长时间,一个月甚至两个月的都有。那个时候我是厦门大学教务处长,同几位理科的系主任去北戴河开会。当时刘道玉是教育部大学的司长,当时有一司二司,他好像是一司的,管理工科;二司是管文科的,当时参加会议的也是一些原来的重点高校,如北大、清华、南京大学、北京师范大学等。当时厦门大学承担了4门理科教材的编写任务,主要是化学和生物方面的。同时,要求厦门大学老师自己要尽可能编写讲义,作为编写教材的基础。至于文科教材会议是第二年开的,我没有去。那时候大学并没有统一的教材,都是自己编教材,自己编讲义,甚至没有讲义只是讲稿。我们念大学的时候,老师都用自己的讲稿。当时商务印书馆出版了一套"大学丛书",就是把各个大学编得好的讲义、教材拿去出版,有些大学就把这套丛书当做教材。萨本栋的《普通物理学》就是作为"大学丛书"的优秀教材。教育方面我记得有陈青之的《中国教育史》,我买了一本,当时五块钱,好贵的呀!很厚的一本,现在在我书橱里,还不时拿出来查阅。就在同一年(1936年),商务印书馆还出版了另外一本陈东原的《中国教育史》。同一出版社,同一年出版两本书名相同的大部头丛书。但是两本书很不相同,陈青之的那本是比较正统的,按儒家的传统、历史年代,一位一位教育家讲下来;陈东原那一本,主要是讲义学、蒙学、私塾等民间教育,以及启蒙用的教材。两本教育史各有特色。所以以前没有所谓统一教材,统一教材在新中国成立后才有。现在很奇怪,连博士都要统一教材,博士不是抱着一本教材读出来的,应该自己去找参考书。

20世纪50年代的时候,学校的基层组织,设立教研组,它的全名是"教学研究室",把相同或相近课程的老师组织在一起,后改称为"教研室"。教研室的老师,不管是年轻的、年老的,大家都非常重视教研室活动,为什么呢?年轻的助教当然要学习、听课、实践,老年的教授也都愿意在教研室把他上课的主要观点讲一讲,不是分享,是怕出错,怕把资产阶级思想带进来。大家听课会指出来:不对,你这个是资产阶级的。这样子他就免得犯错误。大家都非常认真，如果晚上教室里灯火通明，那肯定是教研室的老师在集体备课。现在我专门请教育研究院的洪志忠老师研究如何恢复教研室。现在教师发展很难落实，为什么？没有基层组织。没有教研室也就没有基层组织，教师是在基层的，所以国外教师发展主要以工作坊的形式，当然现在这种重科研的体制也使得大家不重视教学。有个美国文理学院的老师跟我说：我们文理学院的教学水平不比那些一流大学差，因为我们就是专心搞教学，为学生服务，没有科研的压力分散精力。大学教师本来就有重科研、轻教学的倾向，教师业绩考核、职称提升，又以科研成果、科研经费、论文篇数与发表刊物为依据。教学只要满足工作量，不出大问题就行。为了提高教学质量，教育管理部门出台了许多政策措施，例如设置优秀教学成果奖、评精品课程和精品教材、评选名师、规定教授必须为本科生授课，等等，但都缺乏制度保障。2012年，教育部《关于全面提高高等教育质量的若干意见》，重新提出"完善教研室"。我们现在要回到大学的根本，大学的根本是培养人才，是通过教学培养人才。

当时对基础课特别重视，基础课主讲教师须经系领导审批报学校备案。学校鼓励水平高的教师上基础课，起带头示范作用，而且优先保证基础课的教学经费。从1979年开始，对连续担任两年基础课教学工作的教师，在师资条件许可的情况下，分期分批给予半年进修提高的机会，国内如果有学术交流、进修提高或出国考察等机会，优先选派基础课教师参加，把教学水平作为教师晋升的一个重要的衡量标准，明确规定助教升讲师的主要条件是已经熟练地担任助教工作，成绩优良，并且具有独立开出一门基础课的能力；讲师晋升副教授除科研成果外，要能够上好一门基础课和开出一门选修课。

教学计划安排学生劳动，平时实行分散的周末公益劳动，学生参加劳动要进行考核，纳入学生个人档案。当时厦门大学学生被派去清理两条沟，一条是东膳厅到西膳厅，通到大海的，原来那沟是很好的,涨潮的时候,海水进来;退潮的时候,把脏的东西带出去,后来地形发生变化,而且大家乱丢东西,沟变得很脏,所以叫学生去清理。还有一个就是沙坡尾那里有个小海湾,原来是小船坞,积了很厚的污泥,组织大学生义务劳动清理污泥。我们号召学生学雷锋,义务劳动。其实许多国家也都对学生的义务劳动很重视,比如录取新生,不光看你的考试成绩,还看你有没有做过劳动服务。

在20世纪80年代,厦大曾经搞过优秀教学奖,给予每个教研室一定名额,由教研室评选推荐,发给一定奖金。后来许多教研室出现轮流推荐,一些较差的教师也领取奖金,失去了奖优的意义,不久就停止了。当时还没有什么产学研三结合的教学模式。理科有实验课,当时厦大对实验课很重视。从传统来说,实验课的指导老师地位是低人一等的,一般都让助教去安排实验,学生的理论课教授上,教授一般不到实验室去。还有一些是单独的实验课,比如现代物理,那就讲师去上。那时实验课的老师最多晋升到副教授就上不去了,过去是搞理论的高人一等,动手的低人一等。现在专门有工程系列职称了。

当时规定游泳是厦门大学体育课的必修课,因为我们在海岛上,有这个有利条件,也有这个必要,每年都要考游泳,要游100米,50米算及格,考不过就下次再考。原来在白城海滩有一个庞大的游泳池群,有练习池、儿童池,还有比赛池。比赛池池水较深,50米的泳道。平时体育课有两个类型,一个是一般的体育活动,一个是专项的体育活动。当时有人提出要用专项来代替一般,我不同意。一般的是跑步、跳高、跳远等田径运动,可以在一般的田径运动项目中选一个专项,如篮球、排球,但是不能只有专项。现在中小学规定每天一小时体育课,这也要根据实际情况,如果农村的孩子本来走路上学就已经很远了,就不一定要锻炼一小时再回家,所以都得因地制宜,不能一刀切。现在出现很多小学合并撤销,弄得很多孩子没法上学,只好到很远的地方去上学,那就只能住宿,一二年级,那么小,离开家怎行?高年级可以。有一次开会,一个教育局的副局长说,建议撤并一些小学,因为学生少了,这样可以节省师资,节省钱。我就说,你现在还是五六十人的大班,应该是变成小班教学,不能在义务教育上省钱。

"文革"后,我在厦大首先提出要恢复学分制。因为我以前在大学读书时,大学所采用的就是学分制。既自由灵活,又简便易行,更有利于转学的学分互认。但自从学习苏联之后,人们已习惯于整齐划一,便于统一管理的学年学时制。学分制推行阻力重重。教育管理部门也通知各高校要采用学分制,但至今仍然是挂着学分制的名称,实际上仍是按学年、学时来管理学生的学习。

学分制是一种具有弹性的教学计划或教学方案。它是以选修制为前提,以学习量为计算单位的教学计划,它的本质意义是适应学生"个别差异",促使学生"自由发展",符合"以生为本"的理念。人们往往把它称为"教学管理制度",不很贴切。因为作为管理制度,只是它的派生意义,而不是它的本质意义;只是从管理者的角度看它的作用,而不是从"以生为本"的角度下定义。这种弹性的教育计划,是为改善过于呆板的班级授课制度而产生的,它产生于欧洲的个别学校,盛行于美国,推广于向美国学习的许多国家。中国也在20世纪近百年前就引进这一教学制度。1922年,当时的教育部颁布"新学制",就正式对大学和中学颁行选修制和学分制。中学的选修制和学分制到1932年被取消,而高等学校除个别外,一直沿用到新中国成立初期。1952年学习苏联教学计划,才改学分制为学年学时制并基本取消选修课程。"文化大革命"后,有些高校开始试行恢复学分制。近年来,教育政策规定采用学分制,绝大多数高校均采用学分制教学计划。但对于学分制的争论仍很多。研究学分制的文章,包括理论研究、经验总结、改进措施,多得很!

我们厦大教育研究院历届的硕士生、博士生,就写了不下10篇有关学分制的研究论文。为了研究,就得查阅国外文献,发现国外文献关于学分制的理论研究文章很少很少,即使有所涉及,也都很简单。为什么?因为学分制的意义、学分制的优点与缺点,都早有定论;学分制的要求与做法也很简单。而中国却把它弄得很复杂甚至很神秘。例如,认为"真正的学分制",必须是规模很大的多科性大学才做得到:一所大学,必须能开出几千门选修课程;必须有大批学术造诣很高的教师,如此等等,才能推行"真正的学分制"。把许多非学分制的东西都作为实行学分制的前提条件或构成要素,否则就不是"真正的学分制"。

另一方面,许多所谓学分制教学计划,实际上仍是苏联的学年学时制教学计划:不以学分为计量单位而以上课的时数为计量单位;不但统一规定必修课的修习年级,而且选修课也定位于某一年级,成为不能适应"个别差异"的所谓"学分制"。

新中国成立前,我念大学时,大学所采用的就是学分制教学计划。那时全校只有十几个系,讲师以上的教师不到百名。全校必修与选修课程,总共也就是400~500门。必修课可以在不同的年级学习,选修课可以选本系的,也可以选外系的,每位同学的课程表都有所不同。

新中国成立初期,学习苏联教学计划,过早专业化,全校不开"大学语文",文科不开"中国通史"、"西洋通史",历史系只开中国史和世界史的"断代史",一位教师教一代,割裂开来,各有所"专",但缺乏"通"的基础,专而不通。因此,"文革"后,提倡文理科都开"大学语文",文科还要开"中国通史"。历史系的年轻教师开不出"通史"课,因为他们都只开过一个朝代一个朝代的断代史。懂先秦史的不懂汉唐史,也不懂明清史,后来只好请一位已退休的老教授来开"中国通史"。"大学语文"到90年代才开出来,我还给厦门大学老师自编的教材写了序。我读大学时,第一年就要修一门"大一国文"和一门"大一英文",这两门都是一年级的必修课,根据入学成绩水平高低不同,分成六个班,老师不同,我当时语文是在一班,施蛰存是我的老师;英语也是六个班,我在六班,那个老师还不错,是林语堂的哥哥,没有林语堂那么出名,但是英语不错的。

20世纪80年代,学术人才正面临青黄不接的问题,对于招聘教师主要是根据院系的需要,没有太多条条框框,当时我也是党委常委成员,所以人事会议我也是要参加的,由组织部、人事处汇报各院系提出的名单,当然学术水平是要认真考虑的,但不是一些硬性的条条框框,而是实际的考量。如:学术水平如何、有过什么教学经验。大学刚毕业的,要看四年的成绩,合格的聘为助教。技能科目的,专科毕业生可当助教。体育教师很多就只有体专学历。学校只管两条:一个是政审,组织部审查说没问题;另外一条就是编制,多少专业、多少学生,有一定的名额。其他主要听院系的意见。我举个例子说,中文系要招聘一位研究地方方言的讲师,他原来是研究"新文字"的,普通话、闽南话的新文字。学有所专,办过许多语言学习班,教学效果也很好,在社会上已有一定知名度。但是他只是一个中学毕业生,当过小学老师,当时中文系正在开展闽南地方语言的科研和教学工作,需要这种人才。人事部门审核,说小学老师怎么能够到大学教书呢?正好我参加会议,知道他曾经提倡并参加过"新文字"工作,水平很高,而且中文系需要这方面的人才,后来聘请进来了,做了很重要的贡献。

这样不拘一格用人才的例子很多。厦门大学外文系就曾经有一位蔡教授,在鼓浪屿教小学,将中国古诗词翻译成英文在国外发表。当时的系主任李庆云教授就把他招聘为外文系教授,开设外国文学和中英翻译等课程。

蔡元培是著名的大学校长,如果不是兼容并包,不拘一格用人才,也就不可能有当时北大的改革与繁荣,也就不可能有一批20多岁的教授如陈独秀、胡适、梁漱溟脱颖而出。

1979年厦门大学举行了真理标准的大讨论,我好像还发言了,用了一句古诗开头"春风又绿江南岸",具体不记得了,主要是批判"四人帮",深入下去就是"实践是检验真理的唯一标准",反对"两个凡是"。"四人帮"倒台以后,厦门大学落实知识分子政策,摘帽子,"文革"时我被批判有"封资修"思想,又说我"宣扬凯洛夫"。落实政策说要给我平反,我说不必平反,为什么?因为凯洛夫的教育理论有错误,但自成一派,不完全错,用不着平反。但有些老师就不同,比如陈诗启教授,被打成"历史反革命分子"。中华人民共和国成立前他当过中学校长,厦大庶务科长,是基督教教徒。作为"历史反革命分子",他一天到晚劳动。他原来研究的是中国近代工业发展史,收集了很多资料,劳动时还继续研究近代中国工业发展史,搜集了许多进出口的海关历史资料,也跟海关的人员有来往,平反后成为全国知名的海关史专家,所编撰约90万字的《中国近代海关史》作为研究生教育用书,由人民出版社出版。当时我还请过他来高教所讲有关中国教育史问题,有一次还代表高教所去参加一个全国教育史的学术会议。

六、厦门大学历史与文化值得研究

2013年4月6日厦门大学校庆庆典时,在主席台上坐在我身边的是一位很年轻的校友,1994年入学,1998年毕业的,在上海创办了一个公司,有很多厦门大学毕业生也在那个公司,他的发言很好,讲到厦门大学的教育理念对他的深刻影响。我们教育研究院师生是研究高等教育的,我们对厦门大学的教育理念,应该有更深的感受。同学的感情、师生的感情、美丽而温馨的校园,以及厦门这个气候宜人的文明城市,都值得大家去感受、去理解。不要等到毕业的时候,或者是离校之后,才后悔当年没有好好地享受这里的人文美、自然美。当然既要对厦门大学感恩,也要为厦门大学做贡献,郑宏写了一本《南方之强》,事实上就是厦门大学的文化史。前几年,全国大学文化协会决定为一些百年老校编写不同于一般校史的文化史,厦门大学文化史是其中之一;而且是第一批出版的十本大学文化史丛书之一。杨振斌司长2012年从北京调动到厦门大学任党委书记,大家认为他肯定对厦门大学很生疏。结果呢,很多厦大的历史事迹,尤其是文化变迁,他都很清楚,到翔安新校区去视察时,他大谈陈嘉庚建筑的风格和特色,一下子就跟大家拉近距离了。原来他在准备到厦大任职之前就把郑宏写的这本厦门大学文化史认真读过,还做了批注。又如,石慧霞写了长汀时期的厦大校史,发现抗战期间长汀时期的学生对母校的认同感最强烈,确立了厦门大学的文化教育范式,成为一个值得进一步分析和研究的典型案例,对建构现代大学认同具有重要启迪作用。萨本栋的儿子也委托她写抗战期间舍命办学的校长《萨本栋传》,张亚群教授则写了私立时期奠立厦大基础的《厦门大学校长林文庆》,还有高教所陈炳三书记退休后,专门研究厦门大学的革命史,出版了好几本著作和画册。我也写过关于纪念陈嘉庚、萨本栋、王亚南校长的文章。但是厦门大学还有许多校长值得研究,例如,新中国成立前夕还有一位校长汪德耀,是在厦门大学最困难时期当校长,一方面要应付国民党政府,想办法保护学生,另一方面要在风雨飘摇中维持大学和教职工生活。尤其是他秉承蔡元培兼容并包的精神,聘请了一批左派教授,如王亚南、郭大力、林砺儒、洪深、杨东莼、罗志甫、熊德基,等等,使厦大成为当时东南的革命摇篮。还有曾鸣书记,他是"文化大革命"后期作为"解放了"的干部从福州调到厦大当革委会副主任,主持大学的复课工作的。在此期间,坚持同"四人帮"的爪牙作斗争。"文革"后,他不但被中央委任为厦大第一任书记兼校长,而且代理厦门市委书记,任福建省人大常委会副主任。在"文革"后的拨乱反正和改革开放初期,他使厦门大学很快地恢复教学秩序,步入改革发展轨道。这些校长以及其后的历任校长,只要对厦大做出贡献的,都值得也应当研究。

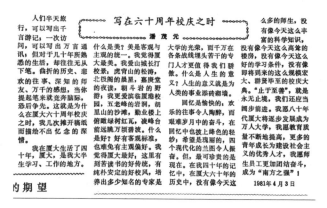

1981-4-20《厦门大学》(报)3 版

有些人说,还在任的怎么研究啊。说好话?说坏话?都有顾虑,是不好研究。就像美术一样,要有一定距离,没有距离就没有艺术。研究问题也要有一定距离。

对于厦门大学的历史、文化与未来发展,我们应该还有许多问题可以研究。比如厦门大学每年都搞校庆,这个传统几乎没有中断过,这在其他大学很少见,这对凝聚校友感情、传承厦大文化有重要意义,也值得研究。

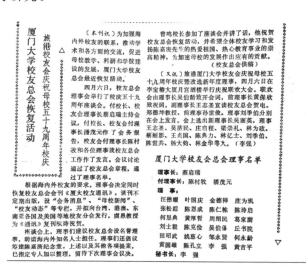

1980-4-20《厦门大学》(报)3 版

第二章

高等教育改革与教育规律

教育两条基本规律的名称是我首先提出的,但这两条基本规律并不是我所发现的。许多教育理论专著或教科书,对这两条规律的内涵已有所阐述与论证。但一般只从社会与环境对教育的制约性和教育对学生成长的主导作用来揭示教育基本规律的内涵,没有把两者作为基本规律进行明确的界定,在内涵的论述上也不够全面。

——题记

一、教育两条基本规律

高等教育如何根据社会急速变化的特点,面向未来,值得研究。理论和实践是一种辩证关系,理论既落后于实践又超越于实践。因为理论是从实践中总结出来的,所以理论不可能走在实践的前面,所谓认知理性先于实践理性是唯心主义的观点,将从实践到认识的理论贬低为工具理性,这是错误的;但是理论如果不能够超越实践经验,引导实践,社会就不能创新、不能发展,理论成为象牙塔里的空谈,也就没有现实的意义。现在我们要很好地从实践中总结出正确的规律性的理论,指导今后的实践工作。但现在许多做法,老是违反了我们的理论认识。举个最简单的例子,高等教育数量的增长要跟经济的发展协调,受经济发展的制约,从而推动经济的发展。过去我们高等教育脱离了经济的发展,造成许多损失,"文化大革命"前就存在这些问题,到"文化大革命"时这个问题就更严重了。需要研究教育发展的规律,尤其是如何同经济的发展相协调,这些都有研究成果的。但在实践中,却老是置理论于不顾,违反规律办事。有时踏步不前,有时又盲目求快,不顾经济的情况。等到发现不对头了,又来个紧急刹车。1983年、1984年高等教育快速增长,教育资源配合不上来,从1985年不得不降下来;1992年、1993年又发展得很快,每年招生增长了20%。到了1994年又不行了,再增长下去的话,校舍和教师都不够。1994年、1995年,基本上没有增长,1996年、1997年稍微增长一点点,1998年增长多一点,达到8%;而1999年大扩招,一下子增长了47%,原因是有经济学家认为发展高等教育是拉动经济发展的途径之一,那也没错,教育应该为经济的发展服务。但是不顾教育自身的条件、自身的规律,以经济需要拉动高教太快发展,行吗?

我在1980年前后,到许多地方和高校开设高等教育理论讲座,题目就是"教育基本规律及其在高等教育的运用"。我认为高等教育作为一门学科,不仅要研究一般教育规律,而且应着重研究一般教育规律在高等教育实践中的运用。同时,我明确地提出两条基本规律,即教育的外部关系规律与教育的内部关系规律。

应当申明,教育两条基本规律的名称是我首先提出的,但这两条基本规律并不是我所发现的。许多教育理论专著或教科书,对这两条规律的内涵已有所阐述与论证。但一般只从社会与环境对教育的制约性和教育对学生成长的主导作用来揭示教育基本规律的内涵,没有把两者作为基本规律进行明确的界定,在内涵的论述上也不够全面。我所做的工作,是把教育系统同社会系统及其子系统的内在必然联系和教育系统内部诸多因素的必然联系,在实践经验的基础上运用辩证的系统论方法,进行了比较全面的分析和明确的界定。为求通俗易懂,在口头报告或书面表述上可能有文字的出入,但基本内涵前后是一致的。

我提出"两条规律"的时候是在30多年前,当时我们国家实行改革开放政策不久,教育界也处于百废待兴的状态,如何更好地发展教育是全社会普遍关心的事情。中国教育学界很多专家和一批大学校长也在探讨,究竟怎么才能使中国的教育事业更加平稳健康地发展。当时大家一致的意见是,要使教育获得健康稳定的发展就需要遵循教育的基本规律,因为我们这一辈人一直都对"文革"造成的影响记忆犹新,"文化大革命"实际上就是违反了教育规律,造成了对教育的破坏,导致我们国家的教育长期停滞不前,可以说整整耽误了一代人,给我们国家建设造成了很大的损失,也可以说是带来灾难性的后果。为了防止这样的历史悲剧重演,大家都认为要办好教育就要尊重教育的基本规律,但是,教育规律是什么?教育理论工作者有责任回答这个问题。经济学家能明确地告诉大家经济的基本规律——价值规律、市场规律……而教育学家只能说整本《教育学》就是探讨教育规律的科学。你们去读《教育学》就行。其实这是不够负责任的话。为此,在"文革"之后,我一直在探讨这个基本问题,通过高等教育的现象、问题,探讨教育的一般规律;通过高等教育的运行,探讨一般规律在高等教育中的运用。进而思考教育基本规律如何表述。直到1980年,我在湖南大学一机部举办的校院长与教务处长学习班上,正式提出教育两条基本规律及其在高等教育上的运用。之后又多次在报告中谈到这两条规律,后来被整理为"教育基本规律及其在高等教育中的应用"而广为流传,1983年才由华中师大整理出版成为《高等教育学讲座》的一部分内容。我在经过反复思考后认为,教育发展确实存在着两种规律:一种规律是教育系统内部的规律,也可以叫教育的内部关系规律,就是说办教育的人必须尊重的,或处理教育内部各因素的关系的规律;一种规律是处理教育系统外部关系的,即教育系统同社会各系统的关系,因为办教育必然要与外部发生关系,不是关起门来办教育,那么就需要考虑到社会发展的可能和需要。这样,办教育就需要尊重内外部两方面的可能与需要,我认为这是教育必然要面对的,也就是办教育必须遵循的规律,所以,这就有了教育的内部关系规律和外部关系规律。

当时我这个想法提出来之后,曾在多期高校领导干部培训班上讲过,也在一些学术会议上发表过,很多学者都给予了肯定的意见,鼓励我把这种思想阐述出来。我在后来的文章中首先提出了"教育内部关系规律是教育必须尊重人的全面发展要求的规律",这就是说,办教育必须根据人的全面发展要求进行,协调德、智、体、美诸育的关系。同时提出了"教育外部关系规律是指教育必须与社会发展相适应,也即教育要受社会的经济、政治、文化所制约并对经济、政治、文化的发展起作用"。换句话说,办教育必须与外部的社会环境相适应,如果办教育不能与外部环境相适应的话,要想让教育很好地发展下去是不可能的。

"两条规律"说法提出后,在教育学界内也引起了讨论,确实也出现了一些不同意见。开始时,不同意见主要是认为教育外部关系规律的提法不妥,认为规律是内部的本质联系,不存在什么"外部"关系。我的解释是,内部、外部,所指的是教育系统之内和之外,而不是"内在"和"外在"。教育系统同其他社会系统之间,的确是存在内在的本质联系。列宁就曾说过:规律就是关系,即本质的关系和本质之间的关系。本质关系就是内部各因素的关系,而本质之间的关系指的就是两个不同的事物,它们之间存在某种"本质之间的关系"。教育同政治、经济、文化,是不同的社会系统,但是它们之间,存在内在的本质的关系。

在"两条规律"提出之后,核心思想并没有变化,这个思想是我在长期的实践经验基础上不断反思的结果,包括对很多国内外教育成功经验和失败教训的总结,可以说,这个思想提出后就具有很强的概括作用,是一个在实践基础上理性思考的结论,所以基本不会变。但对教育规律的具体表述确实随着认识的不断细化也在不断丰富它的具体内涵。在对规律的表述中,怎么才能反映事物内在的本质的必然联系确实很不容易,因为人的实践环境是在不断变化的,那么人的认识也是在不断地更新的,比如,我对教育内部关系的提出,起初,只从全面发展教育在实践中往往重此轻彼,如批判"智育第一",强调"体育第一"或"德育优先"等而提出的;其后,认为教育目标、教育教学的要求要同受教育者的年龄特征相适应更为重要;同时,在教学过程中,师生两个主体相适应也很重要。又如我对外部关系规律阐述就有一个不断细化或深化的过程。教育与社会、政治、经济、文化的相互适应,可以更合理地表述为教育要同生产力与科技要求、社会制度(主要是经济制度与政治制度)要求、文化传统要求等相适应,除此之外,还要同人口、地理、生态环境、民族、宗教等因素相适应。很难说哪一种表述就非常全面,非常完整,因为每一种表述只能把最主要的方面表现出来。这就是说,在进行理论概括总结时不仅要看到事物稳定的不变的特征,还要看到事物发展变化的特征,我觉得在广东高教出版社出版的《潘懋元文集》中的表述算是比较完整的,当然也很难说是非常完整的。

有人想知道"两条规律"学说的哲学基础是什么?我想这个问题比较容易回答,因为我们主要是受马克思主义哲学的影响,所以指导我们的世界观和方法论的都是马克思主义的唯物辩证法和历史辩证法。我在总结"两条规律"时就充分运用了马克思主义的唯物辩证法的认识论原理。我在研究教育内外部关系规律时,对我有直接影响的就是内因与外因的关系规律。内因是根据,外因是条件,提供了对两条规律关系的理解。在教育发展中,教育内部要素当然是主导的一方面,但教育内部要素发生作用必须有一定的条件,而这个条件也不是机械地、被动地等在那里的，而是需要教育内部的活动者去主动适应的。所以，外部社会提供的条件是一方面，如果没有教育内部的主动适应，这个条件仍然是不起作用的。因此，我们说教育发展离开了外部的积极支持不行，而离开了内部的主动努力就更不行。"内因是根据，外因是条件"，所讲的正是"两条规律"之间的关系。

我在思考教育规律时，正是系统论思想开始影响中国学术界的时候。虽然系统论思想在国外并不怎么新鲜，但对于当时中国学术界而言是非常新鲜的，因为我们经历了一段特殊的封闭时期。在改革开放后，国外一批新的学术思想涌进了国内，系统论是比较早引入中国学术界的，而且也没有遇到什么批判，因为我们学术界几乎都倾向于认为系统论思想是一种科学的方法论，而且能够丰富完善马克思主义理论。所以，我在思考教育发展规律时就借鉴了系统论的不少思想。比如，系统论中讲"整体性原则"，这对于我解释教育内外部关系规律时就很有启发作用。系统论讲大系统与子系统的关系，这对于我认识教育系统与社会系统关系非常有帮助。系统论还讲各个系统之间是一种相互作用关系，这对于阐释教育与政治、经济、文化和科技等不同系统的关系就很具有说服力。可以说，系统论思想对当时教育观念的更新所发挥的作用是非常大的，对于这一点，我们应该用历史的眼光来看待。也可以说，系统论思想也是我提出两条规律学说的方法论基础。

在我的很多论述中都强调教育要主动适应社会经济发展要求，我认为，如果是被动适应的话就很难反映教育的内部需要了。主动适应与被动适应的根本区别点在于被动适应把外界的要求当成了命令来执行，从而就容易无视教育本身的特点。主动适应的意思就是教育内部对外界所提的要求要进行适时的转化，要努力把一切不利的影响转化为积极的有利的因素。做这个工作就要求教育工作者对外界的要求进行理性透彻的分析，不能盲目服从外界要求，因为那样就很容易违背教育发展规律，教育发展就容易遭受挫折。因为教育发展有自己的特殊规律,培养人才也有自己的要求,这就要求遵循人的全面发展的规律,从全面发展的要求出发设计教育教学方案,这样才能促进学生的智力发展和身心健康和谐发展。过去我们经常犯的错误就是对外部的要求被动服从,从而丧失了教育活动的独立性,往往使教育发展遭到很大的冲击,忙于应付外界的要求而不能观照教育内部自身的需要。教育主动适应外部社会发展要求就是要把握社会发展方向,认识到教育必须做的工作,从而能够在各种外界影响下辨明方向,找到一切促进教育发展的有利因素,尽可能使教育遭受的损失最小,获得最大的发展。

实事求是地说,任何人在思考教育问题时都不可能完全脱离国情实际,否则的话就容易流于空想。教育理论思考当然也不例外,也必然要考虑到国情实际。我在思考"两条规律"的时候,必然要考虑人们的思想观念解放得够不够的问题,以及如何继往开来的问题,还要考虑到中国政治经济社会环境的要求,特别是要考虑到中国发展科技的现实要求问题,这一切都是对中国国情的实际把握。另外,还有一个国情实际就是我国的文化传统实际,因为在我们的文化传统中,教育是国家发展的一部分,所以,教育不反映国家发展需要是不现实的,我们经常说教育是为国家培养人才的,这其中就有很深的文化内涵在其中,这与在西方的文化观念中往往认为教育只是为了发展个性的观念是不一样的。当然,我们的教育也需要发展个性,而且我们今天的教育对个性发展的尊重已经超过了新中国成立后历史上的任何时期,但不得不说,我们对个性的重视程度仍然是很不够的。"两条规律"学说中提出对人的全面发展规律的尊重也有重视个性发展的含义,因为这是马克思的人的全面发展学说的应有之意。但我们在重视个性发展要求时必须与社会发展要求结合起来,不然的话我们的教育就容易走偏方向。可以说,"两条规律"提出是基于国情而提出的,特别是针对中国经济社会发展需要的实际提出的,只有这样,教育理论才有持久的生命力。

我要强调以下几点。一是"两条规律"是指整个教育的,而不是单指高等教育的,更不应以高等教育中的学术型大学的功能来否定教育基本规律;即便是学术型大学,今天也不可能在象牙塔中,以"闲逸好奇"的出世心态来追逐所谓"高深学问"。二是"相适应"是相互起作用的,不应只理解为单方面的制约;没有教育培养的人才,社会就不能发展,经济、政治、文化就不能发展。三是"两条规律"的关系是平行的,也可以理解为外因是条件,内因是根据,但不是上下位规律,上下位规律是一般规律与特殊规律,教育基本规律之下的下位规律有教学过程规律、德育规律、教育管理规律,等等。四是,"两条规律"的提出是从实践的需要出发的,是在总结实践经验(包括古今中外的和我自己的实践经验)的基础上提出来的,不是从哪一个理念中演绎出来的,不是从所谓"认知理性"的主观想象想出来的。

教育外部关系规律,即教育与社会关系的规律:教育要与社会发展相适应,教育要受社会的经济、政治、文化等所制约,并促进社会的经济、政治、文化的发展。教育内部关系规律,即教育内部诸多因素关系规律,教育过程要受教育对象身心发展(即不同发展阶段的"年龄特征")所制约,又要引导和促进教育对象身心健康发展;同理,全面发展教育的各育,教育过程诸要素,均存在相互制约与相互促进的关系。主要有:教育活动与教育对象的身心发展以及个性特征的关系;全面发展教育各育(智育、德育、体育、美育)的关系;教育过程诸要素(教师、学生、教育影响)的关系。这些关系均是相互适应的。"适应",包括两个方面的作用。一是"受制约",一是"起作用",即作用与反作用,也就是相互适应。

教育的外部或内部的关系,都存在复杂性。教育外部关系包含教育这一社会子系统同其他子系统如经济系统、政治系统、文化系统、科技系统……的关系,以及同社会的与自然的诸多因素,如人口、地理、交通、资源、环境、民族、宗教……的关系,从而构成了复杂关系,并非单一对应的线性关系。适应的非线性关系决定了教育同社会相适应的复杂性。在运用这一条规律时,要全面考虑教育与各个社会子系统、各种因素的关系,避免只适应某一系统或因素而损害其他系统或因素。教育内部关系也是如此。例如,既要适应不同阶段年龄特征,又要适应个别差异;既要促使学生全面发展,又要发展学生专长;既要发挥教师主导作用,又要尊重学生的主体性,启发学生的主动性,还要充分利用教育影响的中介作用。

教育外部关系规律与教育内部关系规律存在必然联系:内部关系规律的运用要受到外部关系规律制约,外部关系规律要通过内部关系规律才能实现:一方面,人的成长,是在一定的社会环境中培养的,教育目的、培养目标、教育制度、教育内容与方法、办学条件,等等,不能不受社会所制约,其所培养的人才,也应当为社会发展服务;另一方面,社会发展所需要的人才,只能按照教育内部关系规律来培养,才能实现。如果教育目的与培养目标不明,教育制度混乱、教育内容与方法错误,既贻害了年轻一代的成长,也影响了社会的发展。有人提倡高等教育要回到象牙塔中,"为学术而学术",既不受社会所制约,也不考虑为社会服务。把高等教育的发展,寄托在有闲阶层的"闲适好奇"上,在当代既不可取,也不可能。这种提倡,要求高等教育回到象牙塔中,是开历史的倒车。

教育与社会发展相适应,与个体成长相适应,都存在主动适应或被动适应的问题。主动适应指对正确的、积极的、符合科学发展观的事物,要自觉地发挥其积极作用;对错误的、消极的、违反科学发展观的事物,要尽可能避免或减轻其消极的影响。被动适应指不加判断、选择,一概照搬,盲从。

举例说,市场经济的转型,对高等教育具有引进竞争机制、促进改革发展、提高教育与科研质量与水平的积极面;也容易滋长一切向钱看、以金钱衡量人生价值、降低道德水平的消极面。办学者要充分发挥市场经济的积极作用,推动改革发展,提高教育科研质量与水平;对消极影响,完全杜绝是不太可能的。但应有清醒的认识,尽可能避免或减轻消极影响。

　　社会的经济系统、政治系统、文化系统以及教育对象的个性特征,往往都存在一定的积极面与消极面,因此,教育工作者都要自觉地采取主动适应的态度与方法。如何判断事物的正确与错误,积极或消极,符合或违反科学发展观,以便采取主动适应的态度与方法?运用外部关系规律时,要以是否符合内部关系规律为准绳,即以是否有利于教育对象的健康成长为依据;运用内部关系规律时,要以是否符合外部关系规律为准绳,即以是否有利于社会的发展为依据。

　　以上这几层含义,我在许多论文或专著中有所阐述。近来发现有些人在转述或应用时,理解不够全面,引起歧义。例如,关于课程改革,是以理论指导实践呢,还是用实践带动理论?以前是理论指导实践,然后用实践来印证理论,比如说整门物理学课程,只能组织若干次实验,不可能都从实验来获得所有理论或印证所有理论。但是总的来说是用实践来证明理论的。今天有人提倡用实践来牵引理论,恐怕也不行,应该是理论与实践互动。实践牵引理论,也就是产品带动学科,有些工艺课程可以,但是没有基本理论作为基础,许多理论知识,恐怕也学不了。例如,你没有学代数,能够学好力学吗?由于力学是物理学的首要部分,所以要先学数学再学物理,数学成为物理学的先修课程。

　　教育规律同教育工作方针、教育目的又有什么关系呢?教育方针、教育目的如果是正确的,它应当是根据客观规律并联系一定历史时期的实际情况来制定的。方针、目的是人所制定的,如果它是正确的话,应该是反映客观规律的必然性,而又联系一定历史时期的任务、条件的。教育的方针、目的同教育规律的关系是:规律是客观存在的,方针、目的是主观制定的。正确的方针、目的是正确地反映了客观的规律,并联系一定历史时期的实际,用一定的形式和立法手段规定下来的。

　　一般来说,教育工作方针,反映教育外部基本规律;教育目的,反映教育内部基本规律,当然,这只是相对的。各级各类教育除了共同的总的目的之外,应该还有各自的培养目标。普通学校教育、高等学校教育都各有自己的培养目标。所有的培养目标都要根据总的教育目的来制定,符合总的教育目的;总的教育目的又必须通过各级各类教育的培养目标来实现。这是教育目的和培养目标的关系。因此,可以形成这样一个概念:教育外部规律制约教育工作方针,教育工作方针和教育基本规律制约教育目的,教育目的制约着培养目标。也可以这样认为:高等教育培养目标是根据总的教育目的制定的,总的教育目的是根据教育工作方针和教育内部规律制定的,教育工作方针反映了教育的外部规律。这就形成了一个相互联系、相互制约的基本原理体系。

二、教育规律与教育实践的矛盾

认识规律的意义不是为了满足"闲适好奇",而是为了以理论指导实践,将规律应用于解释现实的现象与解决现实的问题。但是,规律与实践是存在矛盾关系的,这个矛盾体现在三方面。

第一,规律的抽象性、一般性与实践的具体性、特殊性的矛盾。教育规律是抽象的、一般的,而教育实践都是具体的、特殊的,从一般的规律到具体的实践,中间有许多环节,如果忽略了这些中间环节,规律就成为空洞的教条。直接套用到实践中,就是教条主义了。很多教育实际工作者,抱怨我们的教育理论脱离教育实践。不是理论本身脱离实际,凡是正确的理论,都是从实践中总结出来的,都有实践的根据。问题在于理论工作者在运用规律时,忽视对规律转化为实践的中间环节的研究。而规律、理论,一般是不可能直接转化为实践的,必须通过一定的中间环节,例如原则、政策、方案、措施……最后才能达到实践的运用。

第二,规律的客观性和认识的主观性之间的矛盾。规律是客观的,而认识是主观的,这中间会产生矛盾。规律客观存在,不以人的意志为转移;原则是主观对客观的认识,所以原则具有一定主观性。但原则总是通过大量实践经验总结出来,并经过科学的论证和实践检验的,具有较强的客观性;教育原则还要转变为政策制度,就带有更多主观性。往往带有决策者或制度制定者个人或群体的主观意志。也就是说,对教育规律的认识,往往带有个人或群体的主观成分。比如说,你认为这样做是符合规律的,有时恰恰相反。人们凭自己的经验,总是认为自己的决定是正确的,直到陷入误区,感到不妙,已经造成了损失。在决策上要避免陷入误区,就要广泛听取教育理论工作者和教育实践者的意见,力求做到民主化。

第三,规律的存在是无条件的,规律的应用是有条件的。规律无处不起作用,但规律的运用要有条件。所以具体问题要具体分析,一切要根据时间、条件而灵活对待。我们常常强调要符合国情、省情和校情,都是指时空、条件不同,不能生搬硬套。例如:20世纪有两个理念,一个是教育机会均等理念,一个是人力资本理念,二者对高等教育的影响很大,尤其是对亚洲的高等教育影响很大。20世纪下半叶以来,全世界的高等教育发展每10年差不多翻一番,就有这两个理念在起着推波助澜的作用。教育机会要均等,但是许多国家不看国家在一定时间经济的、文化学术的种种条件,短期内把全国高等教育机会均等了,往往导致高等教育质量严重下降,20世纪后期印度高增长的低水平的高等教育,就是前车之鉴。东南亚个别国家也由于过早地提倡高等教育机会均等而导致降低了质量;中国在1999年开始的大扩招,也存在这个问题,由于增长太快、条件不足,导致质量不行,现在要在质量建设上下功夫。再就是人力资本理论,鼓励国家大力发展教育,加大教育投资,人力资本理论是对的,人力资本的确是最重要的,大力培养专家、培养专门人才也是强国之本。但如果跟经济发展不配套的话,人力浪费、待业、失业,反而会变成负面影响。总之,这两个理论都是对的,但是要看条件够不够,需要认真考虑。

正确的理论、规律,如果用在不符合规律的地方,也可能产生负面影响。比如,许多国家招生搞宽进严出,但在中国,不考虑国情就套用宽进严出的话,就会出问题。20世纪80年代,成人高等教育曾搞宽进严出就出了问题。在中国,宽进容易,严出就难了,最后变成宽进宽出。中国跟外国不同,中国大学生的毕业率是95%以上。所以在其他条件不具备的时候,不能这么做。倒是自学考试趁这个机会发展起来了,为什么呢?因为它考教分离,它能做到宽进严出,而一般成人教育是考教不分离的,宽进易严出难。

总之,在规律被发现之后,认识规律不难,应用规律不易。上面所举的应用规律的例子,看起来似乎很简单,其实过程很复杂。

三、高等教育与市场经济的关系

经济是社会的基础,也是现代化建设的中心。因此,人们往往把经济与社会联系在一起,形成"经济社会"的概念,如"经济社会发展"、"经济社会问题"、"经济社会转型",等等。

多年来,中国的改革与发展,中国的现代化建设,是"一个中心,两个基本点"。一个中心,就是"以经济建设为中心"。这个中心包括两个主要组成部分:一是生产力的提高,要使生产方式从粗放型经济发展到集约型经济;二是经济体制的转变,要从计划经济转变为市场经济。经济体制的转变过程就是我们所说的经济社会转型期。现在我们正处于转型期中。

根据教育外部关系规律的作用,教育的发展必然受经济的制约。经济因素对教育,尤其是对高等教育发展的制约作用是最基本的,是起决定性作用的因素。高等教育能不能很好发展,如何发展,最基本的、决定性的因素是经济因素。高等教育要适应经济的发展,并为促进经济的发展起作用。如上所说,中国当前的经济发展主要体现在以下两个方面。一方面是提高生产力,当前称为特型发展,包括"2025制造业"、"工业4.0",等等。高等教育要为提高生产力培养专门人才,这是很容易理解并容易成为人们的共识的(除持极端的个人本位发展观者之外)。另一方面,即适应市场经济的转变并为推动市场经济发展服务,关于这个问题争论较多。这是因为市场经济对高等教育的发展所起的作用是一把双刃剑,既有积极的作用,如提供教育资源、引进竞争机制等,也有一定的负面影响,如唯利是图、道德水平降低等。金融危机也就是新自由主义——新市场机制所引发的。

有人主张高等教育应当远离市场经济,摆脱市场经济的制约,回到"象牙塔"中,以"闲逸好奇"的精神研究高深学问。追求崇高的大学精神是值得嘉许的,批判市场经济负面影响也是应该的。但摆脱市场经济的制约则是不可能的,高等教育只能研究如何更好地适应市场经济。要主动适应——发挥市场经济的积极作用,尽可能避免或减少其消极影响;不要被动适应——不加选择地跟着市场经济走。同时,高等教育不仅要适应市场经济的转变,而且要推动计划经济向市场经济转变。原来中国高等教育是在计划经济体制下形成的,包括人才培养目标、高等教育制度、管理制度,如专业设置、学籍管理、统一高考,等等,都带有明显的计划经济痕迹。应该逐步地进行改革,使之能更好地与市场经济相适应。

四、高等教育与文化的关系

研究高等教育的历史与现状,瞻望高等教育的未来,都不能只看到经济、政治与高等教育的关系,而不对文化与高等教育的关系有深入的理解,这样就会对许多高等教育现象迷惑不解,对许多高等教育问题思考不周,对高等教育发展的预见简单化,从而对21世纪高等教育所面临的挑战,也就难以提出周详准确的对策。因此,从文化的视野研究高等教育很有必要。但是,文化与高等教育之间,存在复杂的、潜在的关系,因而这一视野往往显得扑朔迷离。为了理出一个头绪,我曾把它简约为两种关系、两重作用、两大功能。

两种关系——外部关系与内部关系:作为社会子系统的文化系统,如同经济系统、政治系统一样,对高等教育起外部的制约作用;同时,文化又以知识为形态,以课程为载体,进入教育过程中,构成教育内部的基本要素。

两重作用——直接作用与中介作用:无论外部关系或内部关系,文化都对教育起直接的作用;同时,它又是经济、政治、教育起作用的"中介",即经济、政治对高等教育的制约作用一般要通过文化的折射。

两大功能——传承与创新:普通教育对文化一般只有选择与传承的功能,而高等教育则还具有批判与创新的特殊功能。

在教育中,传统文化与现代化发生矛盾的情况很多,也很尖锐和突出。比如,在现代道德教育中,如何对待传统的忠孝、仁爱、信义的道德观念。"三从四德"的旧观念的确不好,但忠孝、仁爱、信义这些传统思想观念还应不应该提倡,这都是传统与现代化矛盾的体现。又如,如何对待孔子,现在我们大搞"尊孔"的活动,还在海外办了几百所孔子学院。虽然创办孔子学院的主要目的是推广汉语,但不管怎样,它毕竟是拿孔子做招牌的。当然,海外孔子学院也传播中国的传统文化。再如,上海搞得红红火火、炒得沸沸扬扬的孟母堂,借"孟母三迁"中的孟母做招牌,小孩子在里面学背《三字经》、《百家姓》、《弟子规》等古籍。据说,孟母堂现在已有很多家,生意做得也不错。这些都是教育现代化过程中出现的另类现象,体现了传统文化与现代化的矛盾。要处理好传统文化与现代化的关系,有以下几点原则性的意见。

第一,现代化是社会进步的必然趋势,社会发展必然要现代化。大学要适应时代,就必须站在现代化的前沿,引领社会文化,这是基本点。传统文化中肯定有一些优秀的、精华的东西,我们显然不能像"文化大革命"时那样把所有的传统文化都砸烂。但我们也不能死守传统,不留给现代化发展的空间。

第二,现代化不等于西方化。虽不能说凡是西方的都是好的,但现代化许多先进的东西的确是西方先提出来的,我们不能闭关自守,要学会借鉴西方先进的东西。中国近代以来,西学东渐的历史说明了这一点。同时也要看到,西方也有很多不适合中国国情的或不好的东西,所以不能照搬西方。

第三,对待传统文化和西方文化,要坚持取其精华,去其糟粕。事实上,即使是精华的东西,也要有所选择、有所改造。比如,忠孝是中国传统文化中值得珍惜的东西,但要改造。在现代社会,我们不能把古代忠孝的内容,把《二十四孝》的故事照搬过来要求我们现在的年轻人。前些时间,大家对重新刊印《二十四孝》提出批评,因为《二十四孝》中的一些故事与现代社会道德不相符合,如杀掉自己的孩子来赡养父母。忠和孝在现代社会都要进行改造。与国外的情况不同,孝在中国法律上有明确规定,如儿女必须赡养父母。忠也是这样,抛开忠君之类的成分,忠是每一个公民所必须具有的素质。但不管怎么说,在现代社会,我们应该对忠孝的内容进行改造,才能适应现代社会的需要。

第四,任何现代化的改革,都要在传统文化的基础上进行改革,文化改革,包括教育改革,都应当是渐进式的改革,而不是突变性的革命。不能采取"破四旧"那种粗野的方式,造成民族优秀传统的灾难,也不能只模仿西方一些皮毛的东西。

五、理论研究如何发挥作用

中国用论文发表作为提升职称的根据,有好有坏,不好就是大家滥竽充数,就是为评职称而制造论文,并且影响投入教学的时间和精力;好处呢,也激励大家做研究,提高教师的学术水平与思维能力。至于理论研究的成果,不能说领导一定要采用,也不能说领导完全不管不问。现在的领导往往觉得自己是最聪明的,符合我的东西,歌颂我的我就听;或者认为对的见解我还有所补充我也听。而且理论研究形成群众意见以后领导也就得考虑了。理论研究还是有用处的。比如我们说大众化,大众化的理念在理论界20世纪90年代之前就谈得很多,教育部门很迟才接受。在20世纪90年代以前,许多领导者认为中国是穷国办大教育,已经不得了了,还大众化?后来是沿海几个省反映:我们有钱,我们需要技术人才,现在把我们招生指标控制得太死。当时山东叫得最响。其次是江苏、浙江、广东等。后来经过人大呼吁,慢慢有所松动,每年招生指标增招一点,1998年增加较多。那时争论很多,我就参加过一些争论,记得当时参加教育部教育发展研究中心所做的招生测算数据,我们提出的测算稍多,就被当时的规划司否定了,要求按照他们所估计的可行性数字重新测算,因为规划司是责任所在,规划少日子较好过,规划多了到处会有人喊房子不够、经费不够。怎么办?所以1997年增加很少,1998年增加较多,大约是8%吧! 已经让人忧心忡忡了。但是到1999年突然增加了47%,那不是教育部的规划,应该说是上面下达的任务。因为要拉动经济以应对当时的亚洲经济危机。怎么拉动?主要是修路。所以那个阶段大修高速公路,根据凯恩斯的理论、罗斯福的经验,第一是修路,盖房子;第二是发展旅游,双休日和长假;多办大学也可以拉动经济发展,增加一名大学生,直接和间接消费很可观。这是按照经济规律而不是教育规律来办大学。还有呢,没校舍怎么办?银行向大学开放贷款,金融界支持大学教育。还搞了许多大学城都是有利于拉动经济发展的。我们从大背景来研究世纪之交史无前例的大扩招就把来龙去脉弄清楚了。

理论研究有没有作用?如何发挥作用?20世纪90年代初,党的十四大系统总结了邓小平"建设有中国特色社会主义理论"。1992年11月,国家教委召开第四次全国高等教育工作会议,1993年2月,中共中央、国务院印发《中国教育改革和发展纲要》,明确提出,遵循党的十四大精神,以建设有中国特色的社会主义理论为指导,坚持党的基本路线,全面贯彻教育方针,面向现代化,面向世界,面向未来,加快教育的改革和发展。在这种形势下,时任国家教委高教司司长及后任国家教委副主任的周远清同志领导组织了一项重大课题研究——"建设有中国特色社会主义高等教育理论研究"。这项研究从1993年启动,1997年结题,历时5年,动员了全国一大批高等教育研究领域的专家学者,汇聚了有关省市教委、高校的领导、教育教学一线管理人员数百人,最终成果《建设有中国特色社会主义高等教育理论要点》对当时高等教育改革和发展起到了重要的指导作用,并且对今天的高等教育改革发展仍然具有重要的指导意义。

举例说,高等教育进入大众化阶段,分类培养人才是必然的趋势。因此,《国家中长期教育改革和发展规划纲要(2010—2020年)》提出:"建立高校分类体系……引导高校合理定位,克服同质化倾向,形成各自的办学理念和风格,在不同层次、不同领域办出特色,争创一流。"而近20年前的"理论要点",在大众化尚未到来之前,就审时度势,提出"分类指导,加强重点,是从中国经济与教育发展不平衡性的实际出发,在高等教育的发展上区别对待,有针对性地加以指导";要"逐步形成少数既是科研中心又是教学中心的教学科研型院校、多数以本科教育为主的院校、大量主要是培养实用型、技能型人才的高等专科学校和高等职业学校相结合的,以及综合性、多科性、单科性院校相结合的合理的院校类型结构"。当年经过充分讨论就已提出三种类型,即少量的学术研究型、多数的理论应用型本科、大量的技能型高职,以及综合性、多科性、单科性高校并存,而不是把具有行业特色的院校都办成同质化的多科性本科院校。遗憾的是这一分类发展、分类指导的正确理论见解,受传统的"重学轻术"理念所影响,加上大规模的院校合并以及统一的评估、统一的招生制度的制约,导致同质化问题严重。至今,分类发展、分类指导的问题尚未能很好解决。

教育理论工作有没有用处呢?有,但要看你的理论是否符合教育规律,是否符合社会需要。理论要先行,现在高职招生困难,十年前我就提出,高职向中职开门,一方面是专业对口,可以提高专业技能;另一方面可以提供高职充足的生源。因为中国高等教育大众化还差得很远啊,为什么中国大学生毛入学率才百分之二十几时就生源不足了?因为中国一半的初中生流到中职,一半到普高,限制中职毕业生升学,只允许5%毕业生报考高职,生源就不足了。我那时提出这个意见是走在实践前面的。前几年,许多高职也冲破规定,扩大从中职招生的比例,从5%到10%、15%以至不限额。也不一定是我们的理论起作用,主要是被形势所逼。人家都做了,现在才来讲,理论跟在后面了。问题是理论跟在后面又脱离实际了,为什么?现在存在一个新的问题,中职学生不愿意上高职了。现在中职生出路不比高职生差,而且中职是免费的,高职还得高收费,毕业生就业未必比中职的好。所以现在得想办法如何使中职学生愿意上高职,如果高职生也免费,是不是许多中职生家庭愿意让子女上高职?当然,开放"五连专"也不失为方法之一。"五连专"是一度被禁止的,因为怕跟普高抢优秀生源,这体现了轻视职业教育的政策思路。总之,理论要走在政策前面。为政策的制定做"智囊",提供理论依据,指导政策思想。当然走在政策后面是很保险的,那是锦上添花。如何走在前面,预见未来?掌握规律,看清形势。比如民办教育。"文革"之后,中国对宪法进行了修订,允许多种所有制并存,而且鼓励社会力量办学,民办教育(私立学校),是建立在私有制与集体所有制基础上的,私有制存在并有所发展,民办教育的重新出现与发展是必然的。但是,中国的民办教育发展困难重重,20世纪90年代以前思想保守,认为我们是社会主义国家,只能公办,歧视民办,因而制定了许多歧视政策;又如,90年代我们为什么提倡高等教育地方化?提倡地方办大学?办了大学要面向地方?因为以前是全国集中统一的计划经济,地方发展经济缺乏主动性。现在提倡市场经济,要发展地方经济,地方经济要发展,需要人才,就要发展地方高校。地方所需要的人才,主要是高职和应用型本科院校所培养的。高等职业技术教育,经过十余年的建设,虽受"专升本"的不断影响,但培养目标、课程设置、实习实训,比较明确地对准地方的需要。当前需要解决的是地方一般本科院校和独立学院的转型发展,以适应地方社会的实际需要。但是现在有人批判"适应论",意思是大学不应该去适应经济,那是唱高调,你可以高居"象牙塔"中,提倡为学术而学术,为艺术而艺术。不管社会的需求,不管学生毕业后要找职业,更不管学生是要在一定社会中成长发展的,行吗?

  理论要对实践有指导作用才有意义。我想大家对此是没有疑义的。但是,要真正做到却不是很容易的事情。难,既难在主观上,也难在客观上。首先看主观方面的困难。这有两种情况。第一种情况是，有的研究者主观上认为理论工作者的任务就是研究理论，至于理论如何应用于实际，是实际工作者的事。他们的理由是，理论研究的目的是求真而不是求用。理论的作用在于认识世界，而不是改造世界。至于用，即改造世界，是实际工作者的责任。就好比心理学家研究心理问题，只管揭示心理现象的奥秘，弄清心理现象的生理机制、心理活动的规律。至于心理学的理论如何应用于教育或医疗过程，那是教育工作者或医疗工作者的事。这种情况是存在的，但还不普遍，更多的是第二种情况。即不少研究者主观上是想要贯彻理论联系实际的原则，要使理论的研究成果符合实际，但由于缺乏实际知识、实践经验，心有余而力不足。例如，一些关于高等教育发展规模和速度问题的研究，往往不顾中国实际国情和高教实际发展状况，单纯地根据某些国家国民生产总值（GNP）负担大学生人数或每万人口中大学生人数，来推导中国高等教育的发展规模和速度。其次是客观方面的困难。这里所指的客观困难，不是那些具体的困难，如领导不重视、经费不足、资料不足，等等。我所指的困难，是前面提到过的理论的抽象性与实践的具体性、理论的一般性与实践的特殊性的矛盾。众所周知，理论往往是抽象的、一般的，而要把抽象的、一般的理论转化为具体的、特殊的实践，其中有众多条件和中介环节。就好比工程技术研究试制成功一项新产品后，如果要进行大批量生产，还必须具备种种条件，包括工艺流程、生产设备、材料供应，以及生产成本的核算，等等。哪一个条件不具备，比如没有适当的新设备，没有所需的原材料，或成本太高不合算，等等，新产品虽然很好，也不能投入大批量生产，只能停留在"样机"或"样品"上。能不能解决生产条件问题，如何解决这些问题，一般需经过小批量的中间生产（或称中试）。同样，教育理论要转化为教育实践，也需要具备一些必要的条件，要经过中介环节，而且它的中介环节可能不只是一个而是多个。

那么,在教育理论与教育实践之间究竟有哪些中介环节呢?一般来说,如果基本理论是正确的,要转化为实践,它必须经过这样一些中介环节:基本理论→应用研究(开发研究)→政策(一般指宏观的)→操作性措施→实践,或基本理论→应用研究(开发研究)→操作性措施(一般指微观的)→实践。

例如,市场经济与高等教育的关系的理论研究成果,要转化为高教实践行动,大致需要经过以下几个中介环节:市场经济对高等教育的改革与发展起制约作用→对大学生就业制度改革的研究、对高等教育结构改革的研究、对高等教育管理体制改革的研究、对高等教育投资体制改革的研究等等→制定有关的政策→制定具体实施细则或措施→政策、措施的执行。

又如,大学生素质教育研究成果,要转化为教育教学活动,一般需要经过如下中介环节:大学生素质教育原理→课程上如何体现素质教育的研究、如何利用校园文化进行素质教育的研究、如何通过社会实践与劳动进行素质教育的研究、如何与家庭和社区配合进行素质教育的研究等等→根据具体校情制定大学生素质教育方案(或计划)→具体措施→教育教学活动。

总之,理论,尤其是基本理论同实践之间,是有一定距离的。理论要转化为实践,要受许多条件的制约,要经过一定的中介环节。因此,不能只是埋怨理论工作者的理论脱离实际,或者只是埋怨实际工作者不重视理论,要重视解决理论转化为实践的条件问题,要重视在理论和实践之间架设中介桥梁。

要解决理论转化为实践的问题,需要理论工作者和实际工作者双方的努力。首先从认识上解决问题。理论工作者要转变观念,树立理论研究既要求真,也要求用的观念。既不应只求真而不求用,把求用看成是功利主义行为而予以轻视;又不能因片面求用而有害于求真，如屈从于领导部门的压力而不敢坚持真理。在求真与求用的问题上，我认为，总的原则应该是在求真的前提下求用。既要坚持真理，又要心中有个实际，把科学性与可行性结合起来，用科学的理论解释、说明或论证实际现象或问题，并根据主客观实际条件，探讨解决问题的可能途径或方案。实际工作者也要转变观念。高等教育界既存在理论脱离实际的问题，也存在实践脱离理论的问题。没有理论指导的实践，是盲目的实践。这方面的事例很多，它们对高等教育发展所造成的危害恐怕比理论脱离实际造成的危害要大得多。前者只是说空话，后者却会做错事。所以，实际工作者应当转变思想。要尊重理论，尊重规律，不能拍脑袋决策或凭经验决策，对于重要决策，一定要进行实事求是的理论论证。其次，理论工作者和实际工作者要力戒互相埋怨，要互相谅解，共同为理论向实践的转化架设中介桥梁。一部分理论工作者可以以基本理论研究为主，同时参与一定的应用性、开发性以至政策性、工作性研究，更多的理论工作者应当以应用性、开发性、政策性、工作性研究为主，并尽可能吸纳实际工作者参与从事与其本职工作相关的研究。理论工作者和实际工作者如果能在中介环节上相互接近，共同努力，那么，高等教育理论研究将在为实践服务的过程中产生良好的社会效益，并由此而受到有关方面的重视。

应该说，现在是架设中介桥梁的又一个较好时机。20世纪70年代末80年代初，高等教育理论研究与高等教育实践曾经得到了较好的结合。现在高等教育的改革与发展又为我们创造了新的机遇。现在已有许多教育行政领导和高校各级管理者，从实际需要中越来越感到高等教育理论研究的重要性，不少人通过参加理论研究尝到了甜头。只要我们的理论研究主动地走出去，面向实际，面向实践的需要，就能形成高等教育理论研究的成果。

六、对《教育规划纲要》的理解与研究

对高等教育的使命与研究者的社会责任的探讨,可以说是我们高教研究工作者应当关注的一个永恒主题。但是特定的社会历史背景及高等教育发展的特定阶段赋予其特定的内涵。中国特殊的国情决定了中国教育问题的复杂性和教育改革任务的艰巨性。随着从人力资源大国向人力资源强国的迈进,中国教育新的阶段性特征越发凸显,一系列新情况、新问题亟待分析与解决。教育研究者应更加关注经济社会发展以及教育改革发展中的重大理论与现实问题,在理论研究方面有所突破和进展,并对教育实践产生重要影响,这已经成为业界的一种共识。随着2010年《国家中长期教育改革和发展规划纲要(2010—2020年)》(以下简称《教育规划纲要》)的制定与颁发,中国教育进入新的发展阶段,高等教育面临着新的机遇和挑战,如何深刻领会《教育规划纲要》的内容和实质,如何完整理解新的历史阶段中国高等教育的使命,以及当下高等教育研究者的社会责任,应该引起每一位高等教育工作者和理论工作者的高度重视。

《教育规划纲要》的出台充分体现了党和国家对教育事业的高度重视,《教育规划纲要》在制定的过程中采取了许多不寻常的做法,这些做法有着不寻常的意义。以前制定政策、规划等只是在一定范围内召开一些听证会,这次是面向全社会公开征求意见,这是一种进步。其进步性体现在以下三个方面。一是问计于民,使规划纲要更加完善。当时温总理曾说,要使人民满意。绝对满意是不可能的,因

为人民由不同的利益群体组成,无法使每一个人对每一条规划都非常满意。但是,广泛征求意见尽可能地使其完善一些,可以使人民的满意程度高一些。二是政府和人民增进互相理解。与过去政府关起门来制定政策相比,这次在制定《教育规划纲要》的过程中,充分发扬了民主,广泛征求了民意,使人民更加理解政府,也使得政府政策执行部门加深了对《教育规划纲要》的理解,为《教育规划纲要》的顺利执行奠定了基础。三是加强政府的责任感和人民的监督力度。通过公开征求意见,把《教育规划纲要》的内容公开出来,多次讨论,透明度比较高,人民可以根据对《教育规划纲要》的了解,通过媒体对其执行进行批评和监督,政府执行的时候也就更加重视了。所以说,这次《教育规划纲要》的制定是一个不寻常的过程,有着不寻常的意义。

作为国家的政策,应具有连续性,而作为一定时期的规划应该根据时代发展特点,具有创新性。就此而言,《教育规划纲要》既体现了政策的连续性,又反映了因时代发展和教育事业发展而赋予的创新性。《教育规划纲要》中提出的"优先发展,育人为本,改革创新,促进公平,提高质量"的二十字方针,都不是首次提出,与20世纪改革开放以来提出的一系列教育政策一脉相承。比如优先发展教育,是二十多年前邓小平提出的;"以人为本"的提法,也有十多年了;改革创新,都提了二十多年了;促进公平,以前常说效率优先,兼顾公平,21世纪以来的提法就着重于促进公平,十七大更提出教育公平是社会公平的基础;至于提高质量,那更是永恒的主题。所以二十字教育方针,体现了连续性,是教育系统今后工作应该坚持的指南。

《教育规划纲要》中作为战略目标的"两基一进入"——"到2020年,基本实现教育现代化,基本形成学习型社会,进入人力资源强国行列"则是首次提出,体现了《教育规划纲要》的时代创新性。第一,"基本实现教育现代化",以往我们提出来的是现代化建设,要建设现代化的教育,但是并没有明确时限,只是表明应然或在进行中。这次提出到2020年,要基本实现教育现代化,定出了时限,就有所不同了。第二,"基本形成学习型社会"。学习型社会是十七大提出来的,现在提出到2020年我们要把终身教育体系建立起来,要基本形成学习型社会,这也是一个具有时限的指标。第三,"进入人力资源强国行列"。我们现在已经进入人力资源大国行列,但还不是人力资源"强国"。现在提出来经过十年努力,要进入人力资源强国行列,也就是人才强国行列,这些都体现了《教育规划纲要》政策的创新性。

《教育规划纲要》有许多理念与具体措施呈现出创新亮点,比如"普及学前教育"、"推进义务教育均衡发展"、"去行政化"、"清理并纠正对民办教育的歧视政策",等等,都是有针对性的亮点。

第一,基本普及学前教育。据我所知世界上好像还没有哪个国家提出过。为什么在中国这个人民生活尚不富裕的国家提出来?有人说未免太快了,我想,这恐怕是根据社会现实的需要提出的。中国的农民工数量庞大,父母长期在外,农村还有很多留守儿童,城市有许多随迁儿童。孩子6岁以后能够去上小学,因为我们普及了义务教育,而6岁以前的孩子怎么办?只能满街走,这样会带来很多问题。这就要让学前教育来解决,所以根据时代需要,《教育规划纲要》中提出要普及学前教育,这既是符合儿童成长规律,又是结合中国社会现实迫切需要的一项政策创新。

第二,推进义务教育的均衡发展。目前义务教育是普及了,但是发展非常不均衡,这是大家容易理解的。但是,如何使之均衡,却不容易理解。很多地方教育部门对这一条还不很了解时,就开始着手做了一些促进教育均衡发展的工作,有些具体做法有待商榷。如,规定城市教师和农村教师2到3年就要对调一次。原来的重点学校或办得好的中小学,都要把优质资源分散去加强其他学校。这种简单化的措施并未准确理解"均衡"的含义。均衡不等于平均主义,均衡只能把低的扶上来,而不是把高的拉下去。目前很多地方促进均衡的政策是在把好的教育资源稀释掉,这样是违反教育规律的。我们知道小学教育阶段,有一种很好的做法,就是一名教师长期跟班,和孩子们长期共处,对孩子的成长非常有利。目前一些地方教师流动、校长流动过于频繁,特别是校长流动频繁,导致很多校长搞短期效应,对继任领导者和学校的发展带来不好的影响,这些问题值得我们理论工作者进一步研究。但是不管怎么说,推进义务教育均衡发展是对的,但并不是要用一刀切的行政命令来解决问题,应该逐步帮助弱势群体,把他们的水平提上来。

第三,促进高中培养的多样化,满足不同潜质学生的发展。由于受到统一高考的限制,我们现在的高中都是一样的,不利于学生个人潜质的多样化发展,因此提出高中要多样化发展。此外提出了要建立"综合高中"这一个新概念,这为高中的多样化发展提供了较好的政策依据。

第四,清理并纠正对民办教育的歧视政策,包括税收政策、师生待遇等。民办教育都曾受到不公平的待遇。民办学校的教师也在为社会主义培养人才,都是在为国家做贡献,当然应享受公平待遇。有些地方规定助学金只能发给公办学校的学生,不发给民办学校的学生。民办学校学生的父母都是纳税人,也应该受到公平对待。所以有许多歧视政策应该清除。此外,《教育规划纲要》提出要设立专项资金来资助民办学校。世界各国政府对民办教育基本上都有资助,而中国对民办教育以前是没有资助的,只是拨一点土地。民办学校的办学者是非政府机构,办学资金是非政府财政,但它同样为社会培养人才,同样是社会的公益事业。其主要资金由经办人拿出来,政府也有责任适当地资助。

第五,针对统一高考的弊端,《教育规划纲要》提出可以分类考试。统一高考从高分到低分录取,高分的学生流向清华、北大,而高职高专只能招到高考分数较低的学生。造成北大、清华或者复旦、厦门大学等研究型大学高高在上,而高职院校矮人一等。其实高职院校与研究型大学一样需要优质生源,不过高职高专主要需要动手能力强的学生,而研究型大学需要思维能力强的学生罢了。针对每年一次高考,有人提出可不可以和托福考试、自学考试一样,多次考试,避免一考定终身,提倡多元录取。目前只是指定一流大学有若干自主招生名额,这些学生还是要参加统一高考,所以很多学者提出可以多元录取。台湾地区公立大学联考也存在单一、僵化的问题,现在已经改革了,联考继续举行,但高校还可以通过其他渠道进行招生。现在上海的一些民办高职自主招生,招生的情况非常好,但仅限于若干办得比较好的高职学校。这些经验值得借鉴和推广,因此,建立分类高考、多元录取的高等教育招生制度,既有利于学生的发展,也有利于高校更好地录取合适的人才。现在上海、浙江等地,已经提出了一些较为机动的方案,但远远未能解决"应试教育"问题,未能达到多元录取的要求,应该把招生和考试分开,还给高校招生自主权,由高校自主、多元录取学生。

第六,扩大学校办学的自主权,逐步取消学校的行政级别和行政化的管理模式,正式提出教授治学理念。教授治校的理念和传统起源于欧洲柏林大学,对大学的发展起了重要的促进作用。当前中国大学的行政化倾向已经严重影响了学术的发展,因此,提出取消学校的行政级别,提出"教授治学"的理念,切中了当前高校存在问题的要害。

《教育规划纲要》中还有许多其他亮点,如鼓励地方上建立教育基金会,引进社会资金,考虑社会参与教育;扩大应用型人才培养,建立高校的分类体系,引导高校合理定位,克服同质化的倾向,等等,下面谈几个有争论的问题。

《教育规划纲要》的贯彻落实需要教育管理部门、高校领导与行政部门、高校教师的共同努力。在理解和执行过程中,有几个问题值得重视。一是为什么高校只是增量减缓而不是停止扩招;二是高考招生报名数为什么逐年下降;三是如何扩大应用型、技能型人才培养;四是如何理解和实现"取消实际存在的行政级别和行政化管理模式"。《教育规划纲要》中的目标实现需要广大教育工作者进行监督,教育工作者需要做的：一是理解，二是要实践。在理解的视角上，有很多问题可以探讨。

◇ 1. 为什么高校只能增量减缓而不能停止扩招？

高等教育今后十年还要扩大规模。《教育规划纲要》制定前的2009年，高等学校毛入学率只有24.2%，只是大众化的门槛，我们刚刚进入高等教育大众化的初级阶段。我们要实现科教兴国战略，就必须继续发展高等教育，进一步提高高等教育入学率，这也是我们进入人力资源强国行列的前提条件。欧洲发达国家的高等教育入学率大都在40%以上，像日本、美国、韩国、加拿大等国家已经基本实现了高等教育的普及化，入学率已经达到70%、80%以上。

以前高等教育发展过快，就赶紧叫停；发展过慢，就加快发展，常常没有计划性。如1983年邓小平同志视察浙江大学时，浙江大学的领导告诉邓小平同志，我们学校的基础设施很好，可以多招一些学生，但教育部给我们的招生指标太少，而且高中生如此多，考进大学的比例又非常低，我们可不可以扩大招生人数。邓小平考察回京后，指示教育部要扩大招生数量。于是1984年、1985年连续扩招了两三年，新建设了几百所高校，学生的增多，使得校舍紧缺，桌椅板凳、图书资料不够，因此，1986年、1987年就停止扩招。1992年邓小平南方谈话，指出经济要发展，教育也必须加快发展，教育部当年开会指示要扩大招生，以适应国家经济发展需要。于是1992年、1993年两年，全国每年以20%的平均速度扩招，像山东省当年就增长了差不多40%，因此到1994年又造成资源紧缺，赶快停止扩招。连续几年，学校数、招生数增长很少。1997年、1998年才再次少量增加招生人数，1999年开始，迎来了高等教育的大扩招。十年之间，在校生数扩大了近6倍，忽高忽低，违反了教育发展的规律，是决策不成熟的表现。现在虽然快了一些，但不是停止，而是减缓，这说明我们的教育政策开始成熟了。

◇ 2. 高考招生报名数为什么逐年下降?

《教育规划纲要》中规定要继续增加高等教育招生人数,保持一定的增长率,这是非常正确的。但是现在我们也存在一些困难,一是高考报名人数的减少。由于金融危机带来大学生就业困难,社会上"读书无用论"又开始传播。一个工人、农民家庭培养一个孩子读三年专科或四年本科,要花费一笔很难承担的费用,而毕业后却不一定能找到工作,或找到工作而待遇很差,不比只有高中或初中水平的农民工赚得多,如果让孩子高中或初中毕业就去打工,既省下几年的培养费,又多赚几年的工资,两者比较,得失分明,这样何必还要送孩子上学?福建省2009年比2008年的报考率下降了4.5%,2010年又比2009年下降了2%,这就是新的"读书无用论"出现,导致生源不足的真正原因。这个问题很难在短期内彻底解决。现在采取的政策是尽可能为家庭困难的大学生增加多种辅助。

◇ 3. 如何扩大应用型、技能型人才培养,促进高等学校特色办学?

目前高等学校发展同质化问题严重,北京有一些学校,原先属于行业的特色型大学,后来调整为地方高校,现在有人提出再次回归行业,建成行业特色型大学。地方高校如何发展,是目前高校发展中存在的最重要的问题之一。中国现在有高校2200多所,基本上可以划分为以下三种基本类型。一类是研究型大学,如"985"、"211"大学。另一类是高职院校,这两类院校定位都比较明确。还约有900所本科院校是地方性本科院校,这些高校如何办学,既不能办成高职,也不能办成研究型大学。过去高校都向研究型大学看齐,不适应社会对多样化人才的需求。社会大量需要的是应用型人才,所以《教育规划纲要》提出要着重培养应用型人才。但是本科院校又不能办成专科层次的高职教育,高职专科培养的是职业技能型人才。所以地方本科院校如何定位,特别是针对专科升本后的本科院校和独立学院如何定位,是值得我们研究的重要问题。

从一些高校的实践经验看,地方本科院校定位于培养适应地方需要的应用型人才,取得了不错的办学成就。现在很多学校感到不能都走清华、北大之路。例如北京联合大学是一所新建的地方本科院校,它明确提出所要培养的是应用型人才。北京联合大学有应用文理学院,是由北大、人大几所研究型大学的分校联合办学的。文理学院最初只培养理论研究人才,后来老师们发现,根据生源的学科水平,无法按清华、北大的教学要求来培养。在研究型大学林立的北京,就业困难,必须另寻途径。于是开始努力转变,面向北京市各行业的需要,培养应用型人才,不再好高骛远培养研究高深学问的人才,受到许多部门欢迎。如应用文理学院的历史系针对北京市的文物修缮、布展的任务很重,需要专门人才很多,就着重培养修缮、布展的应用型人才;外语专业着重培养北京市地方需要的应用外语人才;法律系也不是培养法学人才、大律师、大法官,而是培养适合北京市需要的书记员。因此北京联合大学应用文理学院生源好,就业也好。该校也搞科研,主要是北京市发展所需要的课题,这类应用型课题也很多。

从人才市场对毕业生的需求看,应用型、技能型人才的需求量很大。中国高等教育原来就业情况是本科学生好于高职,而现在本科生就业率逐步下降,高职类学生就业率逐步提高。2008年就业情况,本科生就业率比2007年下降三个百分点,高职生与2007年持平。2009年本科生与高职生的就业率相差不多,有些地方高职生就业率甚至超过本科生,这就给地方本科院校的发展带来了危机。如果地方本科院校再不改变,继续走培养研究型人才的传统老路,那就业率就会持续下降。高职培养技能型人才更能符合社会的需要,它的就业率就会持续上升。当然,目前本科生的就业率总的还是稍高于高职生,因为中国目前的公务员考试招本科生不招高职生,国有企业招本科生不招高职生,但是三资企业更喜欢招能干活、会干活的高职学生。因此,今后还要大力发展应用型高校,要着重培养大量的应用型、技能型人才。

《教育规划纲要》颁布之后,还需要正确的解读,以便执行者和公众更好地理解;有些尚未解决的问题还需要做深入的研究,以便提高认识,深入贯彻实施《教育规划纲要》,高等教育研究者应有所作为。《教育规划纲要》所提出的十大建设工程和十大改革试点,都是研究者所应承担或参加的。更重要的是教育理论工作者应承担预测、预警、反馈、建议的社会责任。下面从社会科学研究与社会发展的关系上,提出对高等教育研究应负的社会责任。

第一,从研究与政策的关系说,我认为对政府制定政策和宣传(解读)政策提供服务,是高等教育研究的重要作用之一,但必须摆正理论与政策的关系,首先是政策来源于在社会实践中所形成的理论,而不是理论来源于政策。其次才是政策为规范社会实践而需要研究者的解读。解读包含宣传与评论。这也是"从群众中来,到群众中去"的原意。现在制定政策者往往只要求研究者为政策"到群众中去"服务,忘记或不要求研究者对政策"从群众中来"起作用,而对于"到群众中去"也只是要求研究者宣传政策而不愿听到评论。值得高兴的是,经过近两年的酝酿、沟通、修改的《教育规划纲要》在前所未有的程度上吸纳了群众的意见,包括研究者的意见,较好地体现了"从群众中来",因而能较好地"到群众中去",也使研究者能较好地负起社会责任。

第二,从研究与实践的关系说,在中国,宏观的教育理论研究成果,一般要通过政策作为中介才能较好地转化为实践;但微观的教育理论研究成果,大多不一定需要通过政策而能直接转化为师生的实践。从数量上说,后者多于前者,但往往进不了教育领导管理部门的视野,也很难得到教育研究规划的立项与资助。作为高等教育研究者,研究工作为教育政策服务或直接为教育实践服务,都是我们的社会责任。最好是能够将两者结合起来,例如,承担《教育规划纲要》的重大项目和参与改革试点,既提供政策延续与细化的理论指导,又或多或少可以直接转化为教育实践。

第三,从研究与应用的关系说,理论的探索是研究工作的社会责任,理论的应用也是研究工作的社会责任,可能是一种更为现实与更为重要的社会责任。在教育理论探索上有所创新并被确认为具有一定的普适性与可行性不容易,而运用教育理论解释教育现象、解决教育问题,并具有一定的预见性也不容易。目前,整个高教界对前沿性的理论与前瞻性的问题的敏感度非常低,例如,2007年爆发的金融危机,高教界直到2008年下半年才开始关注,而且关注的也只是报刊上已经炒得过热的就业问题,而对金融危机可能对高等教育结构产生的影响关注不够,关于金融危机对大学专业、课程、教学、师资与人文教育的影响关注更少。关于金融危机对高等教育的影响预见不足,从而不能预为其谋,这是我们研究工作者所应当自我"问责"的。总之,高等教育研究的社会责任,不仅在于探索与创新理论,更在于应用理论,分析现状,发现问题,提出意见,总结过去,预测未来,及时提出有预见性的研究成果。

第三章

时代的选择：高等教育大众化

马丁·特罗的高等教育发展三阶段理论，即精英化、大众化、普及化，是相互替代的关系还是并存的？事实上，马丁·特罗已经回答了这个问题，这就是"到了大众化阶段，精英教育仍然存在并有所发展"，不过可能不是大发展，因此，在中国高等教育大众化时代，我们无论是顶层设计还是基层实践，都要有一种重新的认识，方能取得大众化教育的成功。

——题记

一、中国高等教育大众化时代

英国高等教育家纽曼曾强调，大学最好设在城市，因为这里是文化活动、文化场所和文化名人的聚集处，是无法取代的知识媒介。但是现实情况中，越来越多的大学开始往城市的边缘甚至是完全的郊区转移，现在已不是纽曼时代，城郊交通的便利和信息网络的发达，大学的学术活动、文化交流没有必要像哥伦比亚大学、英国的众多大学那样,聚集在繁华的闹市中;但也不应像中国"文革"中那样,把许多大学赶往边远的地方。由于高等学校扩招,许多大学在郊区设置新校区或分校,在管理上增加了困难。汇集在一起建成大学城,有利于合作办学。进入高等教育大众化阶段后期以及普及化阶段,高等教育还将向外、向下延伸,中小城市和社区也将出现更多高等学校和高等教育的培训机构。多样化是高等教育发展的必然趋势。

什么叫高等教育大众化?为什么中国高等教育要大众化?对于高等教育大众化,我们只有把这些问题很好地弄清楚以后,才能更好地适应大众化时代,才能够推动大众化更好地发展。

我们知道高等教育大众化是从 20 世纪 70 年代出现的,但大众化的开端时期实际是在二战后,那个时候还没有大众化的名称。二战之前,所有的高等教育都是精英高等教育。高等教育发达国家也好,高等教育不发达国家也好,都是培养少数精英人才的教育。也就是从中世纪的"大学"发展演变以后成为的大学,都是精英大学。精英大学适应于封建社会,适应于工业革命初期的社会。但是到了第二次工业革命的时候,精英教育就不完全适应了。二战之后,世界有了一个相对和平的时期,加上二战中很多战争技术应用到民用领域,推动了工业的第二次革命。这就需要能够从事新的产业的科学技术人才。同时和平时期人们社会生活水平提高需要能够为社会更好地服务的人才。而这些人才单靠普通教育、单靠中学阶段的职业技术教育是不够的,因此高等教育必须培养能够适应大众化时期生产力发展和生活水平提高需求的人才。所以从 1950 年开始,全世界的大学生人数差不多每 10 年就翻一番。1950 年,全世界的大学生不过是 650 多万人,比现在中国大学一个年级的学生还少得多。但到 1960 年是 1200 多万,1970 年是 2800 多万,以后不断发展。到 20 世纪末是 8000 万,截至 2009 年,根据联合国的统计,全世界的大学生有 1 亿 6000 多万。当然,这包含了中国所贡献的大学生的数字。2016

年,中国的在校大学生有 3699 万人,世界排名第一。可以说,大众化是为了适应社会生产力水平的提高,生产技术的发展,生产转型的需要,也为适应社会从金融事业到文化教育事业即第三产业雇员水平提高的需要。

因此,在全世界,到 20 世纪 70 年代,接受高等教育的人数增加了,才有专家(马丁·特罗)提出了高等教育发展的三个阶段,其中第一阶段是精英教育,注重学术研究,培养少量的精英人才,也就是培养科学家或者决策型人才;第二阶段是大众化阶段,就是大众都能够接受高等教育的阶段。大众化阶段有两个特点,这两个特点许多传统大学的学者、专家往往不理解、不认同,但这是社会发展对高等教育提出的要求。第一个特点是应用性,高等教育大众化培养的人才要有应用能力,不能都搞学术。当然,不管任何时代都需要学术人才,但是毕竟是少数,大众化阶段不能都培养学术人才。现在我们每年的大学普通本科毕业生有 700 多万,都搞学术,是不可行的,没有地方能容纳。所以第一个是应用。不能都是搞学术,因此大众化阶段我们不能总把学术作为标准,而是要将应用作为培养标准,不仅传授理论知识,更要培养应用能力。第二个特点是多样化,应用人才是多样化的。在精英教育阶段,所有的大学都要照着北大、清华这样的道路去发展。但大众化不能要求所有的高校都照着这样的模式发展,要多样化。高等学校教学评估,正如高考对中学教学一样,是高等学校教学的指挥棒。针对应用性、多样化这两个特征,我们的评估要指挥着我们的高等学校,就不能老用旧的标准去要求大家,我们之前对大学进行的评估是按照传统大学的老路制定的评估指标。我当初曾参加评估指标设计,那时候还有三种类型,后来只有一种类型。从包括北大、清华、厦大在内的高校到高职都用基本一致的评估标准,怎么可能达到大众化发展的要求,这种评估会阻碍大众化的发展。当然,现在我们的评估有了改变,评估是多样化的,应用性得到重视,而且是重视每所学校的特殊性、适应性的。这就有利于大众化的发展。

但是,评估标准的改变就一定能导致高等教育往应用性、多样化的方向发展吗?事实上,我们看到其中还有多重阻碍。

第一,碰到思想认识上的阻力。重学术、轻应用,是以往办学者的主导思想,求统一,排斥多样化,是以往教育政策制定者的主导思想。因此,在21世纪初年,在高等教育向大众化迅速发展,即扩招时期,许多高等学校仍然标榜自己是综合性、研究型大学。到了2005—2006年之后,才陆续有些高等学校提出自己的办学方向是应用型多科性大学。一直到教育部门明确地提出一般普通高校要向应用性方向发展,大多数普通高校也对发展方向做了修改。但据我所了解,许多普通本科高校,有意无意地仍在继续走老路。

第二,碰到实务方面的困难。首先是如何把应用性转化为培养目标和培养规格。即学校的培养目标,尤其是各个专业的培养目标和培养规格,是不是能够转化为应用性的。我们的目标不应该是空洞的,应该将目标、规格都写在纸上,但不是写好看点就算了,还必须转化为课程。研究型大学的课程跟应用性大学的课程是不一样的,如果没有应用性的课程与教材是转不过去的。现在职业专科学校经过十几年来的努力,已有了自己的职业技术性课程教材。但是许多本科院校,还没有本科院校的应用课程、教材。现在我们的精品课程、精品教材很多,但是大多都是研究型大学教授们编写出来的。20世纪90年代我们研究课程改革的时候,分门别类各个专业请了很多人,教材编了很多,当年我就听到一些一般地方高校说,现在教材都很好,但是太高深了。前些年我大力推进应用,就感觉找不到应用性课程。安徽省曾组织了一些地方的新办院校研究应用性课程,当时皖西的六安学院承担应用数学教材编写。数学是最难搞应用的,因为数学系统性很强,又是很抽象的。一所学校编写力量不够,就组织了几所学校的数学老师一起编写。

还有一个更大的困难,这就是师资。我们现在教师的学术水平越来越高,过去我们当大学教师,就是大学本科毕业先当几年助教慢慢提上来的。现在的高校最起码要硕士,如果"211"高校的话,没有博士学位进不来,"985"高校要"双985"或洋博士才能进来,学术水平是高了,但学术水平高是不是就能当上应用性大学的老师?我认为,能当应用性大学教师的必须有两张证书,一张证书是博士学位,另一张是有五年以上工作经验的证明。

马丁·特罗的高等教育发展三阶段理论,即精英化、大众化、普及化,是相互替代的关系还是并存的?事实上,马丁·特罗已经回答了这个问题,这就是"到了大众化阶段,精英教育仍然存在并有所发展",不过可能不是大发展,因此,在中国高等教育大众化时代,我们无论是顶层设计还是基层实践,都要有一种重新的认识,尤其是顶层设计,不能只望着排行榜来制定大众化阶段的政策,否则很难取得大众化教育的成功。同时,希望评估中心的指挥棒能够更好地引导高校向应用性、多样化方向发展。

二、高等教育大众化与教育质量多样化

我们大学现在已经从精英阶段走进大众化阶段,正在走向普及化阶段,精英教育的理念与我们高校的大众化理念好像越来越远,跟大众化、普及化道路相悖。社会上有这个担忧,我们一提大众化、普及化发展,都不敢提精英教育了,这两个关系感觉上好像有矛盾,事实上应该是一体的。从精英教育阶段走向大众化教育阶段以至普及化教育阶段,这是提高生产力水平和社会生活水平的必然发展趋势。但在大众化以及普及化阶段,精英教育仍然存在并有所发展。中国在走向大众化阶段初期,的确存在削弱了精英教育的现象,许多研究型大学也大量

扩招，除了扩招前已办的成人高教、自学考试之外，又增办高职学院、网络学院、二级学院，以致优质资源稀释，质量下降。我在2003年一次重点大学规划会议上，就提出"必须保护精英教育"，这篇发言后来以《大众化阶段的精英教育》为题刊于《高等教育研究》2003年第6期。后来虽有所控制，但现在许多研究型大学仍然过于庞杂。如果分类正确、措施得当，发展精英教育与大众化教育路线并非相悖，而是相得益彰。现在国内重点大学的贫寒家庭出身的大学生比例越来越小，这个是事实，而且人数减少得厉害。过去像清华大学这类重点大学，一半的学生来自城市，其中许多是低收入家庭的，一半学生来自农村，现在恐怕不到10%。当然，这一方面是因为当前农村青年比较少，过去农村人口是总人口的70%以上，现在低于50%；另一方面，也是更主要的，是现在这种招生制度不利于录取农村青年。教育机会的公平，应当包括三个方面：入学的公平，培养过程的公平，以及毕业后的公平。入学的公平，应该说目前基本上已经实现，中国的义务教育普及率相当高，高中阶段的普及率也在80%以上，高招在统一考试分数面前人人平等。但这些公平不能够代表教育过程的公平，大部分农村学校教学质量很差，进清华北大的农村学生越来越少就是因为教育过程不公平。"精英"在一般意义上指的是研究型的科学家，一直以来，社会上把培养精英人才看得很高，把培养应用型人才看得很低，这是不公平的。我们应该提倡行行出状元，哪一个部门都能够有拔尖人才。科学家是拔尖人才，工程师也是拔尖人才。我们中国出了个袁隆平，他是科学家还是农民工程师？恐怕不能完全说他是科学家，他为人类做了这么大的贡献，但是还拿不到诺贝尔奖；现在我们中国十几亿人口，从一个很穷的国家，变成一个经济总量在世界上排名第二的国家，但是我们没有一个经济学家拿过诺贝尔经济学奖。应用型人才的贡献不一定比科学家小，社会需要大量的而且是高水平的应用型人才，就像袁隆平这样。高职院校培养出来的技能型人才也能出状元，不同类型的人才只是分工不同，而不存在社会地位的不同。

中国高等教育进入大众化阶段以来,很多人关注教育质量和就业问题。到底如何看待质量问题,质量是真的下降了吗?如何看待就业问题?怎么解决就业问题?

民办高等教育不等同于高等职业教育,但是大量的民办高等教育已经是或者应该是以办民办高等职业教育为主。从理论上来讲不能限定于办民办高等职业教育,而从实际来说应该鼓励其办好高等职业教育,因为高等职业教育是实现高等教育大众化最有发展的一条途径,但现在面临着质量问题和就业问题,因而也面临着招生难的问题。

教育质量问题历来都是办学的中心问题,在高等教育发展的不同阶段,不同类型、不同层次的教育其质量的标准是不同的。

教育质量是教育发展的生命线,能否保障质量、提高质量都是办学的中心问题,过去如此、现在如此、将来也是如此,但是不同时期不同情况之下,质量的指标与标准是不同的。精英教育阶段的质量标准是所培养的人才是否理论基础宽厚、专业知识丰富、学术水平高深,也就是说其质量标准是以理论知识作为标准或以高深学问作为标准,以理论知识的多少、理论知识的深浅、学术水平的高低作为教育质量的标准。在这样的标准之下,对生源的要求是选拔高考高分的高中生。所以过去的高考亦称为选拔性考试,选拔高分的学生进入大学研究高深学问,才能够培养出理论水平高深的学生、专业知识专深的专门人才。同时对大学教师的要求也是看他们基础知识是否雄厚,专业知识是否高深,只有学术造诣高的才能当教授、当专家,这是精英阶段教育质量的标准。大众化教育阶段,精英教育依然存在,精英教育的质量标准仍然是研究型大学应当坚持的。但是大量的非研究型大学,包括应用型大学和高职高专,就不能以精英教育的标准来衡量,而应该使用另外的标准衡量。对高职高专而言,所培养的人才仍然要有适度的理论知识,但理论知识以够用为主,并且着眼于运用知识解决实际问题的能力,培养能够承担岗位工作的职业型、应用型的人才。其质量的标准是:第一,它的衡量标准不是通过一次考试检验掌握知识的多少或者以某篇论文证明知识的高深,而是以能否承担职业岗位工作为标准;第二,在专长方面要适销对路,也就是在人才市场的竞争当中能够以专业知识和技能取胜,因此所要求的生源不可能也不必要都是高分的。对高考的改革,我们提出高考今后不能笼统进行选拔性考试,应该是适应性考试,也可能某些重点大学仍是选拔高分考生,但是一般的高等学校特别是高职高专应该进行双向选择,学生选择学校和专业,学校和专业跟学生的知识、能力、性格、兴趣相符合;学校选择学生,招进来的学生的心理性向、知识能力和学校的要求相符合相适应,因此,入学考试或审查应当是"适应性"的。在高职高专从事教学的教师也不一定都是学术水平很高的,但要求有实践经验和动手能力强,就是我们所说的"双师型"教师。

潘懋元先生部分著作

  大众化阶段的高等教育尤其是高职高专的教育质量是否必然降低或者应该降低,对这个问题要从不同的角度来进行分析。

  第一个角度,是数量与质量的矛盾问题。数量急速增加,教育资源跟不上,必然导致质量下降,客观事实也是如此。从总体来看,1998年扩招之前到2003年扩招之后,高职一直是扩招的重点,1998

年全国普通专科院校在校生 73 万人,到了 2003 年,全国的高职高专总共是 479 万人,5 年之间全国的高职高专学生增长了 5.6 倍,但是教师资源却未能随之增长。1998 年,专科院校的教师是 7.8 万人,2003 年是 19.7 万人,仅仅增长了 1.5 倍,因此 1998 年以前专科院校师生比是 1∶9,而 2003 年是 1∶24 左右,不少院校是 1∶30、1∶40。而且新增的教师是新教师,学历水平大多是硕士以上,不低;但是教学经验不足。教师资源缺乏必然导致教学质量下降,不光是高职高专如此,精英教育机构、重点大学的质量也受到影响。21 世纪初,我就提出要保护精英教育。精英教育仍然要存在,而且要继续发展,精英教育的发展不是增加数量而是提高质量的问题。当然精英教育的数量也要适当增加,但是当时中国的精英教育受到很大的冲击,扩招太快,每所大学从几千名学生增加到几万名。就我自己的体验而言,在 1998 年以前,我们单位每年招的博士生是两个,最多是三个,三个年级总共指导的不超过 7~8 人,这已经相当多了。现在我每年要为 40 多名博士生开课。不得不以"偷工减料"来"提高效率"。也就是说,在条件不变的情况之下,或在变化不多的情况之下,数量增长而条件跟不上去,质量必然要下降。

从另一个角度来看,如果根据高等职业教育培养目标以就业为导向,培养的是符合社会需要的适销对路的职业型、技能型的人才。那么现在的高职高专教育比 20 世纪 90 年代以前的专科教育,其质量不一定下降,甚至在某些方面还有所提高。现在有相当一部分的示范性高职,还有一部分民办高职其质量并没有下降,而且还更适销对路,很受人才市场的欢迎。相当一部分的示范性高职,还有一部分订单式高职按照用人单位的订单培养人才,培养出来的人才适销对路,就业率很高,从这个角度来讲,质量不一定下降。再从"产、学、研"结合角度看,其质量也不一定下降,而且比起过去的老大专更加符合人才市场的需求。当然我所指的只是高职高专的一部分。另外的一部分并没有提高甚至有的降低且下降得厉害,那些走老大专的路子,特别是相当多的二级（独立）学院，有许多是按照母体的模式，按照理论性本科的培养目标来培养，把理论性本科的模式照搬过来，由于生源较差，质量必然较低。从这个角度来说，按照高职应具有的培养目标与规格来培养人才，其质量不一定下降，而且还会提高。

衡量质量提高还是降低的标准是什么呢？（1）是否确立合理的人才培养目标和正确的人才使用观。什么是质量高？就是摆的位置合适。因此，从这个角度来考虑问题，大众化教育阶段应该改变过去传统的教育质量观，应该改变用单一的精英教育的标准来衡量各种各样的高等教育的做法。大众化时期的教育质量标准是多种多样的，我在1999年高等教育大众化刚刚开始的时候就写了一篇文章叫《高等教育大众化的教育质量观》，这篇文章提出的观点，简单说，就是高等教育大众化发展的前提是办学形式的多样化。多种形式的高等教育肯定有多种培养目标、多种模式；而多种培养目标、多种模式应该有多种质量衡量标准。（2）质量下降的真、假命题。在2003年我另一篇关于质量战略的文章提出，现在很多人说质量下降，假如把"质量下降了"作为一个命题来说，其中就包含了一个真命题和一个假命题，真命题就是因为这几年教育发展得太快而教育条件、教育资源跟不上导致质量下降，"教育质量下降"这个判断是真命题；假命题就是用单一的精英教育质量标准来衡量一切高等教育质量而得出来质量下降的结论。因为用错位的标准所以得出教育质量下降的结论，是一个假的命题。命题尽管是假的，但是要改变这种教育质量观还不是很容易的事。现在整个社会也好、学校也好、学生家长也好甚至我们的高职教育者自身也好，恐怕很多思想没有转变过来，更不用说我们重点大学的师生们。这个观念在社会上已是根深蒂固，一时不容易转变过来。因此，如何转变人们的观念是当前最艰难的问题。当然并不是转变观念就万事大吉，还要按照高职高专的培养人才的要求来设置专业，来制定教学计划，来订立教学改革计划，等等。但是现在许多高职高专还在走老大专的老路，这真的很令人担忧。如果大家都走老大专的路子的话,那么将来困难就大了,就业困难也就大了。可喜的是现在已经开始有所转变,比如以前的高职高专同研究型大学用一样的评价指标,现在已经认识到这个问题,另外制定高职高专的评价指标。

在中国高等教育发展的宏观布局中,在积极推进中国高等教育大众化的进程中,我们要合理处理好精英教育和大众化教育的关系,从而全面保证高等教育的质量。

我认为不应当由精英教育机构来承担大众化教育的任务,从理论上讲,精英教育机构培养的是理论型、学术型的人才,他们理论基础要比较宽厚,并在宽的基础上有所专。大众化教育机构培养的是实用性、职业型技术人才,对他们只求理论够用,着重于学好职业知识技能,成为生产、管理、服务一线的有一定技术的专门人才。大众化教育的培养目标、教学内容、教学方法都不同于精英教育,精英教育机构承担大众化教育的任务并没有优势。从国外的经验看,精英型的大学,一般也不承担大众化教育任务,即使承担也是另设附属机构,另搞一套模式,即应用型人才的培养,主要由开放大学、社区学院等来承担。

精英教育机构承担大众化的教育任务,从长远来看,无论对精英教育,还是对大众化教育,都是弊大于利。一方面,精英教育机构不能适应办大众化教育的需要。这种不适应主要是办学思想不适应,他们会自觉不自觉地按理论型的教学模式来进行大众化教育。另一方面,精英教育机构承担大众化的教育任务,对精英教育机构也不利。普通高等院校,包括部属重点大学,承担繁重的大众化教育的任务,会造成办学力量分散,教学资源分散,势必导致教育质量的下降。精英教育和大众化教育都是国家需要的,两者的关系本来是相辅相成的,但是在一定情况下还会产生一些矛盾。目前,最重要的问题是我们把大众化的教育任务给许多精英教育机构,给传统大学,它们承担过重、过多的大众化教育任务,以致传统大学不断膨胀,办学力量分散,尤其是师资数量和质量不适应,严重影响传统大学的质量。过去传统大学师生比1∶7或1∶8,1∶10最多!而现在是1∶20甚至更多,肯定会冲击精英教育。另外传统大学按照培养研究高深学问的人才的目标来配备设备、师资和实习场所,这些设备、师资和实习场所,未必符合大众化教育的要求。大众化教育注重发展职业技术教育,而精英教育机构的设备大众化教育不一定用得上。大众化教育需要的实习、实训场所精英教育机构恰恰没有。精英教育机构的师资水平固然高,但职业技术教育需要大量"双师型"的教师,而精英教育机构恰恰缺乏这方面的教师。因此,我提出要保护精英教育。精英教育机构不能什么都搞,普通高校原来已经承担成人教育,还有高等教育自学考试的助学,自从大众化教育提出之后,又要办高职学院,还要办网络学院,还有民办二级学院办分校。这样办下去会把中国的精英教育拖垮。我个人认为,在高等教育大众化的实施过程中,必须保护我们的精英教育,减轻为推行教育大众化而给精英教育机构带来的压力,在制定精英教育机构未来的发展战略时,应当逐步减少精英教育机构已经承担的大众化教育的任务,使精英教育机构能够集中力量,以保障、提高教育质量和科研水平。

传统的精英教育基本上是单一的本科以上的教育,培养学术型高级专门人才,课程设置着重于传授与研究"高深学问"。这种高级人才,无疑是国家和社会所重视的,但其需要量有限。现代化建设对人才的需求是多样化的,既需要学术型的高级专门人才,也需要应用型、技术型、职业型的各级各类专门人才。而后者的需要量是数以千万计的。因此,大众化的办学类型必须是多样化的。不同类型的高等教育,应当具有不同的培养目标与规格,设置不同的课程,采用不同的培养方式与方法,由不同的教育机构来实施。据此,《高等教育法》第六条规定"采取多种形式积极发展高等教育事业",指明积极发展高等教育事业是以采取多种形式办学为前提的。

既然高等教育大众化的前提是多样化,包括办学的层次与类型、培养目标与规格、课程与教学内容的多样化，那么，大众化高等教育的质量标准也必然是多样化的。1998年联合国教科文组织在巴黎召开的世界高等教育会议所通过的《21世纪的高等教育世界宣言：展望和行动》据此提出"高等教育质量是一个多层面的概念"，要"考虑多样性和避免用一个统一的尺度来衡量高等教育质量"。这就是高等教育大众化的质量观。

在大众化进程中，质量是一个最有争议的问题。有人认为数量增加，质量必定下降，大众化是以降低高等教育质量来换取增加数量，实不足取；有人则以为到了大众化阶段，精英教育将不再存在，而缺乏学术型的高层次专门人才，不利于科教兴国。这些担心是对大众化理论的误解。马丁·特罗在他的论文中对"防止误解的说明"已有所论及。他强调说："当高等教育作为一个整体逐渐过渡到下一个阶段容纳更多的学生，发挥更加多样化的功能时，前一阶段的模式仍然存在一些高校或其他高等教育机构中……在大众化阶段，精英高等教育机构不仅存在而且很繁荣。"人们之所以有意或无意产生这些误解，说到底，还是以一把传统的精英教育学术型的尺来对待多样化的大众化高等教育。

当然，质量多样化不等于不求质量。不同类型、不同培养目标与规格的高等教育，应有各自的质量标准，努力达到各自的高质量要求，而不要都与学术型高等教育攀比，都要办成研究型大学。

教育质量观是一种抽象的观念。正是这种抽象的观念制约着教育政策的制定。例如，可不可以用一个统一的办学条件来规范各级各类高等教育机构？可不可以用同一份考卷招考各级各类的高等学校学生？可不可以继续用传统精英教育的尺度来评估大众化的高等教育质量？如此等等，似乎都有必要在理论认识的基础上，修订中国的政策规定。

三、大众化进程的规模速度问题

高等教育发展的规模速度,一直是一个有争论的政策问题。在发展速度上,有稳步发展、控制发展(主要对民办高等教育)、适度发展、积极发展、加快发展等提法。在数量增长上,有1995年所制订的"九五"计划,以及规划到2010年的指标是2000年达到8%、2010年达到11%;可以说,大众化还未摆上政策的日程。1999年初公布的《面向21世纪振兴教育行动计划》,将适龄青年毛入学率提高为2000年达到11%,2010年达到15%,虽未提到大众化这一概念,但可以说,实际上已朝大众化的目标前进。而1999年以及2000年、2001年连续三年的大量扩招,虽同样未提加快发展,实际上已是高速发展了。在这一加快发展的政策指导下,2000年所制订的"十五"计划,又将15%的指标提前为争取2005年达到。但是由于从思想、理论到政策、措施的论证不够,准备不足,问题很多,阻力很大,后来又出现了某些调低增长速度的迹象。

走高等教育大众化道路,是经济社会发展的必由之路,是时代的必然选择,并且已经成为政府的决策。只是在速度的掌握上,不宜太慢或太快。适度超前发展的基调,我认为是比较正确的。如何理解"适度超前"?我理解所谓"度",主要是经济发展的速度,适度超前就是适应经济发展的速度而稍微超前。为什么必须"适度"?因为教育的发展必须与经济的发展相适应。这是教育外部关系规律所决定的。为什么必须稍微超前?因为教育的周期较长,培养人才为经济发展服务,必须有一个适当的超前量。假如国民经济的年增长率为8%,则高等教育招生的年增长率可以略高于8%。如果以此为"度"

来回顾10年来高等教育量的增长速度,可以说,1998年以前落后于经济的发展,而在1999年之后又大大超过了经济的发展。为什么连续三年大幅度扩招之后,全国高等学校虽然问题不少,但教学秩序总体上还是比较平稳,没有出现历史上那种大起大落的振荡?是由于前几年招生"欠债太多",有一定的教育资源储备;加之采取多种形式办学,以及其他有效政策措施,一定程度缓和了大幅度扩招与教育资源不足的矛盾。但如果继续高速增长,违反教育与经济关系的规律,恐怕是不行的。因此,当务之急是如何合理地调整增长速度,但不应停止大众化的进程。

还有一个发展规模的问题。20世纪90年代以来,中国的政策导向是"走内涵发展的道路"。公立普通高校与成人高校的学校数从80年代末以来不但没有增加,反而逐年减少。这一政策导向在当年是否正确,暂置勿论。但在今天如果仍然坚持只要"内涵式发展",势必减少公立高校的生均教育资源,从而影响教育质量。是否应当修改为"内涵式发展"与"外延式发展"并重,而以"外延式发展"为主?一所高校,究竟规模多大较为合适,恐怕不同类型有所不同,这是一个有待讨论的政策性问题。

四、大众化时期毕业生就业问题

大众化道路能否畅通,真正的考验还在于毕业生能否充分就业。这一考验在2002年开始。在面向人力市场、双向选择的新的就业制度下,少量毕业生短期间待业是正常的现象。但如果就业率过低,待业人数太多,势必影响社会安定。人们对此忧心忡忡。

高校毕业生就业形势,最终取决于经

济发展形势。这里所说的经济的发展,包括国民生产总值的增长和由于科技水平的提高,越来越多职业岗位需要受过高等教育的人员来承担。西方发达国家在20世纪50—70年代,进入高等教育大众化阶段前后的快速发展时期,据马丁·特罗的考察,基本上没有出现严重的毕业生失业现象;而有的发展中国家,特别是亚洲和非洲的某些国家,在60—70年代大学生猛增时期,的确出现过比较严重的失业现象。原因是50—70年代,已是西方发达国家经济高速发展时期;而60—70年代,有的发展中国家(不是所有),经济发展缓慢,高校毕业生的增长与经济的发展不成比例。中国的经济,20年来基本上是持续发展的。现在国民生产总值的增长率仍居于世界前列,并且生产方式正在从粗放型向集约型转变,越来越多的职业岗位需要高校毕业生。从历年人才市场上的供求总量看,各种测算的具体统计数字虽不完全一致,但都表明总供给量并未超过总需求量。之所以仍有待业现象,尤其是第一次就业率的统计上,有的地区、有的高校、有的层次,尚未就业(不等于失业)的比例较高。分析其原因,主要是"结构性待业"与"选择性待业"。

解决结构性待业问题,不仅要根据产业结构的变化,及时调整专业结构,更重要的是转变单一的精英教育培养目标,改革课程体系与教学内容,使大学生的知识、能力、素质能够适应人才市场多样化的需要。本科以上老高校,要扩大专业口径,拓宽就业的适应面;新办本科高校和高专高职,要加强应用性、技术性、职业性,培养"适销对路"的人才。要把高专高职办成真正的"新高职"而不是本科压缩型的"老大专"。

解决选择性待业问题,一方面要转变传统精英教育所形成的思维定式——国家包分配、包当干部以及"人上人"的优越感;另一方面,要在工作条件、生活待遇方面,制定有利于高校毕业生走向基层、走向农村、走向西部的政策。基层、农村、西部是广阔天地,可以大有作为,可以充分实现自我价值。这是一条漫长而难走的道路,也是一条中国全面的现代化建设和中国高等教育大众化发展的必由之路。

高校毕业生的就业岗位不是常数,而是变数。一方面,随着经济社会的发展,生产、管理、服务各种职业的科技与文化含量不断提高,需要具有高等教育水平的职业岗位必然随之增加。过去,高中文化水平,甚至初中、小学文化水平的从业者就能胜任的工作,逐渐需要受过高等教育的毕业生来担任。例如,以前只要粗通文字,会打算盘会记账,就能当公社级的主管会计,如今,乡镇的主管会计,必须懂得市场经济的运行机制,熟悉经济法规,能够操作计算机,如此等等,没有受过高等专业教育者,很难胜任;又如,过去小学教师,受过中等师范教育的,就是佼佼者,如今,中等师范甚至师范专科都已陆续停办,小学教师也要受过本科以上的教育。另一方面,一个毕业生进入社会求职,当然要占据一个职业岗位,但如果能推动经济发展、社会进步,就能创造更多的就业机会。可以设想,如果一个毕业生到农村当乡镇长甚至村干部,就会引进更多的毕业生来推动当地的现代化建设;如果一个毕业生自己创办企业,开辟职业新领域,意味着他不但为自己创造岗位,而且为更多的毕业生创造就业机会。

很多人说因为高等教育大众化,大学生就业问题更加严重了。高等教育改革以前,实行统招统配,掩盖了就业问题。而从统招统配转为自主选择就业,也叫"双向选择"就业,这个问题就成为政府和社会最为关注的问题。特别是扩招以来,这问题好像是严重了很多。1998年,就是扩招的前一年,当年的毕业生87万人。而5年之后的2003年,毕业生就达248万人。2003年全国的就业率据公布约70%左右。其中高职、高专为55.7%。如果真是如此,形势的确是很严峻。其实,这里存在统计上的问题,每年9月1日教育部公布的数字,是学期尚未结束,学生还未毕业以前各校统计上报的数字,这是以计划经济下分配就业的思维方式来看市场经济下的双向选择。国外统计失业率不是在毕业之前,而是在毕业之后相当一个时间段之后,如英国统计失业率要到年底还没有找到三个月以上的固定工作才计算。另外,还存在"主动性失业"的问题——有些失业的学生并不是找不到工作,而是因为家庭条件好,如果没有找到好的工作便不急于找工作;还有准备考研和出国的一部分人;有些用人单位要等到试用期满才肯签订合同;有些毕业生也要求实际工作一段时间,看看是否合适才签合同。甚至还有不愿签合同的,有搞自由职业的。如此等等,实际失业率并没有像媒体所炒作的那样严重。现在麦可思的统计是根据当年最后一天的就业数字,并且分为"就业率"与"非失业率"两类,我认为比较合理。当然,就业问题确实存在。主要是连续多年扩招过快,超过经济发展速度,超过人才市场的承受力;其次是高职高专还不能很好地培养适销对路的应用性人才。因此,教育部对高职(民办高校大多为高职)提出"以就业为导向",这一提法,对于高职高专来说,我认为是合理的;对于研究高深学问的精英教育来说,也要考虑就业问题,但不能只以就业为导向,应该从更宽阔、长效的视野上提出培养人才的导向。这是精英教育同大众化教育两种高等教育系统不同之处。当然,对于应用型科技人才的培养,也应当有一定的超前视野,适应转型发展的社会需求。至于有人问"以就业率为评估主要指标"是否合理?应该说这既合理又不合理。从教育角度说是不合理,因为学校的主要任务是培养,就业应是劳动保障部门所应解决的问题;说合理,是因为学校要对能否培养出适销对路的人才负责任。

过去就业率7月份就宣布,也就是4月份就要签约,那是过去统招统配的思想,4月份就能制订分配方案了。现在的学生就业,双向选择,别说4月份,恐怕到6月份大多也不能确定。第二年年初麦可思就业蓝皮书的统计结果出来以后,我们才能真正明确情况究竟如何。还有一点要明确的,就是"就业率"和"非失业率"要区分清楚,很多学校算就业率的时候将准备留学、考研学生一并算入,我认为准备留学、考研只能算为非失业率。就业问题是个很复杂的问题,影响就业的因素有很多,比如经济因素,应用型本科办得好能否彻底解决这个问题还不好说,但是可以肯定的是,应用型本科办得好有利于提高就业率。

五、应用型本科院校的定位与特色化发展

讲到应用科技,我要讲讲中山大学前校长黄达人教授,他曾经到厦门大学做关于高职的报告,很有价值。黄达人在中山大学差不多有十一二年的时间,那是中山大学的黄金时代,当时的党委书记是李延保教授,也很有名的,现在还主持教育部很多活动,我跟他也很熟悉,特别是评审大学文化课题时我们都在一起,他是评审我们厦大"南方之强——厦门大学文化研究"的专家。他跟黄达人教授合作得非常好。书记、校长合作得好,这所大学就很兴旺。他们两个合作期间,人们说是中山大学的黄金时代。中山大学原来跟厦门大学差不多,甚至有些项目还比我们差一些。那个时候没有评估没有排名,但是大家心里有杆秤。当年我到中山大学做报告,他们说很羡慕厦门大学,有那么多院士,他们不如我们。老实说,差不了多少。但是现在中山大学排名在我们前面。黄达人校长是念数学的,不当校长退下来后还在从事研究工作,跑遍全国搞调研,采取深度访谈的研究方法,访谈了近百位各种类型高校的校长、院长,以叙事研究的形式,陆续出版了《大学的声音》《高职的前程》和《大学的治理》三本访谈录,出版的第四本是《大学的根本》,他认为大学的根本是培养专门人才,现在许多大学办学重科研、轻教学,走偏了方向,应当"回到大学的根本"。我为这本书写了"序"。而我更重视的是这位"985"大学校长,却十分关心高等职业技术教育的前程,写了一本《高职的前程》,他对高职评价很高,他说:这些高职校长都非常执着,他们对教育制度、各种政策的把握和理解,甚至超过普通大学的办学者,所以他对从事职业教育的人员

和老师充满敬意。在教育部召开现代职业教育体系规划认证的时候,他是专家组的两位组长之一,一般"985"大学的校长都看不起高职院校,他却在退休之后有一段时间,走访了国内二十多所高职院校,看到了不同于普通本科高校的别样的风景,百花齐放,特色鲜明。他在温州职业技术学院调研的时候发现,因为温州小微企业比较发达,学校的培养工作与研究工作大多是为温州的小微企业服务的,据我所知,宁波的大红鹰学院也是这样;大红鹰学院在高职期间就提出,本校的文秘专业不是培养大公司、大企业、政府部门的秘书,培养的是适应小企业的全能秘书,既会写总结、材料,也会开车、照相、搞接待工作,还会开单据,这就是高职的特点。还有他去访问四川工程技术学院的时候,对方没有安排他去参观学校,而是让第二重型机械的总工带他去参观二重,他看了以后说,高职院校为了适应地方产业结构的调整,要把原先的专业设置、人才培养的传统改掉。我到宁波去参观高职院校,也有这个感觉,我们也是去参观跟这些院校合作的工厂,为什么?这些院校很多的教室就设在工厂,工厂一些车间就在学校,高级的实训在工厂,低级的基础课的实训在学校。黄达人校长认为,在培养学生方面,高职院校的校长更注重学生自信心的培养,因为高职学生大多是高考体制下的失败者,在他们入学之后,要进行励志教育,重拾学生的信心。还有一个问题值得讨论:大学究竟应该对大学生进行"补短"教育还是"扬长"教育?现在我们有一种理论叫"木桶理论",这是管理学理论,这个木桶理论能不能用在大学培养学生方面,是不是要把所有的大学生都培养成符合标准的?还是要着重"扬长"?有些高职院校已经开始注意将"补短"教育转化为"扬长"教育,让学生强的地方更强,有专长的学生也能够很好地服务社会,这很值得我们思考。现在我们的教育是着重于补短,拼命去补外语,结果我们高职的学生花了大量的时间学习外语。我大学第一年的时候也是这样,别的东西不学,也没办法学,第一年都学外语,补短啊,补到现在也不行!黄达人认为高等教育应该提供更多的模块给学生选择,学生可以从这个模块毕业,也可以从另一个模块毕业,不同模块的差异性比较大,选择可以发挥他长处的模块,找到适合自己毕业的通道。教育不能够像工业那样遵循木桶理论,应该促进学生发展所擅长的方面,他就不仅能够安身立命,而且能够更好地为社会服务。

我多次到厦门南洋学院,这是一所正在谋求升本的高职。还有华厦学院,是刚升本的民办本科。不论高职或本科,它的发展肯定都要有重点、要有特色,华厦学院的领导曾经跟我说要以工科为特色,我跟他们分析说,你们的传统工科还不是很强,但是你有个既是社会急需,又具自身特色的强势学科。华厦学院的校长是有机分析专家,特别擅长原子光谱分析;还有一位副校长也是这方面的专家,专门搞食品与药品的检测,并有相当的设备,实力非常强。现在食品安全很热门,食品公司需要这方面的专门人才,药品公司也需要这方面的专门人才,厦门本地就很需要这方面的人才。所谓特色是什么东西?特色是一所学校有自己的专长,又是社会需要的。厦门高校的专业,现在最弱的是工科,是以制造业为主的传统工科,包括建筑业、轻工业,等等。传统工科还是经济发展的中坚和主力,但必须面向转型升级的需要,而这正是地方高校的弱势。约20年前,许多经济学家就一再鼓吹中国应该大力发展第三产业,稳定第二产业,减少第一产业,减少第一产业是正确的,中国第一产业投入的劳动力太多了;但是对第二产业不要发展,这是错误的。为什么只要大力发展第三产业呢?因为许多发达国家,例如美国大力发展的是第三产业,当年把许多第二产业往国外迁移,以减少污染,并利用发展中国家的劳动力。因此认为当时中国也应如此决策。包括培养人才在内,只要大力培养第三产业的从业人员。过去学习苏联的时候,第二产业的招生是最多的,第一产业向来招生都比较少,但是也很重视,每个省都有一所农业院校。全国大学生的比例,工科大体是30%多,当时通信技术很少,基本上都是制造业,重工、轻工,政法财经的很少。20世纪80—

90年代改变了,工科学生从原来30%多,减少了7个百分点,当然绝对数有增加,因为招生数逐年有所增加。因此造成我们现在制造业缺人才,从最基本的技工到初级的技术员以至高级的工程师,都缺人才,尤其是面向转型升级需要的应用型创新人才,这是20年前决策的后果。现在逐渐在改变。厦门市到21世纪后发现这个问题,问厦门大学是不是可以招工科生,厦门大学搞传统工科比不过人家,只能办能发挥理科优势的工科,如电子工程、计算机、化学工程以及建筑学(不是土木工程)等专业,原来厦门大学是文、商、理、工都很强的,后来院系调整把工科全部搬出去了,都调到省外的工科大学去了;后来福建省发现了这个缺失,缺乏高级工程技术人才,决定办一所理工大学——福州大学。在福州建校舍的同时,先寄托厦大办工科,就在教务处设工科办公室。一方面利用厦大的理科教师上基础课,另一方面在全国招聘工科教授,于1958年办起机械、电机、矿冶、化工等几个系;两年后,1960年,这些系迁到福州成立福州大学,还从理科的数、理、化三系和公共课教研组调去了100多名教师和一批党政干部,包括当时厦大的副书记吴立奇、副校长卢嘉锡。

福建有了以工为主的福州大学,又发展了福建工程学院,华侨大学(泉州)土木工程专业的水平也很高,而厦门地区相对不足。现在华侨大学的工科移到厦门,厦门理工学院的车辆、机械、电气、土木等工科专业,也有了较快的发展,但总的来说,工科人才的培养仍不足。高职和新建校办工科又感到很吃力,这不但由于工科的投入大,而且招生比财经类专业困难。

应用型本科是相对于普通本科和高职专科而言的,它既不同于一般四年制的普通本科,也不同于专科层次的高职。按照联合国教科文组织的分类,大学可以分为三类:第一类是研究型大学,即传统大学,主要做理论研究;第二类是将理论应用到实践,即应用型大学;第三类是技能型高职院校。第一类研究型大学的人才培养目标是要求学生具有深厚的理论基础,为其将来从事研究工作打下宽厚的基础。

第三类技能型高职院校为生产、管理、服务行业培养第一线专门人才,只要求学生在理论学习上"够用"就行。而处在中间的第二类应用型本科院校的情况比较复杂,这部分学校里有数十年的老校,也有部分新建本科院校;既有行业性高校,也有地方院校。这类型学校长期受学术研究型大学的影响,一心想走研究型大学之路,重理论轻实践。人才培养目标既不能像第一类所要求的理论又深又厚,也不能像第三类只要求理论"够用",应该要求理论"坚实",就是要求理论的科学性很准确、实在,但是不要求太过深厚。这类型学校应该重点研究的是如何将理论应用于实践。应用型本科院校有四个特点。第一,应用型本科院校主要以培养应用型人才为主,也可以培养少量研究型人才。"为主"不是所有学科专业都只能培养应用型人才,应用型的高校也可以培养研究型人才,但是主要的、大量的任务应该是培养应用型人才。第二,应用型本科院校应以培养本科生为主,某些学科专业可以适当培养研究生。现在许多院校已经有研究生了,但当前不应以培养研究生为主。第三,应用型本科院校应该以教学为主。我所指的以教学为主也不等于不能开展科学研究。应用型的高等学校以教学为主,同时也要开展研究,不过它开展的研究主要是应用性的、开发性的研究。第四,应用型大学应以面向地方为主,某些专业也可面向地区,甚至面向全国,但它主要是面向地方,为地方服务。总之,应当坚持高校分层次发展,避免同质化竞争。

近年来,高校出现了严重的同质化问题。首先表现在高等职业教育与普通高等教育的同质化。许多高职院校想"专升本",升本之后想招硕士,招了硕士又想招博士,最终都想办成研究型名校。这样就造成了"千校一面"的现象,大家都在一条道上走。

同质化更严重的表现是本科高等院校由于扩招和合并,许多院校规模求大,专业设置求全,行业特色型高校的特色专业被"稀释"了。以前的地矿院校专门搞地矿,农林大学专门研究农林,各有特色。但现在很多高校,不管名字是叫政法或者理工,都朝着学科齐全的方向努力,专业设置也差不多。大多数院校都有英语专业、计算机专业、财经与会计专业,全国居然有1400所高校设有艺术类的专业,占全国高校(包括高职)的60%。原来这些院校也许还能集中力量研究一些特色学科,现在成了大杂烩的大学,反倒把原来的优势给"冲淡"了。

同质化办学倾向也带来教材的同质化。安徽的一所地方应用型学院,校长诉苦说,现在的大学教材雷同,差不多都是几所研究型大学的教授编写出来的,很高深,对面向地方、培养应用型人才的本科院校不适用。他们后来自己组织了一批同类大学编了一批教材,比较实用。不同类型的大学应该有不同类型的教材。应用型教材的编写与出版应该是当前改革发展措施的重点。

造成同质化的原因很多,现行的高等院校考评模式和评价标准存在问题。评估体系基本上是根据精英教育、研究型大学的标准来设定的。虽有所修改,但仍是着重于学术评价。评价体系中,最重要的衡量参数是学校规模、层次和学位点数量,由于评价标准单一,高校之间实际上比的是"高"与"大",而不是比"学",这也引导了高校盲目求大求全。另外还有行政管理的问题。高职院校是副厅级,本科是正厅级,如果学校进了"985",可能就是副部级,不仅仅是领导地位提高,整个学校的地位也提高了。

高等教育的同质化导致高校所培养的人才与社会所需求的人才不相适应。社会所需要的人才是多样化、多元化的,而高校所培养的人才是单一化的。社会需要科学家、理论家,但也需要大量的能把理论转化成实践的工程技术人才,还需要更大量的把工程蓝图转化成产品的生产、建设、管理、服务第一线的技能型人才,如果应用型、职业型教育没受到应有的重视,必将影响社会经济的发展。

要克服同质化,让高等教育做到科学发展,任重而道远。应坚持多层次发展。现有的124所"211"院校,可以算作是研究型、学术型大学,可将其作为龙头;其他约千所本科院校可以成为应用型大学,培养国家需要的大量应用型人才,作为中坚力量;还有1000多所高职院校可以培养技能型人才,作为基础。要敢于坚持特色发展。南京审计学院坚持自己的审计特色,没有成为财经类多科性学院,因为南京已经有多所很好的财经类院校,如果南京审计学院再改成财经类院校,也可能会失去特色,还不如坚持下去。现在这所学校作为一流的审计院校,也是全国唯一一所审计院校,学生就业情况很好。

如何避免同质化问题?这个问题之所以过去没有提,是因为在精英教育传统下的大学提倡研究"高深学问";而现在提出来,是因为现在高校还继续走研究型大学之路,千校一面情况严重。高等教育大众化阶段的高校必须多元化。过去,很多高校,甚至包括部分高职院校,都宣称自己的办学目标是综合性、学术性、研究型的大学。近几年来,大家似乎意识到这个问题,这样的办学目标大家几乎已经不再提了,许多高校已将办学目标改为"多科性、应用型的大学"。这说明许多实事求是的办学者已经认识到大众化教育阶段应避免所有高校按同一模式发展。进入高等教育大众化阶段,高等学校数目众多,学生人数10年间增长了好几倍,高等学校不可能都去走传统精英大学之路,国家也容纳不了这么多的研究型人才,我们的高等学校应该贴近社会实际,积极调整办学模式,培养适应社会需求的应用型人才。精英教育阶段虽然也存在理论脱离实际的问题,但矛盾不突出。现在是大众化教育阶段,国家需要大量的应用型人才,需求量最大的是生产技术人才。应用型高校和高职不同,两者之间有模糊的地方,要区分得很清楚有一定困难。前面已讲过,高职学生的理论够用就行,应用型高校的学生要求理论知识坚实,但不要求太厚太深。应用型院校目前定位不够明确,如何定位,如何办学,仍然是研究的重点。造成同质化的原因有很多,高等院校考评模式和评价标准的单一化是一个原因:中国高校原来的评估体系几乎是脱胎自精英教育、研究型大学的评估模式。虽然为适应各类高校做了一些调整,但仍然是偏重于学术评价。行政管理方面的行政级别是另一个原因:按现在的定级,高职院校是副厅级,本科是正厅级,如果学校进入到"985",可能就是副部级。这不仅仅是领导地位的提高,整个学校的地位也相应提高了,学生就业前景也比较看好。如果要避免同质化,应各走各路,坚持多层次分类发展。高校要在各自层次和类型中争创一流,切忌随大流与急功近利。每一类型的高校都应有重点高校,不光有重点大学,还应该有重点高职,都可以成为国内(省内)知名、国际(国内)有影响的高校。

一所学校能否办成功,在于找准自己的优势,办出自己的特色,确定自己的发展方向。河北建筑工程学院就是一个在这方面做得比较好的例子。河北建筑工程学院地处河北张家口市,办学条件上不具备优势,但学校调整思路,多年来学校根据经济社会发展需求,不断优化人才培养方案,调整、优化学科专业结构,制定了"让开大路、占领两厢"的高素质应用型人才培养战略,即让开培养面向研究所、设计院人才的"大路",占领培养面向生产一线管理、施工人才的"两厢",并将办学指导思想调整为"面向环渤海湾,服务京津冀,突出建筑,立足应用",努力把学校建设成为一所服务区域经济和建筑行业,具有省内一流学科专业、特色鲜明的建筑大学。学院的毕业生就业率连续多年在全省名列前茅,大多数毕业生已成为建设战线上的领导和技术骨干,学校被誉为河北省培养建筑类人才的"黄埔军校"。应用型本科院校能否办得成功还取决于学校的人才培养质量。应用型本科院校应当把基础扎实、知识面宽、应用能力强、富有创新精神、综合素质高的高级专门人才作为总体培养目标。随着中国经济的高速发展,劳动力供求结构的持续调整,用人单位对专业人才的要求日趋提升。"面向地方、面向行业、面向企业培养人才"是应用型本科院校的根本任务。应用型本科院校应将人才培养同地方科技、教育和经济需要相结合,坚持为地方经济和社会发展服务;同时,应用型本科院校也要以地方为依托,不断拓展学校自身的生存和发展空间。对地方经济发展,特别是对地方产业升级和支柱产业具有人才支撑、技术支撑重要作用的行业应重点加快建设。应用型本科院校只有紧密结合地方社会经济发展特色和行业、企业需求来确定办学方向，才能使其培养的人才与地方社会经济发展相适应，并切实担负起对地方优势行业和支柱产业的重要支撑作用，实现高等教育与地方社会经济的协调发展。要把培养应用型人才的理念落实到办学过程中，需要在课程体系、师资队伍建设、实践教学等诸多环节付出努力。应用型本科院校须围绕人才培养的总体要求来建构课程体系，课程设置既要考虑学科发展情况，也要充分考虑社会需求，还要考虑理论性课程与实践性教学的比重。应用型本科院校也要像高职那样，重视"双师型"（"双能型"）教师队伍建设。首先，应从企业、事业单位引进优秀的工程技术人员和管理人员加入教师队伍；其次，学校应创造条件为教师提供各种培训机会，深入企业第一线进行锻炼，通过与企业进行合作，使得教师不仅具有较高的科研水平，还具有一定的技术实践能力；还要聘请有丰富经验的企业工程人员、管理人员担任兼职教师。通过建立专职教师和兼职教师组成的高校教师队伍共同对学生进行指导，使学生能够在实践中学习企、事业单位的先进技术和先进文化，熟悉工程环境和提高动手动脑能力，达到全面培养的目的。

应用型本科院校承担着培养基础扎实、知识面宽、应用能力强、综合素质高的高级专门应用型人才的重要任务，应加强实践性教学比重。提高学生的实践能力主要应该加强学校与企业、科研院所的产学研合作，协同发展，共同进步，促进经济、教育和科技的有机结合，培养面向地方、面向行业、面向企业以及面向国际的高质量应用型人才。产学研结合不仅仅是高等教育的一个办学原则，而且也是现代社会发展的规律，它反映了社会发展的本质问题。产学研合作教育，重在发挥实践性教学的主导性作用，通过与行业、企业合作共建开放性、多功能的实践性教学基地和科技服务平台，将应用型人才培养计划与行业、企业的用人标准实现对接，更充分地发挥校企各自优势，有针对性地培养实践能力强的应用型人才。目前中国大多数毕业生进入企业后再进行企业塑造，而如果这个塑造的过程在校期间就已经完成，更有利于就业。高校应把毕业生产实习、实习基地建设、产学研相结合等方式与毕业设计进行有机的结合，让教师和学生在完成这一实践性环节中，从理论走向实践，实现理论与实践的紧密结合。有一些专业性院校，依托行业，与用户对接，人才培养更加符合实际需求，在培养应用型人才方面树立了很好的榜样。以上海电机学院为例，在过去60多年的发展历程中，大致可分为以下三个阶段。第一阶段为30年的发展历程。上海电机学院的前身是中等职业教育学校，在此发展阶段中，该校提出的"半工半读"人才培养模式深刻影响了中国教育事业，在农村则发展为"半农半读"教学模式。"半工半读"、"半农半读"对中国的普及教育和职业教育的发展产生了深远意义。第二阶段为20年的发展历程。从1985年该校由中专升格为专科（类似高职）后，面对新小高职该怎么办的境况，当年校长严雪怡在办学中积累了不少宝贵的经验，对后来的职业教育政策制定起到了很重要的影响，如职业教育中理论够用，着重发展学生技能的政策规定，职业教育中"双师型"教师的要求与培养等。第三阶段为这十几年的发展历程。上海电机学院专升本之后的办学道路与发展定位，致力于大力推进技术本科教育、培养应用技术型人才。全国有1100多所本科院校，这些院校该怎么发展？如何避免"同质化"？如何突出应用型人才培养？上海电机学院以夏建国校长（已调任）为代表的研究队伍总共出版了七种技术教育学的专著，并发表了大量的相关学术论文，回应了大学本科该怎么办的深刻命题。

高等教育转型发展是"摸着石头过河"，"过河"是最终的发展目标，而"摸石头"是对改革转型的探索。探索就应该允许失误，参照心理学的"尝试错误"理论，高等教育转型发展应积极建立"容错机制"。社会和企业对于高校转型发展，不能总抱着观望态度、批评态度，而要予以切实的支持和应有的包容。

高校在转型发展中如何处理与企业的关系，过去和现在都是学校

2012年潘懋元先生(中)参加上海电机学院主办的技术本科教育发展论坛

千方百计去找企业,学校很积极。可一旦我们培养的人才、研究的课题跟企业"不对味",效果就不佳。最好的状态就是"企业来找学校",这意味着,我们的人才培养、产品研发、技术革新都是企业迫切需要的。简单来说,就是要改变过去"剃头挑子一头热"的状况,而努力实现学校和企业的"共赢"。

只注重"共赢"行不行?当然不够。在高校与企业合作谋划转型发展过程中,还要坚持"教育性原则"。别看有些企业风风火火,对校企合作、产学研一体化兴趣盎然,实则是想借助高校优势谋不当之利。因此,我们在校企合作中应选择诚信办企业的单位。不管什么时候,都应该牢记教育是为了"培养人"。

当前,高等教育的转型发展,面临着不小的阻力。主要集中在三个方面:一是思想认识落后和僵化,使得"重学术、轻应用"成为办学者的主导思想,"求统一、排斥多样化"成为影响教育政策制定者的主导思想;二是某些政策产生了错误导向,导致以往办学重知识而轻能力,脱离了形势需求,落后于现实发展的需要;三是我们对高等教育转型发展的理论创新不够、经验积累不够、宣传推介不够,使得大家不明所以,难免感到焦虑、无所适从。

转型发展虽是当下高等教育发展的共识,但仍存在觉得"不必转型"的倾向。比如：一些地方性的工、农、医、经、管性质的学校认为，自己本来就是培养应用型人才的，不存在转型问题；低水平的要转型，高水平的应当向学术型方向发展；工、农、医、经、管性质的学校可以转，还有一些文理类高校认为文理学科只能培养学术型人才，不能培养应用型人才，如此等等。转型发展涉及高校多达千所，类型、层次又不同，所以我们强调的是不同类型、不同层次、不同速度的转型发展。

我认为，高等教育转型发展可以从以下三个方面探路。一是体制机制转变，可以借鉴德国建立应用型科技大学的案例。需要从投资体制、招生体制，职称、奖励、话语平台等机制的转变上下功夫，并要保证所有大学都公平地拥有改革发展权，每所大学都具有转型发展的话语权。二是课程与教学的转变，应用型创新人才通过应用型专业培养，应用型专业由专业课程体系构成，课程体系中的专业链要与产业链对应。课程、教材是转型发展的核心，传统的学术型精品课程、统一教材要转变为应用型课程和教材；传统的"以教为主"的传授方法，要转变为"以学为主"、课堂教学与实训并重，将教学、科研融为一体，以创新推动产学研的深度融合。三是专业教师队伍建设，要有计划性、针对性地培养和发展"双师型"（"双能型"）专业课程教师队伍。首先，老师要同学生一起参加实训基地的学习与劳动；其次，老师要多到对口的企事业单位挂职，并承担实际责任、锻炼才干；此外，学校应外聘对口企事业的工程师、技术员等到校任教并给予必要的帮助。

我在广西做了一些调研，觉得广西现在拥有非常好的转型发展条件，各所高校也没有好高骛远，而是立足于服务广西。比如玉林师范学院在保持教师教育优势和特色的同时，通过学科专业调整优化，逐步实现专业群与区域经济社会发展及产业链的紧密对接，有序推进转型发展，积极而又稳妥。这类地方高校容易放下身段，克服"理念抵触"的弊端，积极通过转型发展，来赢得在服务地方经济社会发展中的"有为"和"有位"。

> 服务地方 建设应用型高水平大学
> 为玉林师范学院题
> 潘懋元 2016.6.6.

2016年6月，潘懋元先生应邀出席"广西应用型高校建设与转型发展高峰论坛暨广西应用型本科高校联盟成立仪式"，并为玉林师范学院题词

六、建立职业教育独立体系

2005年，我就在《教育研究》发表了一篇文章，《建立高等职业教育独立体系刍议》（现在收在《潘懋元文集》第三卷下册），指出发展高等职业技术教育是推进高等教育大众化的必然选择。因为在现代化建设中，人才市场需要量大的是数以千万计的各级各类应用型专门人才，尤其是在生产、管理、服务第一线的专门人才，也就是高职高专的毕业生。因此，从1999年高等学校扩招开始，国家在本科扩招的同时，以"三改一补"的方式，增办一批高等职业技术专科学校，并要求普通大学开办高职学院或高职班。自1999年以来，虽曾一度在招生计划上有不同争论，但基本上仍执行发展高职的政策。高等职业技术教育，在短短的五年间，增长迅猛，到2004年，专科层次的高职高专院校达1047所，多于当年本科院校的684所，高职高专的学校数占普通高校总数1731所的60%；在校生数达595.65万人，占普通高校学生总数1333.5万人的45%。这就是说，在国家正确政策的引导下，中国的高等职业技术教育已经形成一支推进中国高等教育大众化发展的主力军。

但是，由于中国社会存在重理论、轻实用和重学历、轻能力，以学历高低定社会地位的传统观念，有些用人部门，不从实际需要出发，借招聘高学历毕业生以抬高单位的身份，加上本科的财政拨款远高于专科，生均拨款专科生不及本科的一半，从而引发了"专升本"的热潮。学校致力于"专升本"，学生及其家长也希望专升本，而本科是传统大学的本科，并非职业教育，以致学校、学生都对职业教育缺乏信心，不利于职业教育的发展。

为满足高职学生及其家长"专升本"的意愿，教育主管部门出台了架设"立交桥"的政策，并鼓励本科院校以及电大、自考开办"专科起点本科班"，助长了"专升本"的热潮。一时"专升本"成为中国高等教育一道亮丽而令有识之士迷惘的风景线。

作为立交桥的"专升本"，并非高等教育大众化的最佳选择。因为，首先，立交桥的换轨困难。为了让学生能够顺利进入本科，不得不削弱职业技术课程让学生做"升学"准备，以致本来就发展方向不明的高职院校更加彷徨。其次，中国当时只有单一的理论性普通本科，"专升本"意味着从职业技术教育转变为理论性普通高等教育，从多样化趋向单一化。可以满足部分学生及其家长的愿望，但不能满足人才市场多样化的需求。从长远看，大学生都挤在一条通道上，必将更不利于毕业生的就业。

学生希望"专升本"，学校也以"专升本"为"奋斗目标"。因为在传统观念中，本科院校的社会地位高于专科学校；在不成文法中，本科院校为正厅级单位，而专科学校规模再大，声誉再高，也只是副厅级单位。加上政策上规定以就业率高低为高等院校的主要评估指标，升本的毕业生可以作为"就业"统计，促使许多高职高专学校大力鼓励毕业生升本。总之，学校、学生、家长上下同心，里外一致，都指望升本，形成一股"专升本"洪流。

在这股洪流面前该怎么办？我认为，只可"导"，不可"堵"。"人往高处走"，学校、学生渴望自我发展，其志可嘉。"堵"是堵不住的，强行堵,一律不许专升本,必将挫伤学校和学生的主动性与积极性;"导"则是将这股洪流引向另一条通道,也就是构建高等职业技术教育的独立体系。

建立高等职业技术教育独立体系,在理论上、实践上都有依据:中国社会主义现代化建设所需要的专门人才是多层次、多样化的。党的十六大指出,为全面建设小康社会,开创中国特色社会主义事业新局面,要"造就数以亿计的高素质劳动者、数以千万计的专门人才和一大批拔尖创新人才"。因此,高等学校既要培养研究型的科学人才,更要培养应用型的工程人才,还要培养更多的生产、管理、服务第一线的实用型的技术人才,传统的以理论教育为主的本科院校,难以满足多样化的需求,有必要建立以技能教育为主的高等职业技术教育体系。

应该指出,高等职业技术教育,是一种教育类型,不是一个教育层次。教育类型和教育层次,是两个不同的概念。高等职业技术教育是一种有别于理论性普通高等教育的类型,并不是一个区别于本科的专科层次。众所周知,职业技术教育,既有中等教育的职业学校、技工学校,也有高等职业技术院校,而高等职业技术院校,既可以是专科层次的,也可以是本科以上层次的,从而形成一个独立于理论性本科院校之外的独立的高等教育体系。不应把高等职业教育限定于专科层次。

早在20世纪70年代,欧洲教育部长会议就组织了一个"第三级教育多样化专题调查组",经过6年在英、法、德、荷兰、挪威、瑞士、瑞典七国的调查与试验,提出"第三级教育多样化"的报告。报告指出:"传统的高等教育制度,既不能满足各方面差别不断增加的学生们的需要,也不能适应这些国家技术上较发达以及民主的欧洲社会中技术和资格极大多样化对教育的需求。要使这些问题得以解决,只有把传统的高等教育改变成范围较广的,具有各种目的的和各种水平的多样化第三级教育体系。"并且指出,不同于传统大学教育形式,

"更着重于就业需要","专业和职业走向必须以关于劳动力市场发展情况的既有数量又有质量的系统情报为基础"。

后来,高等教育多样化成为国际共识,如何建立多元化的高等教育体制成为各国所关注的问题。在 1998 年联合国教科文组织第一届世界高等教育大会上,该组织所提出的《关于高等教育的变革与发展的政策性文件》特别指出:"几乎世界各地的高等教育都趋向多样化,虽然有些学校,尤其是理论传统的大学对变革有一定程度的接触,但从总体上说,高等教育已经在较短时期内进行了意义深远的改革","多样化是当今高等教育中值得欢迎的趋势,定当全力支持"。

德国是一个十分重视科学技术转化为生产力的国家,以工艺精密、产品优良闻名。在培养技术工人方面,实行双元制教育体制;在高等教育阶段,于普通大学之外,高等专科学校→科学技术大学另成系统。英国传统上重视理论性教育,培养研究型科学家。虽然因发展生产需要,许多地方建立新的大学学院,开始时颇重视应用性研究与培养生产技术人才,但不久纷纷向传统大学靠拢,在科学技术转化为生产力上,远不如德国的有效,20 世纪 80 年代以来新建的多科性技术学院,据说也有综合大学化趋势。美国早期的初级学院,主要是作为大学的初阶(相当于一、二年级)。其后因地方经济和社会发展的需要,改称社区学院。80% 以上的社区学院为地方培养职业技术的实用人才。至于本科院校,虽然没有分出职业技术类型,但具有实用主义思想传统的大学教育,大多数课程着重于实用知识与技术培训,以满足各行业的高层次实用技术人才需求。

有必要特别提及中国的台湾地区。在 20 世纪 50—60 年代,因经济起飞的需要,大办技术职业教育,形成普通高等教育与技术职业教育两条泾渭分明的系统。高等技职教育系统由高等专科学校→技术学院→科技大学组成。高等专科学校以培养专科层次的技职人才为主,个别科系招收本科生;技术学院以培养本科生为主,既有专科生,也有个别科系开办硕士生班;科技大学则本科、硕士班并重,个别科

2008年10月潘懋元先生到台湾开会参访

系开办博士生班。台湾的高等专科学校,近来也出现升格热潮。但升格之后,仍在高等技术职业教育系统之中。近来也有学者,主张在本科以上阶段,按照美国模式,打破普通高教与技职高教的界限,但决策部门认为台湾地区情况与美国不同,技职融入普高,是否能培养社会需要的高层次实用性技职人才,还须慎重研讨。

高等职业技术教育作为独立的高等教育体系,并与中等职业技术教育衔接,既可满足部分学生追求高学历,家长"望子成龙"的愿望,又能较好地适应现代化建设对职业技术教育的需求,保持前后连贯,既可避免立交桥的困难与问题,又可避免专科层次的高职为照顾学生"专升本"而削弱职业技术的实训,更可以避免高职高专院校自身为"专升本"而定位不明、发展方向不清的混乱现象。

为此,建议教育主管部门,允许在高等职业技术教育系统中"专升本"。但仍应根据经济发展与社会需求、学校的教育资源与办学水平,实事求是地加以控制。原因有以下三个方面。第一,经济与社会对所需人才知识能力水平的需求是逐步提高的。当前大量需求的是专科层次的人才,过多的高层次人才会形成"过度教育"的"教育浪费"。因此,当前的高职高专,大量的仍应是专科层次的。第二,各职业岗位所需技术人才水平高低不同,从而各科类、各专业的职业技术学习年限,可以长短不同。大多数当前只要求专科层次,少数可允许进入本科以上层次,应当分别对待,一校之中,允许有不同层次的专业存在。第三,高职学校专升本,学校自己应有充分准备,达到一定条件与水平,才能胜任高一级的人才培养任务,要避免"拔苗助长",一哄而上。台湾就曾出现这一现象。

我觉得自成体系的好处是,职业教育可以专心搞职业教育。现在专升本要转轨,学生不安心,一天到晚去读理论课程,准备升本;学校想把职业这个帽子脱掉,也对职业教育课程不重视。只有几所高职,教育部让它们试点办职业本科。现在全国有一半以上高职院校的就业率已经高于普通本科院校。过去普通本科院校就业率高于高职院校,经济危机之后,本科生就业率下降,高职生的就业率上升,从全国来说很接近了,如果将来高职生就业率更高,高职院校讲话气就粗了。对高职院校不利的情况在于中国大量的产业水平还不高,还存在大量劳动密集型产业,只要农民工就行;低技术水平的,中职生就够。中职的毕业生能找到工作,他就不太想升高职,除了五年一贯制。

如何解决高职生源不足的问题?在政策层面上,要解决经费投入与招生制度重本科轻高职的偏向;在学校层面上,要提高高职院校质量,我所指的是适应社会需要的质量;同时,要提高高职教师和高职生的自信心:"你的理论水平可能比我高,我的实践能力比你强。"如果要提高生产力,不发展高职不行。国家现在重视中职教育了,全部免费,念中职不要钱,中职生中途退学的虽不少,而毕业生就业率却相当高,95%以上;高职生就业率和本科生就业率都没有中职生高,说明我们的生产力水平还是正从劳动密集型转向技术密集型,必须提高从业人员的水平。我们政府是近年来才开始看到这个征兆的。二战以前,世界上的职业教育基本上是中职;二战之后,很多国家就大力发展高职教育,美国的社区学院,主要是培养高职学生,因为生产力发展需要有技术的产业工人。中国一直到20世纪90年代,高职教育还发展不起来,世界银行给中国一笔钱办高职教育,当时没有设计好,开始办的高职院校一个个都变成传统大学,包括厦门理工学院。厦门理工学院原来叫鹭江职业大学,学校从职业大学发展成为理工学院,对学校个体来说,是社会地位与行政地位的提高,但不应走传统大学的老路。1999年,因为要扩招,指示许多大学都要办高职教育,这些大学办不了高职教育。厦门大学是传统的研究型大学,办不好高职教育。当时高教司负责组建新的高职院校,定了几条标准,比如理论以够用为准,学习时间一半在课堂,一半在实训基地,校内校外都要有实训基地;教师要一定比例是"双师型"的,这些硬杠杠对新办高职院校,或多或少都有作用。后来又树立了一批示范性高职院校。十几年来,中国的高职教育发展,应该说是比较成功的。如若其他配套政策合理,可能成就还会更大。

现在高职院校生源困难,并不完全是社会上存在重学术、轻职业的思想影响,这些思想存在于上层社会中,不一定工人、农民都是这样想的。比如说,"文革"之前,初中毕业生争着报考中职学校,因为普通高中要参加高考,而当时高考的录取率很低,考不上,就成为"社会青年",也就是没有职业的青年,要么第二年再考,要么回乡务农或在城市打工;而考进中职学校,就草鞋换皮鞋,毕业后包分配,就成为技术员或公务员;尤其是农村来的学生,户口进城市,吃商品粮。重学轻术,是有这个传统,但是在利害关系之下传统观念是会改变的。现在高职院校面临的具体政策措施,没有优势而处于劣势,因此,必须从具体的政策措施上解决问题。关于高考上的"先本后专"的措施已经有所改变。生均经费的拨款也略有提高。沿着这个方向走下去,职业教育的地位、质量才能逐步提高。至于建立高等职业教育独立体系好呢?还是动员一般普通本科转型为应用型科技大学好呢?我认为可以双轨并存,不要急于做硬性的统一规定,让实践来做结论。

第四章

高等教育管理：研究与实践

> 高等教育管理研究的重点在哪里？是问题研究为主还是理论研究为主？高等教育研究是为了解决问题。研究并解决问题是高等教育理论创新的动力来源，高等教育管理研究要寻求理论创新，必须强化问题研究意识，增强问题研究能力。
>
> ——题记

一、高等教育管理的研究

从高等教育管理学科体系来看，高等教育管理的研究面宽，研究内容多，但是我的高等教育管理研究基本是源于我自己高等学校管理实践的切身经历。宏观层面有关于高等教育发展战略的研究，包括高等教育办学模式、市场经济体制下高等教育体制和机制转型，高等教育的质量保障、高职模式的构建，民办高等教育体制与立法等；微观层面则集中在教育教学实践的操作上，包括高校的定位和分层分类、高等学校教学管理的探究、大学教师待遇问题的思考、高校内部的管理、校园文化建设等等。高等教育理论研究和高等教育管理研究是分不开的,我的高等教育管理研究贯穿在高等教育理论研究之中。

论从史出,以史为鉴,如何把历史研究和我们现实的高等教育管理研究相结合呢？研究高等教育相关问题的时候,我最为强调的就是:高等教育的研究和发展一定要符合教育内外部关系规律,强调要把一定的高等教育活动和高等教育制度放在一定的社会大背景中来考察,但不能认为有什么社会背景、政治观点、经济条件,就有什么教育;有什么社会制度,就有什么教育制度。我认为,从教育的外部关系规律来看,除了考虑政治、经济因素对高等教育发展的作用之外,还应重视文化传统和思维习惯对高等教育发展的重要影响。文化传统是在人类社会发展的长河中形成的,一旦形成以后,就会具有强大的历史惯性,对高等教育的发展产生广泛复杂的影响,而且这种影响是顽强的。对高等教育管理也是如此。各种文化传统都会产生一定的文化惯性,这样必然影响管理的效率和效益。所以,重视历史研究是高等教育管理研究的必然要求,只有对高等教育的历史背景和社会发展有全面的了解才能更加有的放矢地进行高等教育管理理论探讨,才能在历史和现实的背景下提出切实可行的有关高等教育管理的理念,才能将"管理"转换为"治理"。

举个例子,20世纪80年代早期,我就倡导结合高等教育改革与发展的实际和高等教育管理中出现的相关问题来开展高等教育史的研究,并提出高等教育管理改革中亟须解决的许多问题,需要弄清楚问题的来龙去脉,有哪些成功的经验与尚未解决的问题。如:学位制的历史演变、学分制的历史演变、私立大学的产生发展及其作用、中国留学教育在社会发展中所起的作用及其经验教训等等,这些问题都是与高教改革实际密切相关的高等教育史问题。虽然这些关于高教改革发展中出现的相关问题并没有在当时引起教育史学者的重视,他们还是一遍又一遍地讨论那些耳熟能详的历史事件和历史人物,而无视教育改革所需要掌握的历史经验与问题,但这些问题在后来很长一段时间内为许多年轻的高教研究工作者所重视,大家通过历史的视野来研究这些问题,为高等教育管理学的研究注入了活力。

以我 20 世纪 80 年代开始研究的民办高等学校为例,当时我从分析中国社会政治经济发展的历史进程出发,根据教育的外部关系规律,明确提出中国民办高等学校的出现和发展是必然的。

首先,从中国经济体制结构变化来分析,在过去全民和集体所有制的经济体制下,新中国成立后私立院校改为公办是当时社会发展的必然,是受当时社会经济发展和所有制所制约的。但改革开放后,随着乡镇企业、个体经济和私营经济的发展,非公有制经济成分在国民经济中所占比重不断提高,以及宪法对所有制的新规范,也就是"国家在社会主义初级阶段,坚持公有制为主体、多种所有制经济共同发展的基本经济制度","个体经济、私营经济等非公有制经济,是社会主义市场经济的重要组成部分"。民办高等学校的出现与发展就有了它存在的经济基础。由此可以得出,20 世纪 80 年代重新出现于中国的民办高等教育发展是适应中国改革开放后经济体制调整需要的,也是一种必然。随着单一的计划经济体制向多种经济成分并存的所有制结构的转变,教育体制也必然发生变化,传统的单一的国家办学模式也将向政府办学、社会办学、个人办学等多种形式过渡,因此,我就提出教育理论界要超前研究民办教育的理论问题,教育行政部门也要做好超前决策。

正是基于历史视野和现实分析,我对于中国民办高等教育的发展充满信心,因为 21 世纪,教育消费将成为国民消费强有力的增长点,社会将看好教育产业,所以未来民办教育的大发展将成为办学体制中富有活力的部分。就此,我认为中国民办高等教育体制改革的重点在于必须立法加以引导、扶持和加强管理。这些观点和思想都是在历史研究的基础上提出的,而且这些观点和思想都在以后的实践中得到不断的证实和丰富。

那么,高等教育管理研究的重点在哪里?是问题研究为主还是理论研究为主?高等教育研究是为了解决问题。研究并解决问题是高等教育理论创新的动力来源,高等教育管理研究要寻求理论创新,必须强化问题研究意识,增强问题研究能力。什么是问题研究呢?问题研究作为一种理论建构型的研究方式,与其他观察方法的不同之处在于它不仅仅是资料收集的活动,也是典型的理论生成的活动。此处所说的理论生成或者理论提升,并不是纯粹的沉思、抽象,也不是实证研究中的演绎推论,而是指一种从个案到概括的活动,即从微观的个案出发并在个案中进行概括,最后达到那种更为广泛的解释和更为抽象的分析。所谓理论提升就是要在具体的实际研究基础上和实地研究的过程中形成新概念、新理论,同时又将这些新概念和新理论用来指导后续活动的进一步研究。在我看来,高等教育管理理论源自于高等教育管理的实践,并在具体的研究过程中不断予以修正、完善、发展和深化。在问题研究过程中不断生成的新概念、新思想有力地牵引着研究行为,从而确保了问题研究不是瞎撞乱碰,不是肤浅描述,而是对高等教育管理行为的一种透彻理解和对高等教育运行规律的一种深刻领会。随着中国高等教育的不断发展,研究工作的不断深入,必然会涌现出许多更深刻的问题。问题的深入和研究的深入只不过是同一过程的两个方面而已。苏联哲学家凯德洛夫就曾指出,一门真正的科学,它所研究的东西越多,就越能暴露出更多尚未研究的东西。所以我在研究高等教育管理时都是强调从问题入手,我的研究始终贯穿着问题意识。

从20世纪80年代我提出中国高等教育管理体制中的私立高等教育的迅速崛起和高等教育地方化的加快推行的两大趋势,和后来提出的大众化高等教育的质量观、发展速度、高考招生制度改革、应用型本科的定位和发展等等问题研究,以及从"管理"到"治理"的意义、困难、推进建议等,我一直比较关注这些前沿问题的研究。因为这些问题要么是中国高等教育管理体制中的历史痼疾,要么是高等教育发展中出现的新问题,要么是高等教育发展在一定历史时期下已解决的老问题又以新的面貌和方式出现。研究这些高等教育分层分类中出现的不同层面的管理问题已经成为整个高等教育管理研究的重要组成部分。

在高等教育管理研究中,如何将个别案例研究和全局观照相结合呢?这一点我用几个例子来说明吧。就拿中国高等教育向大众化阶段迈进过程中遇到的问题来说吧。在20世纪末,我就认为资金投入(入口)和毕业生就业(出口)是高等教育大众化的两大关隘。为解决资金投入不足的矛盾,我认为无论发达国家或发展中国家,都采取节支与增收两种办法。节支,就是采取非精英教育的消费水平以扩大高等教育规模,如在保证一定比例的精英教育的条件下,各国都尽力发展社区学院、成人高校、开放大学、远距离高等教育等,以减轻高等教育大众化的负担。在中国,还可以发展高等教育自学考试。增收,就是发展私立(民办)高等教育,以吸收私人或私法人投资和收取学生较高的学费。在如何解决当前高等学校毕业生就业困难方面,首先要转变传统思想,改变思维方式。高等学校要面向人才市场,及时调整专业课程,拓宽专业口径,加强就业的适应性;大学毕业生应当成为职业岗位的创造者;等等。另外我曾强调,"不能用精英教育的培养目标与规格、学术方向和标准、办学体制与管理体制等来规范大众化高等教育",而应采取多种形式积极发展高等教育,这是中国实现高等教育大众化的重要途径和出路。再从高等教育如何面对市场经济的挑战方面来谈,我早期提出的"全面适应"和"主动适应"两个核心管理理念相联系。我强调"全面适应"是指我们办教育,不能只把眼睛盯在市场经济上,而是要考虑社会政治、文化、科技等多方面发展的要求,要通盘考虑;不能只看到当前的需要,也要看到社会发展的长远需要;要克服办学中的急功近利等短视行为,要树立全局观、长远观,促进社会的全面进步。所谓"主动适应",是指不是被动地跟在市场经济发展的后面,完全成为市场的附庸,而是要发挥教育主体的价值判断能力,发挥市场经济对教育要素的积极作用,减少市场中消极因素对教育的影响。我们目前高校以各种渠道和集资方式创收办学,办学者对于这些渠道和方式哪些是有效可行的,哪些是不利于高等教育可持续发展的,都要做到心中有数。

我的论文《市场经济的冲击与高等教育的抉择》中,运用了"主动适应论",认为商品经济、市场经济对高等教育的冲击与影响,不是好不好、要不要的问题,而是不可回避的。高等教育要独立于商品经济、市场经济之外是不可能的,高等教育要在这种必然性下,树立主动适应的思想,发挥主体的价值判断和选择作用,力求发挥商品经济、市场经济对高等教育的积极作用,尽量消除或减少其消极影响。这样的研究才是从高等教育实践中的具体问题出发,经过理论提升和推演,把理论研究放到实践中检验,从而实现理论研究和实践发展的双赢。

所以,这些例子都说明了我们在高等教育管理研究中必须具备的全局和整体意识,将全局和整体意识介入高等教育管理研究中,不局限于目前短期的局部的功利,才能避免"只见树木,不见森林"的鼠目寸光和"贪小利而忘大义"的急功近利。

人们往往认为教师与干部虽有丰富的教育实践经验,而所写的论文大多只是描述性的经验总结,缺乏学术水平与理论深度,质量不高,提倡他们搞研究,写文章,得不偿失。对此我有不同的看法。如果一位教师或干部,在教育实践中确有深切的体会,有一定价值的经验,把这些体会、经验整理出来,并力求在理论上有所论证,能解决一两个具体问题,就是一篇值得重视的文章。为了写文章,还得读一点理论书进行一些积极的思维活动,这种文章对自己是提高,对他人有影响,这就是有了实际的效益。不能要求每年数以万计的有关高等教育的论文,都要具有很高的学术水平与理论深度。用所谓学术水平、理论深度这种抽象的价值尺度来评价行家而非专家的研究成果,不是实事求是,而且会挫伤广大教师与干部参加高等教育研究的积极性。当然也应强调理论研究的意义,不能把经验等同于理论,以经验取代理论;实际工作者应当转变思想,尊重理论,尊重规律,不能拍脑袋决策或凭经验决策,对于重要决策,一定要有实事求是的理论论证。所以,我认为研究高等教育管理实践中的问题对理论研究绝对是利大于弊的。

我比较重视高等教育学尤其是高等教育管理学的应用性,强调理论在实践中的可操作性。我认为,理论只有转化为可操作性的知识与方法,如实施细则、改革措施等,才能转化为实际工作者的行动,对实践起作用。但同时也反对片面狭隘的操作主义理解。中国社会科学研究的现实说明:在中国,开展科学研究,必须"当家、行家、专家"三家协力。没有行家,容易脱离实际;没有专家,理论水平提不高;而没有当家,研究工作很难开展,当家是关键。高等教育科学研究工作,必须进一步争取领导(当家)的支持。但争取不能光靠空口游说,更不能老是批评、抱怨;重要的是主动关心改革与发展中的现实问题,能够拿出具有可行性的科研成果,做好咨询服务工作。所以,高等教育管理科学必须而且必然要和高等教育管理实践相结合,这样得出的科学成果才有其用武之地。

例如,20世纪80年代中期,高等教育体制酝酿着一场深刻的变革。民办高等教育在社会主义中国初露端倪,民办高等学校的性质会不会影响社会主义国家的公有性质呢?私立高等学校的质量如何保证?私立高等学校会不会借教育之名牟取暴利?这种担心和疑惑使民办高等学校一度成为禁区。

我从中国高等教育的历史和实际出发,考察了国外私立高等学校的发展轨迹后,指出民办高等学校的出现和发展是必然的,任何事物的发展都有其两面性,关键是如何引导。发展民办高等教育,不仅是吸纳民间教育资源、筹措办学经费的重要途径之一,而且对于改变中国高等教育形式、层次、类型结构的单一性,对于提高办学的自主性、灵活性具有重要作用。高等教育管理学作为社会科学,其成果必须有一定的社会效益。社会科学,尤其是应用性社会科学成果的社会效益是转化为社会活动,高等教育科研成果的社会效益是转化为高等教育改革、发展、提高的实际活动。这种社会效益的发挥,不是以大小来决定的,更多的科研成果,尤其是微观方面的科研成果,是为广大的高等学校教师和干部的教育实践提供理论上、方法上的指导,直接转化为教育活动的。如果一个观点、一种方法、一项建议、一条经验,能为群众所欢迎,被一些教师、干部所采纳,在教育实践中起积极作用,可以说,就收到了一定的社会效益。但也不应以实用主义的态度对待理论、评价理论、取舍理论。

二、关于招生考试改革

2005年,在厦门大学举行第一届科举制与科举学国际学术研讨会,既是纪念科举制度被废止100周年,也是对刘海峰教授等学者所提倡的"科举学"作为一门专学的探讨。在会上,我提出科举制度虽已废止100年,对这一制度的功过是非,"盖棺尚未论定"。研讨会上,许多学者有此同感。10年后的2015年,在科举制度被废止110周年之际的第12届国际学术研讨会上,我仍然说,不但盖棺100年、110年"尚未论定",可能永远不能论定,不须论定。

对于学术问题,主要指非自然科学的学术问题,不一定要做出结论,给予论定;没有结论的学术研讨,比之强求一致的论定,留下思考的空间,更有利于加深、提高理论认识。对于屡废屡兴,延续长达1300年的科举制度,"百足之虫,死而不僵"。更何况已脱胎换骨,转制发展,成为高考、中考等招生考试和各种名目的公务员考试。如果说,科举制在一千多年间是中国政治、文化的焦点,当被废止时,千万士子,涕泣彷徨;那么,今天的高考、中考和公务员考试,更牵动了千家万户,其是非功过,岂易论定?

科举考试、公务员考试是选拔官员的考试,高考、中考,是招收合格学生的考试。时代不同,应考的对象不同、内容不同、形式不同。但不管是古代、今天,也不管是招生、选官,都是面向社会、公开举行的大规模统一考试,都具有大规模、公开、统一的共同特点。其所以长盛不衰,就在于应考者在考试面前人人平等,具有道德上、法律上公开、公平、公正的正向意义。但也都存在反向问题:其一,忽视应考者的主体性、自主性、个别性;不利于人才选拔的多元化。其二,培养人才的教育,受统一考试的指挥棒所制约——科举制使天下士子为应科举而读书,统一高考、中考以及公务员考试使大、中、小学都成为"应试教育",不利于培养具有创新能力的人才。其三,层出不穷的舞弊行为、暗箱操作,影响考试的公平性。

正是由于是非功过,不能论定,不须论定,才能留下不断加深与提高认识的空间。从第一届科举制与科举学国际学术研讨会以来的10年间,科举制的研究有了更进一步的发展。大量的论文、专著涌现,历史资料更加丰富,认识不断加深。尤其是学者们从多种学科的观点,从历史学、社会学、教育学、文学等角度研究科举学,使这一专学成为当前显学。不仅如此,更为重要的是对科学地选拔人才的规律,有了更深入的认识;对于改革高考、中考和公务员考试的实践,可以参考。

总之,对于科举制与科举学,及其衍生的大规模统一考试制度,与其一锤定音,不如留下争论的余地。

考试是指挥棒,这是客观存在的事实。因此,对考试,我认为不应消极地批判、抵制或者削弱它的作用,而应当积极地、恰当地运用这根指挥棒,推动、引导教学改革,以提高教育质量。这根指挥棒,如果运用得当,在教学过程中,具有不可替代的积极作用:它不仅可以检查学生的学习成绩,而且可以检查学生的学习方法和教师教学工作的优缺点,及时发现问题,总结经验,作为指导学生学习和改进教师教学的依据。考试,不仅考学生,也考教师。一位认真负责的教师,既可以通过考试来了解学生的学习情况,又可以通过考试来激励学生认真学习,还可以通过考试获得改进教学工作、提高教学质量的信息。这就是教学过程中考试指挥棒的积极作用。

考试这根指挥棒,如果运用得当,在招生(高招)中,也具有不可替代的积极作用。它不仅在精英教育阶段,起选拔优秀大学生的作用,在大众化教育阶段,起为高中毕业生选择适合其个性与能力的高校与专业的作用,而且对中学教育的改革与提高起导向的作用。这就是招生(高招)中考试指挥棒的积极作用。

所谓"运用得当",包括考试内容和考试方法两方面。考试内容,既要考知识,更要考能力,包括记忆力、判断力、想象力、思维能力、应用知识能力以及创新能力,等等;还要测试学生的性向,作为学生选择和招生部门指导学生选择专业的依据。考试方法,要改变一份考卷考各个层次、各种科类学生的做法。在大众化教育阶段,办学形式是多样化的,既有学术型的精英教育,又有大量的应用型、职业型的大众化教育。各级各类高等教育的培养目标与培养规格不同,考试内容与方法也应多样化。传统的考试,用一份考卷按分数高低制定分数线,人为地降低应用型、职业型教育的地位,不利于高等教育大众化发展。因此,要使这根指挥棒运用得当,起推动、引导高等教育改革与发展的积极作用。

在一定意义上,招生考试的改革甚至比中学教学内容与方法的改革更为重要。如果考试改革不先行,必将阻碍中学教学内容与方法的改革,使教学改革事倍功半甚至劳而无功。20世纪80年代以来,教学改革进展迟滞,恐怕跟其与考试指挥棒的指挥不合拍有关;素质教育之所以很难落实,恐怕也跟其与"应试教育"不相适应有关。

我们反对过"应试教育",也反对过"片面追求升学率",但收效甚微。不应一味埋怨学校与教育行政部门,应当进行深入的反思;升学是学生和家长的愿望,提高升学率是社会的要求,而要提高升学率,就必须听从考试这根指挥棒。追求升学率与应试教育,有其客观的必然性,不是主观地"反对"所能奏效的。与其做无效的"反对",不如在如何运用考试指挥棒上下功夫,也就是把招生考试的改革作为教学改革的先导与关键来抓。变消极为积极,变被动为主动。这就是我对招生考试的基本看法。

但是,招生考试的改革不是轻而易举的事。其中有理论问题、政策问题、方法措施问题,而最重要的是转变传统的考试观问题。传统的考试观认为考试就是检查学生能够记忆多少知识;而现代的考试观应当是为全面发展学生的个性而考试,为培养社会有用之才而考试。在正确的考试观指导之下,进行理论的探索、政策的制定、方法措施的实践检验,使招生(高招)考试能够更好地起推动、引导教学改革,提高教育质量,全面推进素质教育的积极作用。

传统的高考之所以是一种选拔性考试,反映了精英教育阶段,教育资源相对短缺与教育需求过旺的矛盾。招生名额有限而要求上大学的高中毕业生众多,供不应求。因此,必须通过统一高考,公平竞争,按成绩高低,择优录取。进入高等教育大众化阶段,扩招名额逐年增加,供求总量渐趋平衡,绝大多数高中毕业生,都有机会接受高等教育,上大学已不是少数优秀高中毕业生的特权。从总体上来说,就不存在选拔优秀学生的问题,而是选择哪些学生比较适合于某种类型高校或专业的问题。当然,同类型的高校与专业,质量有高有低,条件有好有差,对于质量高、条件好的高校与专业,仍有选优的问题;同时,学生也有选择进什么高校与专业的问题。但是,那是另一种选择,即适应性选择问题。

科学发展观是与时俱进的发展观,中国的大规模统一考试,在一定历史时期内曾起过积极的、进步的作用。隋唐开端的科举考试,在1300年前,比"九品中正"的荐举制度更开明、公正,因而在当时对政治、文化曾起过积极的作用;在半个多世纪前的20世纪50年代,实施全国统一高考,曾起过选拔优秀高中生以培养精英人才的作用;70年代末恢复高考,对比"文化大革命"期间的"推荐上学",是拨乱反正,让优秀人才能脱颖而出,对社会主义现代化建设,发挥了积极的作用。然而在近代,当维新运动开始引进新学以推动中国的政治革命和社会革新时,科举制的禁锢、空疏就成为阻碍文明进步的礁石,不得不予以废止;今天,当知识经济时代来临,高等教育从精英阶段进入大众化阶段,当社会需要受过高等教育的多样化人才时,统一的、单一的高考制度,已不能起合理配置人才资源的作用,相反,成为阻碍基础教育实施素质教育、高等教育多样化发展的难以逾越的障碍。高考变革,势在必行。

要改革应试教育,培养高素质人才,既难办又好办。好办就是为招生制度松绑。难办就在于思想上难以解放和制度上难以改革。目前社会上普遍"迷信"中国高考制度很公平,理由就是觉得分数面前人人平等。但实际上,这个平等只是结果的平等,很多人没有看到过程的不公平。

以前城市孩子和农村孩子考进名校的比例大概是1比1,后来却变成了8比2,甚至更低。这导致国家不得不从政策和制度层面出台规定加以要求,比如学校需给农村孩子留多少名额或保持多少比例。目前全国的高考招生分为一本、二本、三本(部分省份已经取消三本或合并一本二本,对高职也放开自主招生),学校只能从相对应的层次里头去招收学生,但是招收和培养学生是学校的事情,本身不应受到太多限制。我认为可以把招生自主权下放给培养单位,鼓励每个学校根据自身的定位和优势确定招生方式,因为只有多元的学校才能培养出各种各样的胚胎。相关部门、机构对高校的管理是必要的,但应只在大的原则上进行"放管服",管理的目的也应该是为学生服务。

中国的统一高考制度,已形成一套相当完整而牢固的体制和运行机制，积累了许多有益的经验。变革不能像 100 多年前废止科举制那样，遽尔取消高考。当今中国的高考改革，只能采取渐进方式，朝着既定目标，对高考的体制、机制与管理，全方位地、经过试点后逐步推进。因此，确定体制、机制、管理改革的目标十分重要。

经过几年来的讨论，有些比较明确的目标，可以进一步讨论，以取得理论界与实践者中大多数人的共识。例如，体制上的改革，从统一、单一的高考制度转变为多样化的招生制度。除通过考试录取学生外，还可以扩大或开辟其他招生渠道，如保送、免试、申请注册、按订单招生等。在运行机制上，从统一高考转变为统一测试与学校、考生自主选择相结合，由政府部门办考转变为中介机构统一测试，将测试结果提供给学校作为录取的参考，学校对不同的专业，还可以加试有关的科目；考生也可以从多种科目"套餐"中选择自己认为合乎自己的志愿或较有把握科目的"套餐"应试。特别是在管理方面，政府部门应从主办、包办转变为服务、协调与监督；政府部门下达指标，学校自主招生；取消统一的分级划线，如此等等。这个改革的过程会很艰难，难办并不是不可能办。

所有体制、机制、管理的改革，都必须以转变思想为先导。即在科学发展观统领下，按照"和而不同"的社会观、以人为本的全面素质教育观、多样化的现代人才观，以及适应性的考试功能观来指导高等学校招生考试制度的变革。特别是要转变对高考制度改革起制约作用的考试功能观，要从选拔性功能转变为适应性功能。从精英教育阶段进入大众化教育及以后的普及化阶段，高考的功能除少数精英大学外，已经不再只是选拔优秀人才，而是高校与学生，通过考试及其他方式，进行双向互动选择。高校根据所设专业的层次、类型选择合适的学生，学生根据自己的水平、能力以及兴趣、爱好选择合适的高校与专业。为国育才与主体价值是可以也应当结合的，社会的发展与人的发展在社会主义社会中是一致的。

三、高等学校评估

2004年8月,教育部高等教育教学评估中心正式成立,标志着中国高等教育的教学评估工作开始走向制度化和专业化的发展阶段。实行本科教学工作评估,初衷在于发挥政府对高等学校的监督作用,这对规范高校办学、保障高等教育质量起到了卓有成效的作用。一般认为高等教育质量保障就是质量评估,这是倒果为因、本末倒置的认识误区。评估是办学者与管理者用以保障质量的手段之一,但不是全部。如今,评估本身仍然存在着不少问题。

理论界与高校对普通高等学校本科教学工作水平评估毁誉参半。对高校评估的看法,我要说的第一句话是,评估是好事情。因为高等学校办学成绩如何,教学质量如何,应该通过科学的评估才能确认。科学的评估,有利于教学工作水平、教学质量的提高,有利于促进教学工作的积极性,也有利于促使地方政府增加高教投入的力度。搞得好的话,可以"以评促建,以评促改"等。关键在于如何评估,谁来评估,以及对待评估的态度、评估结果的处理等等是否得当。如不得当,可能不能起积极的质量保障的作用而产生负面的影响。

前几年的评估,存在许多不科学的问题。一是单一化的问题。就是各类学校,都是一个指标体系。后来才把高职高专分开,试行另一个评估体系,这样另外分开的做法很好。但是在中国普通高等教育本科系统里,学校类型很多,从清华、北大等研究型大学,到大量的应用型院校;从面向全国的重点大学,到为地方服务的地方院校、新建本科院校,都使用同一个评估指标体系。这样的单一评估,会驱使不同的院校挤在一条独木桥上。现在虽然按各校不同的情况评估,但是许多硬杠杠还是统一的。二是名为教学工作评估,实质上重点是科学研究成果的评估。高等学校有三大职能,第一职能是教学,第二职能才是科研。如果是教学评估,就须评估教学工作,如果是学校评估,那三个职能都要评估。现在的本科教学工作评估,实际上不是对第一职能的评估,虽然评估的名称叫做教学工作评估,但实际上以第二职能的评估为重点,教学工作评估反而摆在次要的位置,所以得出的结果比较能够反映这所学校的科研水平,或者是科研业绩,而不能充分准确地反映这所学校的教学工作是不是搞得好,这所学校的教学质量是不是高,这所学校培养的人才是不是符合教育方针;至于服务方面,考虑得更少。

据我所知,中国有这个问题,国外也有这个问题。例如针对一流大学的排名,被称为一流大学的,并不一定是教学质量高的,或者说培养人才素质很高的,而是说这所学校里面,有许多名家,每年获得的研究经费很多,每年出的科研成果很多;不是指学生有多么优秀,而是说教师能够出许多科研成绩。

有人写了文章说,哈佛大学我们都说它是世界第一,但事实上如果从学生满意度排名的话,它就不是了,一些文理学院的排名反而高些。所以现在也有人提出应以学生的满意度来评价;也从学生认同度来评的,就是说学生愿意去报考这个学校,感觉到这个学校对自己的学习成绩有帮助。现在我们的教学工作评估有一个问题,就是作为最重要的利益相关者的学生,并没有参与,而是由政府规定(当然政府规定有一定的根据)的指标来衡量。

当然,研究型大学培养出来的学生理论水平可能较高,但他们的技术水平就最高、能力也最强吗?不一定。现在人们还没有办法来科学测量,如果能科学测量出来的话,恐怕它的相关系数不是很高。也就是说,它把最好的学生招进去了,但它培养出来的学生是不是所有的大学里最好的呢?

这个情况比较复杂,从现在看来,本科教学工作评估存在的第一个问题是单一化的指标体系。第二个问题,就是刚才所说的偏离了教学工作,着重在科学研究上。科学研究就其本质来说,跟教学质量有一定的关系,比如老师不搞科学研究,水平很难提高。但是教学毕竟还有它自己的特殊要求,就是如何把教师的知识、技能、能力转化为学生的知识、技能、能力的问题。

现在本科教学评估主要是评硬件,因为硬件好评,一是一,二是二。软件不好评,但事实上软件比硬件重要,一个学校的投资多不一定等于这个学校的教学质量高,投资与教学质量有一定的关系,但不是线性关系。

软件的评价,两个方面都要考虑,一个方面是专家,尤其是同行专家,因为学术水平如何,只有同行专家懂得。即使这样,多少还是带有主观成分。另一方面,学生满意度也可以作为一个重要的指标,因为学生是利益相关者,究竟有没有受益,上了课以后,对自己的能力有没有提高作用,学生自己最清楚,这是很关键的问题。但是,以学生的满意度作指标也存在一些问题,譬如说,有些学生的满意度以自己的分数高低为依据,老师太严格,给的分数太低,我就对你不满意,而好好先生给我分数高的话,我就满意。尤其现在,很多学生不是追求学问,而是追求高分以便于找到好职业,再加上学生与老师之间还存在感情的关系,因此并不是绝对可靠的。所以我认为,既不能把学生意见当作唯一的依据,也不能不让学生参与。

目前,世界上有三大质量奖,欧洲质量奖、日本戴明奖和美国的鲍德里奇国家质量奖。现在很多国家都在模仿美国的鲍德里奇国家质量奖,中国也在模仿它。在评选的指标体系里,学生满意度是其中很重要的指标,在1000分里直接相关的差不多占了150分,间接相关的还不止这个分数。学生直接反映出来的占150分,不算太高,应该可以达到50%。这种做法我觉得很好,应该鼓励,因为学生是重要的利益相关者,从成本分担的角度看,学费已占一个很大的比例,可以把学生理解成为高等教育服务的消费者。

四、"双一流"建设

党的十九大报告将"双一流"建设作为"优先发展教育事业"的重要内容,吹响了新时代"双一流"建设的号角,意味着中国高等教育强国建设进入了新时代。

现在大家流行将大学进行分类,比如卡内基分类方法按学位授予的层次和多少将大学分为研究型、教学研究型、教学型,等等。我是不太同意这种分类的。它实际应用起来非常勉强,也易生歧义,使人误以为有的高校只需搞教学、不必搞研究。高等学校的社会职能是所有大学都应具备的。地方大学要不要搞研究?高职院校要不要搞研究?我认为地方大学如果只顾教学不搞研究,是错误的;认为高职院校只要搞教学不要搞研究,也是错误的。人们往往有如下误解:地方大学不是研究型大学,搞好教学就行了,不用搞研究;不是应用型大学也不用承担社会服务的职能。其实不然,大学所要培养的人才类别不同,所做的科学研究也不同。研究型大学主要培养搞理论研究和基础研究的科学家;应用型大学则要培养把理论转化为实践的人才,主要搞应用研究;高职也要做研究,主要做技术开发和改革的研究。

按照联合国教科文组织原先的归类,高等学校大致分成两大类:5A类和5B类。5A类相当于普通高等学校,5B类相当于高职院校。5A类又可以分为两类,我们称之为5A1和5A2,5A1指研究型大学,主要做基础研究,培养研究型人才;5A2也开展理论性教育,但是它主要从事理论应用研究,研究如何将理论转化为可在生产实践和生活实际中应用的知识和技术,培养应用型人才。我认为高等学校可以根据其人才培养的类型分为三大类：一类是研究型大学，即我们所说的"985"高校及大部分的"211"高校，主要从事基础理论研究，培养学术型人才；一类是应用型大学，大部分的地方高校及一些"211"高校应归为此类，主要从事应用性研究，培养应用型专门人才，如工程师、医师、律师、教师和管理干部；第三类是职业技术院校，相当于《国际教育标准分类法》中的5B，主要以学习各行各业职业技能为主，培养不同层次的生产、管理、服务第一线的技能型人才。一般的地方性高等学校要定位为应用型大学，面向地方，培养地方经济与社会发展需要的人才，开展为地方需要的应用性研究，更好地为地方服务，更好地在地方文化上起引领作用。这是我曾经开展"做强地方本科院校"课题的重要原因。

香港科技大学在短时期内成为世界一流大学，中国的南方科技大学可以吗？当时香港科技大学校长也参与筹备南方科技大学，我也去过。我对香港科技大学能够很快成为一流大学不是很了解，但是现在排名也好，评估也好，标准是什么？根据是什么？根据是不同的。一流大学有没有标准？对此，存在各种不同的看法。

第一种看法，排行榜上排在世界前20名或50名或100名的大学，就是世界一流大学。我们也相信这些学校是不错的，但是你看看，这些一流大学基本上都是综合性、研究型的学校，如果全世界的大学都去办成综合性、研究型的，都走这种一流大学的路的话，都去培养科学家或什么什么家，将来谁去第一线干活啊！当然，我们中国要有这种一流大学，让清华、北大去干。但是不能把所有的地方大学都往这方面激励。我的观点是，一流大学要多样化，有综合性、研究型的一流大学；也应有应用型、技术性的，还应有高等职业技术教育这类高校。新中国成立前就有不少在国内著名、在国际上有一定影响的专科学校，如杭州艺专、上海商专、立信会计专科学校等等。应该是多样化的。是不是要跟国外去比，这要具体情况具体对待。国外有些规模较小、专业较少的很好的袖珍型高校并不出现在一流大学行列,但人家培养的人才也是一流的。

一个时期以来,中国建设世界一流大学主要也是以西方国家的大学排行榜为标杆。但随着中国高等教育向普及化阶段过渡和经济社会转型发展,建设世界一流大学更应注重从中国国情出发,紧密对接社会需求、科技前沿和产业发展。正如习近平同志强调的,中国有独特的历史、独特的文化、独特的国情,决定了中国必须走自己的高等教育发展道路,扎实办好中国特色社会主义高校。因此,新时代加强"双一流"建设,要以建设高等教育强国为目标,既建设学术性研究型大学,又激发不同类型高校争创各种类型的一流。其实,不同类型的高校各有所长,都有争创一流的潜质。传统学术性研究型大学可以办成世界一流大学,在某些领域具有特色的应用型大学同样有望办成世界一流大学。因此,在"双一流"建设中,应坚持统筹兼顾、多元发展。

排行榜一般是按一定标准排名的。既然排名就必须量化,既然量化就必须找出量化的指标,把一些很难量化的东西勉强找出来作为指标,公平么？清华、北大拿到世界去排,未必排得很前,因为我们有些硬指标没法跟国外高校比,投入少,钱少,而在排行榜上面"钱"是很重要的。现在许多排行榜要计算有多少文章上到 SCI、EI……中国人写的文章,尤其是社会科学方面的文章能上得去吗？

排名还有一些误导性指标:比谁多谁大,多、大,就排在前面,你只有 50 个博士点,再和另外 50 个博士点"合"在一起,有了 100 个博士点,你就排到前面去了。国内就有这样的超巨型大学是通过大合并获得的排名座次。

要排名,许多东西必须分解:经费情况、科研情况、教学情况、教师情况,分解开来后,逐个给数据,然后合在一起。计算它的总分,按照分数高低排名。但是,根据系统工程的原则,局部优化不等于整体优化,是不是优化还要配搭合适,配搭不合适则很难说它优化。比如一个班子,所有的人都是强人的话,他们各自占据"山头",这个班子不一定是优化的班子。世界上很多著名大学也不是方方面面都著名,但是它整体上是著名的。如果按照我们传统的质量要求来评,如根据全面发展方针的要求来评,一些高校未必有优势。现在排行榜都是有名堂、有背景的,为什么中国排不上去呢?这些排行榜大多是按照大家的观感、评价,找一些英国、美国的校长和教务长来评,他们对中国大学了解多少?你为什么不找中国的校长?都是英美的人。统计论文发表,但是没有一本中国的学术杂志得到承认。所以根据西方的某些条条框框的要求和标准来排名,不完全可靠。

以各种大学排行榜来判断是否是一流大学,其科学性有待商榷,因为一方面,排行榜必然要进行量化处理,很多难以量化的因素就被舍弃了,比如办学理念、校风学风、师德水平、校友的声誉等等。另一方面,大学是非常复杂的组织,各大学之间的特殊性大于共性,从整体上来说可比性不强。如果硬要把不同类型、不同特点的大学套在一个评价系统内进行打分并排名,往往导致大学的趋同化,不利于高校的正确定位与分类发展。相对来说,同一个学科专业之间较有可比性,因此排一流大学不如排一流专业或学科。

第二种看法是,规模较大的就是一流大学。虽然没有文章直接来论证"一流大学就是规模较大的大学",但实际行动上是存在的,尤其是各个省市领导、各个地方领导有许多是这么想的。某个省市通过合并一些学校搞了个3万～4万人的大学,另外一个省市就设法通过合并搞个4万～5万人的大学。合并最早是中央的意见,中央后来刹车了,但有些省市还在大搞。大就是一流,越大越一流。中国武汉市的"大"学很多,华中科技大学、武汉大学、武汉理工大学等都是4万～5万人以上的大学,但武汉市政府认为这些要么是中央所属大学,要么是省属大学,武汉市自己没有一所几万人的大学怎么行呢?于是,把武汉市属的一些成人高校、专科学校合并起来,成立了一所江汉大学。这所学校有2000多亩地,有山有水。一年之间十几万平方米的建设基本完工,武汉市终于有了一所自己的近2万人的巨型大学。其实,规模大未必就是一流大学,恰恰有很多一流大学是规模很小的。比如,法国的工程专科学校、师范专科学校等都是世界非常著名的大学。还有美国的加州理工学院,规模很小,也就2000人左右,有排行榜曾经把它排到第一名,后来基本上都在第五名左右。

第三种看法是,世界一流大学就是著名大学,就是名牌大学,或者说是有特色的大学。有些学校虽然小,像美国的加州理工学院、巴黎高师等,人们承认它们是一流大学。巴黎高师不过约1000个学生,1986年和女子高师合并后有2000人左右。规模不大,但它在法国是顶尖学校,因为它出了许多名家:哲学家,生物学家,还有总统。有个总统是大家都知道的文化总统蓬皮杜。这个学校为什么能出这么多著名校友?因为它有自己的办学理念,并且求精不求多,对学生既严格训练,又让其个性自由发展。法国所有这类高等专门学校的考试都很难,进去后先要经过一段时间的严格训练,通过预备阶段之后就完全开放了:你要在本校学习也可以,跨校学习也可以,跨地学习也可以,跨国家学习也可以,各自定各自的学习计划,所以会培养出这么多的人才。我没有看到巴黎高师上过哪个排行榜,但它是世界一流大学。

我个人认为一流大学的特征:第一,一流大学要有具有自己特色的理念,这个理念应是在发展过程中证明行之有效的,有利于高等教育的发展提高的。如果学校没有自己的理念,只看排行榜,然后跟着排行榜的指挥棒转,为建立一流大学而制定追赶的计划,那你永远建成不了一流大学。第二,一流大学要有名师。一流大学不仅师资的总体水平要高,还要有大师,有名师。我们说西南联大在当时就是著名大学,重要的原因之一就是师资很强,名师辈出,如蒋梦麟、梅贻琦、张伯苓、闻一多、朱自清、冯友兰、吴晗、傅斯年、钱穆、华罗庚、周培源、刘仙洲、杨振宁、李政道等。美国加州理工学院是只有2000多学生的学校。有一次美新社把排行榜的指标稍微改变一下,它就由"无闻"到"冒尖"了。排行榜改变了什么呢?是从100分里拿25%出来,不按以往的"死"数字排,这25%是请了3000位教育界人士——校长、教务长等来评价,来打"勾勾",结果它占了差不多25%的票数。否则它连这个排行榜最后都排不上去。这所学校,2000多学生,1000名左右教师,将近300位教授,300位教授里面近一半是美国科学院院士、工程院的院士和国家文理学院院士,从历史来看,1923年到1990年,该校诺贝尔奖的获得者有21名。这所学校的确在人们心目中是高水平的学校。第三,一流大学要培养出优秀的学生,并为社会所承认,其中有若干对社会有特殊贡献的知名人士。社会对一所大学的评价,最终是以这所大学所培养的毕业生的全面质量和对社会所做的贡献来评价。校友在社会上的声誉、贡献,是大学最重要的评价标尺。评价一所大学是否是一流大学或著名大学,标准不是排行榜的那些评估指标。毕业校友的全面质量高,校友的知识、能力以及非智力因素整体突出,且有若干突出的成功人物,这是评价一流大学最重要的标尺。如西南联大培养出杨振宁、李政道两位诺贝尔奖获得者、78位中科院院士、12位中国工程院院士和一批著名的文学家、哲学家、社会科学家和政治家等知名校友。

学校尤其是高等学校,虽然有培养人才、科学研究和社会服务三大职能,但最重要的是培养人才,培养出来的人才就是毕业生,也就是看这些校友以后在社会上的表现如何,这是衡量学校办学成功与否最为重要的一个标志。因此,大学对校友应该很好地关心和研究。人们一般提到校友支持,首先想到的可能就是校友捐赠,但校友捐赠仅仅是一个方面。更重要的另一个方面是,校友一定也希望他们的母校建成世界一流大学,校友以自己的行动来支持,他们的成功就是最大的支持。当然,校友支持的具体形式可能非常多样,如富裕的校友捐赠是支持;学校举办校庆校友回校参加是支持;或者校友任职某个部门,这个部门能够对学校的发展提供帮助,这也是支持。例如,现在很多专业的学生必须外出实习,校友如果能够给他们提供一些实习机会和单位,这也是很好的支持,所以我们现在经常寻找一些有校友任职的单位或部门实习。但我们更多强调一句话:"你在读书的时候,以学校为荣,但是你毕业以后,学校要以你们为荣。"

对于"双一流"建设,我有两点自己的见解。第一点,我认为在"双一流"建设中,应当着重一流学科的建设,把学科建设摆在第一位。因为一流大学中,并不是所有学科都能够成为一流的。非一流的大学,有一些学科力量很强,有很好的发展前途。在开展"2011计划"申报项目中,许多有重大价值、发展前景的协同创新项目出自非"985"大学。如果只着重一流大学建设,例如,只对一流大学加大投入,一般学科很容易坐上顺风车;而非一流大学中有发展前景的学科,怎么努力也上不去。打一个不恰当的比喻:有博士授予权、硕士授予权的学科专业,只要评上教授、副教授,大都可以成为博导或硕导;而在没有授予权的学科专业中的教授们,无论学术水平如何高,研究能力如何强,也同博导、硕导无缘。当然,这个比喻并不是很恰当。更为重要的是,大学教师是学者,学者的事业认同感、归属感主要来自所从事的学科。一位教师可以从一所大学转到另一所大学,但学科却是他一生事业之所在,是他一生的热爱与追求。哪怕是退休之后,也还是他所关注的学科,并自愿为之做出贡献。大学是教师的工作单位,而学科则是大学教师一辈子的归属。无疑地,建设一流学科,更能调动大学教师全力以赴。

第二点,一流大学、一流学科应统筹推进。当前所指的"一流",是排行榜居于前若干名的大学,主要是研究型的综合大学。这些大学及其学科,以培养学术性人才为主,对于一个国家来说,学术人才很重要,但应用型高校和学科也很重要。进入高等教育大众化阶段,高等教育发展的主力是应用型高校。中国现在已是世界高等教育第一大国,要将高教大国建成高教强国,要推进中国的转型发展,要超越"中等收入陷阱",都有必要加大发展地方性应用型高等教育,培养大量创新性技术人才。因此,各个层次、各种类型的高等教育,都应有其一流大学、一流学科,做到统筹推进。

对于一流大学、一流学科，国家将加大经费的投入，这是很重要的。但现在一流大学与非一流大学之间的差距太大。有的一流大学，每年投入百亿元以上，地方应用型高校也应当适当增加投入，而许多发展形势很好的地方应用型大学，却捉襟见肘。广东省曾准备对4所地方高水平理工学院投入80亿元，是令人鼓舞的事。

当然，一流大学、一流学科的建设，不仅应增加经费投入，更应增加办学的自主权。管理部门要给学校办学自主权，学校也应适当给院系、教师教育教学的自主权。要形成政府、学校、院系、教师都在争创一流中前进的局面。

至于中国有没有一流大学，人们可以有不同的看法，难以简单加以断言。但应该看到，中国正在努力建设一流大学并取得了一些进展，这个总体方向是令人高兴的。我一直在想，建世界一流大学，我们追求什么？与其去考虑这个排名、那个排名，不如对那些世界著名的大学集中进行研究、分析，分析人家著名之所在，尤其是对一些新出名的大学，研究它们如何从不著名到著名，或者说如何从不是一流到一流，这样可能比较实在。当然别人的东西也只能够作参考，不能照搬。不管怎么样，香港科技大学发展很快，深圳南方科技大学本来是要参照香港科技大学办学的，但内地的大学发展有一个障碍，就在我们的管理上。你能够像香港那样只按照大学章程来管理学校吗？不行。我们条条框框很多。很多不合理的规定，例如我们现在聘用一名教师，要查他"三代"，看他的高等教育第一学历是不是"985"。有些人是从专科考上研究生又来读博的，这些人其实是不错的。管理中一些成文的或不成文的条条框框对大学的发展是个束缚。南方科技大学，开始时招生就没有得到同意。而澳门科技大学初办时，一开始招生，就本科生、硕士生、博士生，全部一起上。澳门科技大学筹备的时候我去过，就是一栋大楼里面的两三层，其他部分还是人家的写字楼，租的房子，就那么开办了。我们就问，一开办就可以招博士生吗?那位校长说,"怎么不行?我原来是澳门大学的校长,早就带博士生了,现在我们聘请了很多国外的、内地的博士生导师,为什么不能招博士生?"在内地就不行。南方科技大学想不通过高考招生,不行,甚至不让你招生,为什么?有规定,要先筹备,筹备多少时间以后再招生,筹备最重要的是人的筹备啊,我聘请老师没有学生怎么聘请?我只招本科,那些水平高的不愿来,人家要带博士生啊。所以与其说是传统的负累,还不如说是制度的束缚。现在南方科技大学可以招生了,但只能在统一高考的基本框架中招生。他们采取"631"的办法,统一高考成绩占60%,自主考试成绩占30%,还有10%根据高中的成绩。

办高等学校,有许多规定,规定是必要的,但有些规定不合理。例如,开办高校,必须生均一分地,万人校,就得有一千亩地。这是过去精英教育阶段的标准,现在大众化了,还要一分地,那全国要拿出多少土地来建校园啊?到普及化阶段,又要拿出多少土地来建校园?现在寸土寸金啊,工业用地、修路用地、建商品房用地那么多,大学又要大量土地。我们要珍惜土地啊。在国外,地广人稀的地方,校园的确很大;而在人口稠密的城市,有的校园就很窄小。许多没有围墙的常春藤大学,是不是生均一分地,我没有统计过,不敢说。

还有对生均一百册图书的规定,那也是过去的标准。现在很多不是纸质图书了,还要那么多的书吗?学校规模有大有小,它的需要量是不同的。一千学生人均一百册图书,只有10万册,可能不太够;如果是一万学生,是否需要一百万册的纸质图书?因为每个学生同时占用的只不过十本八本就够了,其他都在图书馆流通。堆砌如山、常年不用的书库,对大学是一个沉重的负担。

大学与学科休戚相关。一所一流大学必然拥有一个或数个一流学科。从世界范围看,多数世界一流大学都是学科齐全的综合性大学,但学科齐全并非一流大学的必要条件。不少高校从建校之初就选择有限的几个学科作为重点发展领域,并举全校之力将其发展成为优势学科、特色学科。如美国麻省理工学院,其创立之初仅创设土木系、机械系和化学系三个系,该校的办学目标定为在有限的领域培养引领世界科技变革的先驱者。同时,诸如加州理工学院、印度理工学院、巴黎高等师范学院,莫不是凝聚合力重点发展有限的几个学科,据此成为闻名于世的一流大学。从这个意义上说,一流大学的根基在一流学科。一流学科不应局限于研究传统的"高深学问"。"双一流"建设以"中国特色,世界一流"为根本指向,所谓"中国特色"就是立足中国具体国情、直面中国现实问题。因此,一流学科建设应立足现实问题,有自己的价值标准。

"双一流"建设需要多样化的高等教育发展生态,而多样化的高等教育发展生态必须辅之以多样化的发展标准。一个合理的高等教育系统犹如一支乐队,既要有钢琴的演奏,也需要大、小提琴等的参与,如此才能奏出完美的乐曲。每一种类型的院校和学科都各有所长,都可能成为世界一流。从大学演进史看,几乎没有一所世界一流大学是依照固定的模式发展起来的,无一不是在漫长的探索中实现个性与共性的统一。在"双一流"建设过程中,应积极引导有实力的地方院校根据自身特色和区位优势,设定差异化战略目标,激发地方政府、行业参与"双一流"建设的积极性,实现大学、政府与社会的动态联合,促进高等教育形成多元发展态势。

竞争是高校实力提升的基础。"双一流"建设应打破身份固化,打破一劳永逸的"标签化"思维。一流的身份并非终身享有,而是可进可退、动态调整的。"双一流"建设应辐射全国不同类型、不同层次的高校,所有有实力、有特色的高校和学科,不论出身都应有机会跻身"双一流"。只有这样竞争,才能通过"双一流"建设促进中国高等教育质量普遍提升,为中国高等教育强国建设注入强大动力。

五、大学领导必须善于"沉思"

大学之大,非在大楼也,在于大师也。钱学森关于拔尖创新人才之问更是激起了社会各界的热议。很多知名大学并没有什么大楼,许多世界著名大学都只有一些不太起眼的两层楼或三层楼,但学术型大学需要大师。"钱学森之问"主要是讲国家创新人才。我很赞成有些人的解读,"钱学森之问"实际上已经包含了他的答案,不是他不懂,而是懂得的,彼此心照不宣而已。既然他不说,我们也就不说。如果用两三句话就能说清楚的答案,他为什么不说?因此我们应该学习钱老,将这一现象作为问题来思考。我曾经给一位大学校长写的《大学运筹沉思录》作序,这本书对大学办学的问题,从理念到很多实际问题,包括科学管理怎么搞、学生管理怎么搞等都做了详尽的阐述。我在序中说,我所重视的并不只是校长所讲的一些经验、方法,而是他当校长的"沉思"。现在能够沉思的校长太少,很多校长只靠经验办事,没有沉思。经验当然很可贵,但经验有局限性,只有实际与理论结合,局部跟全部结合,才能看到问题的实质,抓住根本性的要害。还有不少的学校领导连经验都没有,只凭文件规定办事,上面怎么规定,我就按照这个办,或者只是按照职能部门的行政人员或秘书意见办理。从那本《沉思录》中我最重要的受益是,理解了要办好一所大学,领导必须善于"沉思"。

传统的大学理念之一是教授治校,教育发展规划纲要提出的是"教授治学"。学校的行政工作由校长负责,拼成了"校长治校,教授治学"。我认为校长治校、教授治学是合理的,问题在于教授治学能不能落实。以前大学规模不大,现在学校规模大了,职能多了,社会关系复杂了,各种各样的会议多了。过去学校的主要任务就是培养人才,现在科研任务重于人才培养,上有各个层次的党政领导,内有纷繁的后勤事务。要靠教授来治,治得了吗?教授不要教书了?不要搞学术了?因此,学校规模一大,就要依靠行政上的科层制管理,从学校的发展来说,科层制是一个进步,在校长的行政领导下,有一批行政干部专门管这些事情,教授们可以专心教书做学问。但是有关学术方面不能由科层来领导,应该由教授来领导。通过什么形式呢?国外通过教授会,教授会的学术权力很大的。我们有个学术委员会,但是在《高等教育法》中学术委员会只是"审议"机构而无决策权力。在学术方面并无决策权,只对既定决策起支持作用。实际上许多大学的学术委员会似有若无,形同虚设。教授治学,应该发挥学术委员会对学术事务咨询、审议、决策的作用。例如,日本的学术管理同行政管理就是两条线,一条是教授,一条是行政,教授地位很高,行政人员地位低,但是行政人员管的事情教授干预不了,教授管的事情行政人员无权过问。学术的事务校长如果不是同行专家,也不能干预。我曾经在广岛大学的大学研究中心做访问学者。以前中心长是校长冲元丰兼的,他同时也是本门学科的教官。后来任命了一位工学院的院长兼中心长,他没有取得本门学科的教官资格,只是行政长官。我们开学术会议的时候,他没有来,也不能来,因为我们是开学术会议,而他是行政官员,没有资格参加。我们的学术事情,最终还是由首席学术带头人(相当于讲座教授)说了算。但如果牵涉到经费和其他事情,例如我的兼职酬金、旅差费报销,就由这位中心长负责,彼此分得很清楚。不管怎么说,现在各个国家大学的科层制都存在,无论是"学术自治"也好,还是"教授治校"也好,情况跟过去大为不同,因此也就产生了许多新问题。

我们在21世纪初开始就提倡校长的职业化,现在叫做专业化,专业化的提法可能比较好一些,因为职业化听起来有点刺耳。21世纪初,清华就有一个校长职业研修中心,出版了一部《校长职业培训教程》,后来没有再搞下去。现在提倡校长必须专业化。我们许多校长很重视,他们上任的时候就宣布说:"我当了校长就不再去搞科研,不再去搞教学,专心搞校长的专业。"现在有许多高校,申请课题时,校长都排第一。所以,有些校长提出专心专意来搞治理。这样的表态,合适不合适,大家可以考虑和研究。《中国教育报》的记者曾经咨询过我的意见,我说:其志可嘉,但是,作为一个校长,如果长期不搞教学,不搞科研,他就会逐渐地、更多地成为行政权力的代表,很难体会学术利益。现在我们搞科研的时候,最头痛的是什么?业绩考核的时候,你的科研论文有几篇?你的论文发表在什么地方?国内还是国外?如果是国内的话,是一级核心、二级核心,还是其他?你如果评教授的话,你没有两篇发表在一级核心刊物的论文的话,对不起,甭想!还有,课题经费迟迟不下来,刚下来不久就要报销;业绩考核要填表,申请课题要填表,经费报销要填表,中间还有许多核查表格、资料,都是"十万火急"的。最近我看到篇报道,是关于大学教师倦怠的调查(麦可思的调查)。有许多大学教师产生倦怠情绪。倦怠情绪产生的根源就是业绩考核那些烦琐的东西。你这个校长如果长期离开教师,离开教学与科研,就很难体会教师倦怠的情况与原因。只有你自己也在搞科研,你自己也去搞报销,你自己也要被考核,也要去填业绩考核表,你才能体会到当大学教师的酸甜苦辣。否则,你就会更多地被"行政化"。

现在高等教育的问题很多。问题很多是好事情,因为事物的发展总是在解决问题之中发展的,如果不发展,它就没有问题。哪些问题特别值得注意,要从不同角度看。从提高质量看,你可能说最重要的问题是如何进行教学改革,如何进行德育;从发展来看呢,你可能说现在最基本的问题,是要解决高等教育大众化可持续发展下去的问题。现在是进入后大众化时期,还要继续发展,必须解决一般本科高校的转型发展、高等职业技术教育和民办高等教育的发展问题。如果不能解决这些方面的问题,大众化、普及化就化不下去。例如,只靠政府拨款和靠大学扩大规模,就不能有大的发展。不解决民办高等教育的问题的话,没有钱;不解决本科转型发展和高等职业技术教育提高质量的问题,毕业生就业问题难解决。就业率是一支"寒暑表",如果本科教育都是培养理论性人才,研究生教育都去培养科学家,中国需要那么多的科学家吗?十六大提出来,中国需要一大批拔尖创新人才,但还需要数以千万计的专门人才、数以亿万计的普通劳动者。有人做过统计,生产上每需要1个科学家,就要有10个工程师,1个工程师就要有10个技术人员和技术工人。当然,这个统计可能与高新科技产业不符,但如果不发展应用科技和高等职业技术教育的话,大众化、普及化就化不下去了。所以从可持续发展的角度来说,当前高等教育的发展必须解决的是一般本科转型和高职、民办教育发展的问题。很难说哪一个问题最重要,也很难说哪一个先哪一个后,不同的人从不同的角度去解决不同的问题。如果你是一位校长,你做的是如何搞好教学和思想道德教育;如果你在教育行政部门,就必须考虑如何以多类型和形式发展高等教育的问题。

现在我们有很多很好的大学校长,但是很难发挥才能。人们提出这样一个问题:以前产生过不少有名的大学校长教育家,后来好像大学校长中没有那么多教育家了。作为教育家的大学校长,应该有自己的教育理念,并在办学中将理念转化为实践。现在不太可能,无论是重点大学或一般地方大学,都要按一个模式办学,符合于统一的评估体系,忙于"迎评"活动。你有什么教育理论、什么创造性,能付诸实践吗?我并不一概否定评估,对于新办校的合格与否,评估有一定把关作用;对于有创新、有特色的大学,按一定的框框评估,只能起限制作用;对于单项活动,如体育是否达标、仪器设备是否够用,评估有一定的作用,对于综合评估,则评不出特色。

这样的体制下面,我们的校长能干什么呢?只能在种种烦琐的规定中,在一个桌面上跳舞,只能够在桌面上跳得好一点或者跳得差一点,你没办法到宽敞的地板上跳。民办学校呢,范围大一点,可以在整个房间里跳,但是也跳不到广场去。当然也不能让它乱跳。怎么做合适?政府完全不管不行,但我们现在的的确确很多东西限制得太死,管得太多,校长还能有创造性、办有特色的大学、成为有自己的理念的教育家么?

六、学术权力与行政权力的关系

中国的公立大学隶属于政府,实际上是政府的一级组织。与政府机构一样,大学也有诸如组织部、统战部和各种行政处、科等一套自己的组织机构,因此中国的公立大学也有自己的政权,但更多的是行政权力,因为大学是一个社会组织或机构,它与政府组织还不完全一样。但只要是一个机构或组织,它就具有一定的行政事务,它的运作就需要行使一定的行政权力。因此,有人认为,党委在一定程度上代表领导权,校长主要代表的是行政权力,校长及各部、处长处理行政事务,都要赋予他们一定的行政权力。可以说,行政权力在高等学校是不可或缺的,校长也好,处长也好,没有一定的权力,就无法履行自己的职责。高校作为一种学术性的机构,虽然隶属于政府,但其主要职能是教学、科研和直接为社会服务。为了通过这些活动达到学术目的,完成学术任务,就必须赋予高等学校作为学术活动主体应有的权力,而且赋予其权力越充分,任务就完成得越好。这种相对于行政权力的大学权力,我们称其为学术权力。

高等学校不仅有学术权力,还有行政权力,这两种权力不仅是必要的,而且也是必然的。正因为如此,我认为高等学校的二元权力结构是合理的。但是,任何二元权力之间,都会产生矛盾。因此,任何权力的行使都有一定的限度、一定的范围,否则就会相互干扰,产生矛盾。如学术权力只能用来处理与教学和科研相关的校内外的学术事务,有相应的限定范围。对学校的非学术事务,教学和科研人员可以作为学校的一员,提出自己的建议,但不应直接行使非学术的权力。行政权力要限定在处理行政事务范围之内,不能过分地行使行政权力来干预学术活动或直接插手学术事务。如果行政人员过分干预学术事务,插手学术事务,势必导致高等学校的学术活动丧失学术活力,不利于学术,不利于科研,不利于教学,不利于学术水平的提高,也不利于大学的发展。这就是大学"行政化"的弊害。

现在的高校,二元权力之间存在行政人员过分干预学术事务的情况。这样的例子,恐怕大家不但都耳闻目睹,还有切身体会。譬如说,专业的设置、教师的聘任与晋升,不是由学术人员决定,而是由行政人员决定。例如,聘任一位教授,不是由院、系、所的学术委员会根据教学、科研的需要,对聘任对象的学术水平与教学能力等,进行考核,做出决定,而是由人事处、科,根据一些条条框框,如是否"985工程"或"211工程"大学的博士、硕士以至学士出身来圈定。又如,对重点高校的文科重点研究基地的研究人员或教师来说,本来他们对研究基地的学术活动应具有充分的学术权力,但现在很多的规章制度、考核制度就明显地干预学术权力,研究基地的学术活动都要按照这些规章制度、考核制度定下的条条框框来开展,规定这个该如何做,那个该如何做,这个不能研究,那个应当研究,等等。毫无疑问,这些条条框框是同学术自由与学术权力的合理运作背道而驰的,容易导致学术生命力或学术活力的丧失。可以说,这是中国高校的主要问题之一。当然,学术权力干预行政事务的例子,恐怕不能说没有,但这类情况相对比较少,而行政权力干预学术事务的例子却比比皆是。日本的大学,在行政权力与学术权力的分工上划分得比较明确,行政权力由事务官负责,学术事务则由教官负责,分得很清楚。掌握行政权力的人不允许干涉学术事务,掌握学术权力的人不允许干涉行政事务。但学术权力与行政权力界限的过分分明、互不干涉,也可能会导致工作效率低下的情况出现,这是我们需要重视和注意的。

高等学校是一个社会机构,任何社会机构运行都需要一定的行政权力,尤其是高等学校规模越来越大,内外部关系越来越复杂,科层制与行政权力的出现与加强是必然的趋势;高等学校又是一个学术机构,它的任务是学术文化的传承与创新,学术机构必须具有学术权力,对学术活动起领导、引导和协调的作用。因而,高等学校的行政权力与学术权力双元并存是合理的,也是近现代高等学校制度的基本特征之一。这种双元权力结构,如果分工明确、各司其职,可以起到相辅相成、相互支持的作用。现在的问题是行政地位高居于学术地位之上,行政权力凌驾于学术权力之上,甚至代替学术权力,高等学校中学术权力似有若无,学术组织形同虚设,在行政化的管理下,缺乏宽松的学术环境和学术自由精神,严重制约了创新人才的培养和学术的创新。但在中国,行政对文化的管理根深蒂固,去行政化,远不是取消行政级别而已,而是要看领导的决心,行政人员的自觉,以及学术人员的争取。把它放在一个时代背景下来考察,去行政化将是一个艰巨的长期的过程,但为了建设创新型国家,我们必须做到,也能够做到。

日本、韩国和"文革"后的中国是学历社会,学历社会有其好处,中国以前不管学历,家庭出身好就好,出身不好就不好,你学历再高也没用。重视学历是一个进步,但是现在也异化成一种"人尽其才"的阻碍。日本学生上大学不成问题,但要考上某所大学,甚至某个专业,才能当官、当议员、成巨商。现在中国也要讲究本科、硕士、博士学历,是哪所大学毕业的。教育部门已经出面干预了,不能动不动借"985"高校来作"虎皮",现在放宽一点,过去招聘只限定"985"高校,现在限制到"211"高校。更怪的是那些非"211"高校也要求招聘的教师第一学历必须是"211"高校,这不是否定自己吗?

2015年我参加广东高等教育学专业委员会的一次学术研讨会,

主题是"高等教育治理体系和治理能力的现代化"。习近平同志在十八届三中全会提出：推进国家的治理体系和治理能力的现代化。高等教育是国家最重要的核心竞争力的组成部分。因此，理所当然的，我们应该研究高等教育的体制机制，思考如何使之成为国家治理体制和治理能力现代化的先行者。中国过去习惯谈"管理"，如管理体制、管理机制，从政府管理体制机制的改革，到高等教育管理体制机制的改革。现在提出治理这个概念，讲治理体制、治理能力，后面还加上"现代化"，有重要意义。虽然治理这两个字自古以来就有的，但管理与治理两者是有重要差别的：管理的基础是权力，是自上而下。使用权力来管基层、管群众，政府管学校，学校行政管院系、管师生员工。现在不叫管理叫治理，治理是什么？治理不是自上而下的管理，治理是多个方面的、多种利益相关者的权利，相互协调、相互制约。一个是权力，自上而下；一个是权利，是大家的，是各个方面所拥有的权利。

就高等教育来说，最重要的利益相关者，第一是政府，第二是社会，第三是学校。政府、社会（或者现在叫做市场也可以）跟学校形成三角关系，三个方面的权利交叉、互动。如果从一个学校的治理来说，则是校长和校部的部处管理者，学院的教师、学院的学生。这三个方面各自有各自的利益诉求。每个利益相关者都应有他的权利，也有他的责任。也就是说，治理的意义不是我来治你，而是相互之间来共同治理，共同来发挥作用。所以，这个一字之差，标志着国家高等教育迈向现代化的一个新境界。

现在我们总在讲高等教育应该现代化，尤其是高等教育制度的现代化。2010年公布的《国家中长期教育改革和发展规划纲要（2010—2020年）》（下文简称《教育规划纲要》）最重要的一章就是建设现代学校制度。教育制度如何现代化，最重要的就是它的体制机制是治理而不再是管理。不过说实在的，经过这几年的发展，从管理到治理好像变化不是太大。从2010年公布《教育规划纲要》到现在，许多方面都按照《教育规划纲要》在做，逐步有所进展，在体制的现代化方面，也有一些进展。不过要实现从管理到治理，难！高等教育制度现代化有个最关键的东西，就是《教育规划纲要》提出"要完善中国特色现代大学制度"，关键是"克服行政化倾向"，"取消行政化管理制度"，简单说就是"去行政化"。去了多少？大家心里有数。

会议主题中有个题目是高等学校的章程。现代大学都要有章程，那么章程是什么东西？章程是治理的规章。我们知道过去高校管理的渠道大多数是用红头文件；而治理的渠道，治理的根据主要是法律、规章。章程就属于规章。所以，国家提出每个学校都要有章程，意思也就是说要从管理走向治理。那么，章程就应该是一所学校的基本法。就国外的大学来说，一个大学的基本法是由立法机构所通过的，它具有法律效力。当然，中国还没有做到这样子，中国现在的章程还是由上级执行机构来批准的。所以，这里面还是存在很大问题。我们现在高等学校的治理要按照章程来治理的话，应该按照章程来解决、治理各方面的矛盾。治理的各种利益相关者在一起，肯定会产生各种矛盾。这个矛盾是根据法律来规范和限定的，章程起这个作用。学校的校长和院长也好，教师和学生也好，都不能违反章程。但是，假如来了一个红头文件跟学校的章程不符的话，究竟你校长是按章程办事呢，还是按红头文件办事？

有些大学在教室里设摄像头，肯定都有其理由和作用。但是从教育的角度看，是不应当的。你要不要尊重人？很多措施的出发点是为了管理的方便，正如企业的管理人员对劳动现场职工的管理。学校不是企业，教室不是工场。不允许侵犯人的自由，更不用说人的隐私。在教室里上课时，教师是负责人，没有得到教师的同意就跑进来听课，不行。我过去有过这样的经历。那是我从教育系毕业不久，在一所中学教书，新中国成立前，中学就有教官，很凶的。我正在上课，他好像要通知同学什么事情，没有跟我打招呼，就跑进来，大讲特讲，我把课本一摔，出来找校长，说我不干了。他没有尊重我啊，上课时，我是负责人呀。对于教室安装摄像头，有人解释是为了领导及时了解全校情况，即所谓"扁平化管理"。但更多人质疑，监控学生也好，监控老师也好，哪怕有再大的理由，我是反对的。因为对人的尊重、对教师的尊重、对学生的尊重的观念不够，而只是从管理角度考虑。你想想看，哪怕中学，甚至小学，老师上课，学生活动，都在监控底下活动，一天到晚在压力之下，我认为不应该。为了监控几个不太负责任的老师和几个调皮的学生，结果伤害了全体老师全体同学的人格。

社会"以人为本"，相应的，学校应当"以生为本"。"以人为本"，也就是"民主"的基本含义。人民是国家的主人，社会主义国家，干部是为人民服务的"公仆"。在这个意义上，学生是学校这个社会的主人，教师、职工是为学生服务的"教仆"。教师，主要在教育、教学上为学生服务；职工，主要在管理、生活上为学生服务，使学生能在安定的学校秩序中、和谐的校园环境中学习、成长。我们说，管理也是服务，说的就是"以人为本"、"以生为本"的管理工作。

但是，在我们国家的社会管理工作中，在我们学校的学生管理工作中，存在许多违反这一理念的规章、方法，事实上不是以人为本、以生为本，而是以管理者的权力为本；不是为人民、为学生服务，而是从维护权力或便于控制出发，使人民、学生服从。服务异化为使服从。

政府部门，如果失去了"以人为本"的服务观念，就往往从行使权力和维护秩序的需要出发，制定一些非人性化的法规、条例，要人民服从；学校行政部门，失去"以生为本"的服务观念，也往往从加强管理和工作方便的角度出发，制定管理学生的规章、条例，限制学生的自由发展，而许多规定是违反教育规律的。有许多习以为常的规定，如不得转系转专业、不得补考、图书馆与实验室节假日不开放，北京有的高校还沿用机关旧习惯，星期天食堂只供两顿饭。这些规定，有的已稍有放松，更多的还是改变不了。改变不了的理由无非是影响学校的计划、增加管理难度或增加管理者的工作量等等。拿补考来说，补考是有教育上的积极意义的：教育就是发展，补考有利于促使学生发展。当学生某门课程不及格时，为了补考，要经过一段时间的自学，提高了，达到了一定水平，这就是发展。北京工业大学，曾经有一个很好的规定，学生为了拿更高的成绩，可以经过多次重考。例如，第一次只考了个 60 分，不满意，可以申请重考。重考 70 分，还不满意，可以申请再考。经过不断的努力，得到一个满意的成绩，就代表他已经发展到某一高度。这是符合"以生为本"和"教育就是发展"的理念的。当然，会有许多教师反对、教务干部反对。厦大教育研究院原来规定 6 月和 12 月两次答辩时间，但是博士生完成博士论文的时间，或快或慢。6 月份的答辩时限，许多人来不及；12 月份的第二次答辩，等待时间又太长，有的要在 9 月份开学前拿到毕业证书，才能就业。为此，教育研究院增加了 9 月份的一次答辩，共三次答辩时间。大家知道，组织一次答辩，要将论文寄出请专家评审，要从外地请专家组织答辩委员会，工作量很大。但是，"以生为本"，为了为博士生服务，我们这样做了。

　　当然，学生管理工作要"以生为本"，并不是不要维护教育秩序、教学秩序；为学生服务，不是可以不要服从。服从是为了维护秩序，维护秩序是为了保证学生能在和谐的校园环境中更好地发展。也就是说，出发点和归宿都是"以生为本"而不是以管理者的权力与方便为本。

第五章

民办高校可能走在高教改革的前头

推进民办高校分类管理不是目的,其真正的目的是为民办高等教育发展培育更好的土壤和生存空间,壮大民办高等教育的实力。中国民办高等教育今天的发展局面来之不易。改革开放以来,中国民办高等教育能够得到恢复发展,从其原始动力看,并不是政府所提出,而是民间的要求,也可以说是"市场"的要求。

——题记

一、我对民办高等学校情有独钟

有人说我本来是传统公办大学出来的,至今还是吃公办大学的饭,为什么老替民办大学说话?我对民办大学情有独钟,其原因有两点:第一个原因是理性的。从高等教育的外部关系规律来考察中国高等教育发展的方向,民办高等教育的出现与发展是历史的必然。早在20世纪80年代我就认识到中国的高等教育如果要继续发展,非借助民

1995年在厦门大学召开的亚太地区私立高等教育国际研讨会上,潘懋元(左二)与主持人王一兵(左一)、周南照(右二)、泰籍华人英杰(右一)合影

办的力量不可。这是根据规律来看待事物的发展,也是理性层面的认识。1988年在《光明日报》上发表《关于民办高等教育体制的探讨》就是关于这一理性的认识;对此,在上一章中,我已从社会主义初级阶段所有制的变化上有所说明。第二个原因是感情的。我接触过许多民办高校创办者:理事长、董事长、校长以及他们的核心成员等等,对他们的艰苦创业、执着追求,以及委曲求全,打从内心钦敬。一般的公办校长总有一点官架子,我本身也当过公办大学的副校长,也或多或少沾染过一点官架子。但是民办高等学校的校长却不一样。首先,民办高等学校校长经历过千辛万苦,他们没有架子,对此我感触很深。在民办高等教育刚刚起步的时候,创办民办高等学校受到人们的冷落、怀疑、歧视,认为是走资本主义道路,使得民办高等教育在创办初期困难重重。今天尽管很多人包括用人单位、学生、家长尤其是某些主管部门,对民办高等教育的认同度还是很低,但是不管如何,民办高等院校最终已经在中国扎下了根,而且《民办教育促进法》的出台表明国家对民办高等教育有促进的责任,而不是置之不理。

至少在口头上也得承认"公平对待"、"一视同仁"。虽然相对于20世纪80年代和90年代初,举办者的日子好过得多,但是仍然困难重重。正因为民办高等教育的创办者、办学者艰苦创业的奋斗精神非常感人,所以我在感情上跟民办高校的校长们要拉得近一些。

现在条件虽然好多了,但是民办高等教育的发展还是面临着许多可预见、不可预见的新问题、新困难。我经常带领博士生考察、调研的都是社会认同程度还是较低的民办高校,西安、成都、北京、广州、郑州、杭州、宁波、南昌、南宁,很多地方的民办高校我们都曾去考察,有些地方考察不止一次,因为民办高校是中国未来高等教育发展的重要支柱、途径,也是推动中国高等教育改革的重要力量,很多人没有看到这一点。民办高校的办学者很有改革精神,中国高等教育改革、发展应该寄很大希望于民办高等教育,因此,现在必须熟悉了解民办高等教育的发展情况,对民办高校有理性认识和浓厚感情。

潘懋元先生多次到漳州茶学院调研

二、发展民办高等教育是大众化必由之路

高等教育大众化是世界高等教育发展的趋势。据联合国教科文组织于世纪之交所提出的一份《关于高等教育的变革与发展的政策性文件》的统计,1998年世界高等教育适龄青年(18～23岁)的毛入学率为18.8%,其中发达国家为40.2%,发展中国家为14.1%。而中国截至1997年才只有7.6%(将高等教育自学考试毕业生数加权计入,也只达9.1%),与发展中国家的平均水平还有很大距离。为了满足人民日益增长的文化教育的需要,为了提高国家的综合国力,为了迎接21世纪知识经济时代的来临,中国政府已制定了科教兴国战略,而高等教育大众化是实施科教兴国战略的必由之路,发展民办高等教育,又是高等教育大众化的必由之路。

中国高等教育大众化困难重重,最大困难是国家对高等教育经费投入不足和高等学校毕业生就业困难,还有师资、设备、校舍等教育资源的增长速度一时难以满足大众化的需求,发展民办高等教育,相对于公办高等教育,这些难题较易解决:其一,民办高等教育一般不需国家财政拨款("民办公助"高校,也只要少量财政资助),只要给予适当的政策,就可以通过投资、赞助、收费等渠道,获得社会、家庭的投资。其二,民办高校办学者重视人才市场信息,有较大的自主权适时调整专业或专业方向,较易适应社会需要,也较易开辟大学生通向农村的道路。即使一时解决不了就业问题,对政府的压力、社会安定的影响也相对较小。其三,民办高校可以积极利用社会上的教育资源办学。例如,聘请部分退休教师、工程师充实师资队伍,利用科研

机构的实验室和工厂的实习场所以弥补设备的不足。

正因为有这些有利条件，大多数国家，尤其是发展中国家在高等教育大众化过程中，私立高等教育的发展都十分迅速。例如，据1994年统计资料，印度尼西亚的高等学校私立的占86.6%，学生占66.7%；韩国，私立的占82.2%，其中初级学院学生占95.9%，大学学生占74.8%；而印度，早在1988年私立的高等学校就约占73%，学生约占57%。即使是经济发达国家，也大量发展私立高等教育以达到大众化、普及化。例如，日本的大学，1994年私立的占73.6%，学生占73.4%。美国的高等学校，1997年四年制的，私立的占73%；倒是两年制的，私立的仅占37.5%；总的校数，私立的占57.57%。但由于收费高，规模小，私立院校学生总数仅占26.34%。

总之，不论从国内的实际出发，或参考国外的情况与经验，中国要实现高等教育大众化，必须在发展公立高等教育的同时，积极鼓励、大力支持民办高等教育的发展。

三、对2002年《民办教育促进法》的看法

2002年《民办教育促进法》（以下简称《促进法》）正式公布之后，我同许多人交换过对《促进法》的看法：有教育主管部门的干部，有民办高校的举办者与办学者，也有关心民办教育的教育界人士。反映不一：有欢欣鼓舞的，认为今后民办教育有法可依（从行政法规上升为国家法律），可以顺利健康地发展了；有的表示不满，认为许多本该在法律上明确规定的，却模棱两可，易生歧义，留下许多不确定的东西。最有趣的是一位关心民

办教育的朋友,给我挂来电话,对《促进法》关于各级人民政府设立专项基金和采取经费资助两件事,条文写的是"可以"而不是"必须"或"应该",表示不理解,认为该法对民办教育的支持、促进态度犹豫不坚决。更多的教育界朋友表示谨慎的乐观,在总体上给予充分的肯定,但认为还有许多不完善、不理想之处。我自问也属于这一类型。

潘懋元先生在四川影视学院

　　民办高等学校在中国成规模地出现,是20世纪80年代后期的事,到90年代中期之后才有了较快的发展。但在定位(是否社会主义教育事业的组成部分)、发展(控制发展还是积极发展)以及产权与投资回报等基本问题上,意见分歧很大。成为政府、社会关注的热点是在世纪之交,民办高等教育已在全国各地蓬勃发展,高等教育大众化提到科教兴国战略的日程上来之后。在这样短的时间,一部包括民办高等教育在内的以"促进"为主旨的《促进法》就出台了,应该说是比较快的。由于许多基本问题尚未取得共识,出台之前,有过比较激烈的争论,是完全可以理解的;有些内容,尚不完善,也是可以理解的。

这里,我们不妨同日本的私立高等教育立法的历史作一比照:日本在19世纪中期,就出现了私立高等学校(著名的庆应大学创立于1858年、早稻田大学创立于1882年),但长期得不到法律的认可。历经近半个世纪,直到1899年颁布《私立学校令》,才具有合法地位,但仍得不到政府的扶持。二战之后,1949年颁布的《私立学校法》才规定:"从振兴教育的角度认为有必要时,可根据其他法律规定,给学校法人提供关于私立学校教育的必要补助"(第五十九条);1952年,进一步公布《私立学校振兴法》,组织私立学校振兴会,才规定了政府对私立学校的振兴应负的责任和财政补助。也就是说,日本从私立高等学校的出现到《私立学校振兴法》的出台经历近百年。而中国从民办高校的出现到第一部《促进法》的出台,不过20年左右,就要求立法硬性规定"必须"、"应当"而不是留有余地的"可以",恐怕难以为所有地方政府普遍接受。其实只要"可以",已经跨出一大步,有了争取资助的空间。

我之所以举这个例子,只是说明对《促进法》的规定,要从一定的时代背景与环境、民办教育的形势(日本私立高等教育已达70%以上)以及人们的认识过程出发,实事求是地进行评价。因为立法需要考虑合理性与可行性。

所以,我认为《促进法》是一部当时所能达到的较好的政策法规。因为它具有相对的合理性与可行性。例如:从法律上明确民办教育的性质:"民办教育事业属于公益性事业,是社会主义教育事业的组成部分"(第三条)。虽然同宪法修正案规定的"非公有制经济,是社会主义市场经济的重要组成部分"略有不同,但基本性质是一致的。

从法律上明确民办教育的法律地位:"民办学校与公办学校具有同等的法律地位"(第五条)、民办学校师生与公办学校师生具有同等的法律地位与权利(第二十七条、第三十一条、第三十三条)。

从法律上规定民办学校可以从政府获得专项基金、经费、税收、贷款、用地……的资助、优惠、支持（第四十四条、第四十五条、第四十八条、第五十条）。

从法律上比较具体地规定教育行政部门的管理、监督、指导的责任和权限以及法律责任，也规定了民办学校的法律责任（第六章、第九章）。

如此等等。正如人们所说的"从此有法可依了"。但是，有法可依不一定就是有法必依。法，正确运用，可以促进民办教育顺利地、健康地发展；法不运用，则形同具文；法不正确运用，还可能带来负面影响。

如何正确运用《促进法》？首先要统一认识。包括执法者与守法者（执法者也应当是守法者），都要解决对《促进法》的一些认识问题。例如：

立足于促进还是限制？民办教育法律未制定公布之前，民办教育界存在这样一种矛盾心理：既希望及早有法可依，以促进民办教育事业的顺利、健康发展；又担心时机尚不成熟，照搬《社会力量办学条例》，限制民办教育，尤其是民办高等教育的发展。《促进法》的命名，标明立法的主旨是"促进"，符合人们的期望。但作为法律条文，必然有许多限制性的条款。这就需要正确理解促进与限制的辩证关系：合理的限制就是保障，而保障就是促进。如果没有必要的限制，放任自流，办学条件、教育质量得不到保障，民办教育事业就难以发展。因此，管理部门，应从立法的主旨出发，对限制条款的执行，要立足于积极的保障、引导而不是持消极限制、防患的态度。这一点，在制定实施细则时尤其重要。如果立足于消极防患，势必一味在限制条款上强化、细化，使民办学校难以发挥其自主性与创造性。同时民办学校对有关限制性的条款，也应积极地遵守、合作，而不应持消极抵制、规避的态度。

立意于服务还是管理？高等学校是属于第三部门的公益事业单位而非属于第一部门的政府机构（除特殊的军队、干部学校外）。但公立高等学校的体制，一向被视为政府的附属单位，由政府直接管理。校长、处长、院长、系主任，按政府级别任命；如果校长是厅级，处长、院长就是处级，系主任就是科级（有的仍保留处级），如此，教研室主任便无级可排，这也是教研室不受重视而名存实亡的原因之一。专业设置、招生计划、编制指标，以行政命令下达。《高等教育法》所规定的高校自主权，只是作为政府的授权（即所谓"下放自主权"）而非高校自身本来就应有的权力与权利。这种管理体制，对公办高校来说，已是有悖于大学理念，不利于高教事业的发展。民办高校，是"国家机构以外的社会组织或者个人，利用非国家财政性经费，面向社会举办"的学校，应当有充分的自主权，才能体现它的特点，发挥它的优势。实施《促进法》，政府应当转变以行政命令为手段的直接管理职能为提供有利于促进的服务职能。当然，教育管理部门对民办高校具有管理的职责。但这种管理应当是"管理就是服务"的"管理"而不是传统意义上的管理。从传统的管理职能到现代的服务职能的转变，是一个艰难的过程，它又是能否真正落实《促进法》主旨的关键。

着眼于主流还是支流？民办高校，出现的时间虽不长，已经形成一支庞大的队伍，成为社会主义教育事业的重要组成部分。已有许多办得很好的院校，有的规模宏大，有的质量提升很快，有的毕业生就业率高于一般公办高校，有的管理效率很高。虽然这些崭露头角的民办高校为数还不多，但它们证实了一个有说服力的论点："民办高等学校是能够办得好的。"当然，大多数民办高校，在总体水平上，目前还不如公办高校，也确实存在一些资源不足、管理不善、难以维持、亟须整顿的民办高校，这些都是属于未经评审认可的学校。如果着眼于主流，看到的是民办高等教育的快速发展，使更多的青年能够上大学，有利于培养人才，提高经济实力，促进社会进步，全面建设小康社会；如果着眼于支流、逆流，则一定对许多不良现象感到困惑，忧心忡忡。对于不良现象，不能听之任之。但更重要的是看主流、看发展。发展是硬道理,在硬道理的前提下,根据《促进法》,对不良现象进行限制、整顿以至淘汰。

所以当时我提出了几点可供参考的意见:

其一,学校产权,力求明晰。《促进法》未公布之前,讨论的焦点在"合理回报"。对"合理回报"存疑的原因,主要是把"合理回报"与"营利目的"混淆起来,又将营利性与公益性对立起来。实则公益性与营利性并不是非此即彼的对立概念。公共交通事业、文化艺术事业、医疗卫生事业,都是第三部门的公益性事业,也都可以而且必须营利。一定的营利有利于公益事业的发展,何况"合理回报"与"营利目的",并不是同一层面的概念。现在,"合理回报"既写进法律,又从法律上退出,改为营利性民办高校。对于营利性民办高校的税负、用地,尚无配套的实施条例。许多民办高校,在观望之中。还需弄清楚的是尚未明晰的学校产权问题,具体说,是举办者投入资产的产权问题尚不明晰。对于原《促进法》的有关规定,有的认为"明确了回报,模糊了产权"。这句话有一定道理。公布前的原《促进法》讨论稿,曾按资产来源(国有资产、举办者投入资产、受赠财产及办学积累所形成的校产)划分财产所有权,由学校管理和使用,将财产所有权与管理、使用权分开,分别做出规定。正式公布的原《促进法》修改了按财产来源划分所有权的规定,只规定民办学校"享有法人财产权"(第三十六条)和保留了"所有资产由民办学校依法管理和使用,任何组织和个人不得侵占"(第三十七条)。因此,有人认为又"回到了《社会力量办学条例》第三十六条的框架中"。应该说,这一规定虽不如讨论稿直截了当,但比《社会力量办学条例》还是有所进步的。所留下的不明晰的"悬念",主要是关于"学校法人财产权"的理解。例如,学校法人财产权虽没有否定举办者对所投入的资产具有最终的财产所有权,但在民办学校存续期间,举办者所投入的资产有无财产所有权?能否转让或用于担保?如无明确的界定与明晰的规定,势必影响投资者的积极性。民办高校出现初期,大多是由离退休干部、教授个人或社会团体创办的。投资不多,因陋就简,采取滚动方式发展。时至今日,举办者大多是财力相当雄厚的企业、公司、教育集团,投入的资金,动辄以千万、亿万计,并且遵循市场法则营运。没有明确的产权保证,在学校存续期间,投资几乎等于资产冻结,难以吸收大量资金。

其二,收费价格,试行开放。民办学校的经费,主要依靠学生交费,这是中国当前普遍的现象。原《促进法》规定收取费用的项目和标准由学校制定,报有关部门批准(学历教育)或备案(其他教育)并公示。一般是由当地物价管理部门批准或备案的。据我所知,有的省市采取开放政策,一律由学校自定,只要备案、公示就行,并未发生人们所担心的高收费、乱收费问题。因为民办高等教育,一般说,不是垄断性行业。只要一个城市有两所以上民办高校,学费高低与办学质量挂钩,就可通过市场竞争求得收费的合理、平衡。这种做法,有利于民办学校在质量上、服务上、管理上提高水平而减少行政干预所产生的诸多问题。从理论上或从市场价格开放的经验上看,备案公示的做法是可行的。但是否会产生其他流弊,市场价格开放需要什么条件,还不清楚。现在营利性民办高校已经开放,让学校自定收费标准,让市场规律起控制作用。

以上所谈,基本上是《民办教育促进法》修订之前的情况与问题。2017年公布了新修订的《民办教育促进法》,将民办教育分为两大类:营利的与非营利的。以前营利性民办教育只存在于民办幼儿教育、各种各样短期非学历教育的培训班。现在学历教育的民办高校也可以营利,并且可以自定学生收费标准,但由于对营利性高校的税负、用地等问题没有配套措施,民办高校办学者心存观望;而非营利性民办高校,则由于校产过户问题,也踌躇不前。我认为营利性民办高校,也是公益性事业,在税负与用地上,应对人民的公益性事业有所优惠,而非营利性民办高校,其创办者、经营者的产权,应得到承认。

四、中国民办高等教育三阶段和第三条道路

中国民办高等教育发展大体上经历三个阶段,第一个阶段是初创阶段,第二个阶段是发展阶段,第三个阶段是未来的阶段。

第一个阶段,民办高等教育的举办者一般是以一些退休的老干部、老教授为主。在资本的投入方式上,其一,主要是投入人力资本。他们有热情和社会关系,想继续为社会做一点贡献,但是没有资金。开始时很多是组织一些培训班,然后再聘请一些退休的大学老师慢慢办起来。其二,通过收取学费逐渐发展,这就是我们所说的滚动式发展。初期阶段所碰到的理论问题是中国能不能发展民办高等教育、民办高等学校是姓"社"还是姓"资"的问题。这个问题一直到1992年邓小平南方谈话以后才基本解决,他指出不要再争论姓"资"、姓"社"的问题,提出了"发展是硬道理"的论断,因此,"走资本主义道路"不再成为反对民办高等教育发展的借口。我们民办高等教育研究者的压力也解除了。

第二个阶段,也就是现在的阶段,这是自20世纪90年代以来中国民办高等教育一个新的发展阶段,民办高等教育开始得到认可,得到越来越多的人承认,越来越多的学校也办起来。第二个阶段的举办者跟第一个阶段的举办者也有所不同。第一个阶段是一些退休的老干部、老教授空手滚动式发展起来;到了第二阶段,要举办民办高等教育就不可能两手空空发展起来,它必须有很好的校舍,必须符合

办学的要求,包括土地面积多少、建筑面积多少、生均仪器设备多少、生师比多少,等等。因此,第二个阶段办学主要是依靠个人或公司投入的资金来办学,没有资金是办不起来的。

第二个阶段所遇到的问题,也是大家谈论最多的投资者投入的资金是否有回报,合理回报是否是以营利为目的等等。

关于合理回报所带来的营利性与公益性矛盾的问题。《教育法》原来规定办学不得以营利为目的,教育是公益性的事业。公益性的事业能不能营利?这是当时的主要问题。许多人把营利性和公益性对立起来,认为教育是公益事业不得营利,如果营利就不是公益性事业。因此,反对营利,反对合理回报。大家都知道,原《民办教育促进法》是通过三次表决才最后通过的。当时许多人反对把"合理回报"写进《促进法》,因为与《教育法》规定的"举办者不得以营利为目的"不符。但是,从现实出发,没有合理回报就不能够集资或者不能大量集资,能够不求合理回报地把大笔资金投入的捐资办学的人并不多。办学需要大量集资,投资者必须求得合理回报,如果合理回报与公益性相抵触,违背《教育法》规定,不能写进《促进法》中,那么,民办教育就很难发展。

法律规定不得以营利为目的,但是法律并没有规定不得以营利为手段。事实上办学早就在营利,民办学校在营利,公办学校也在营利,而且营利很多,不过不叫营利而叫创收。之所以要创收,就因为创收可以更好地办公办学校。当时国家对公办高等学校经费的投入不足,大量的办学经费是通过各种方式、各条渠道筹集起来的,为了更好地办学,公办学校必须创收,创收可以更好地办公办学校。同样的道理,要办好民办学校就更要营利。公益是目的,营利是手段,以营利这个手段使得民办学校的经费比较充足,把公益性的高等教育事业办得更好。"合理回报"这一规定最后基本上通过了,但是通过并不等于完全认同。第二个阶段,要继续发展民办高等教育该怎么办呢?虽然合理回报已写进原《促进法》中,但是非常空洞非常抽象,至今已实行多年,但并没有太多的收效,少量的投资敢投,大量的投资不多,国外资金还不敢来中国投资民办高等教育,原因就在于还需要解决包括产权在内的许多现实问题。

第三个发展阶段,就是如何使高等教育进入资本市场。在当前中国的情况下,如果不能进入资本市场,发展民办高等教育所需的大量资金将会困难得多,不光是民办学校如此,公办学校也想尽办法进入资本市场。最典型的例子是大连的一所公办外国语学院,在公办体制下困难重重,后来转制为民办,给学校的发展注入了活力。目前学校面临继续扩大所需要的大批资金的问题。学校研究实行股份制介入资本市场的集资方案,这是前些年大连外语学院迅速发展的必由之路。但是有许多现实的困难:第一,教育的产权不明确。进入资本市场吸引资金,如果产权不明确投资者不愿冒着大风险来投资,尽管地方上已经有许多民办高等院校搞股份制,但是没有中央的正式文件。相反《民办教育促进法实施条例》规定民办学校不得向社会公开募集资金(第八条)。第二,还有一些具体的规定,比如贷款。像西安外事学院黄藤院长所提到的,他在银行贷款,要负2亿元贷款的责任,如果还不起是黄院长的责任,也就是说,银行贷款是交给学校的财产,而还贷则是个人的责任。在厦门大学召开过一次"高等教育与资本市场"会议,讨论和了解美国高等教育如何进入资本市场,还有其他发展中国家高等教育如何进入资本市场。中国也有进入资本市场的情况,但不是直接进入资本市场,而是要绕一个弯进去,就是要另外组织一个公司,以公司的名义进去。如果民办教育要继续发展下去,必将需要大量的资金,贷款是必然的。如果不允许营利,如何还呢?另外扩大再生产的资金从何而来呢?因此,营利(创收)是民办学校发展的必然。

高等教育被赋予推进国家富强和社会发展的使命。而中国当前处于高等教育大发展阶段,在此阶段,高等教育面临着一些世界性的共性问题,也面临着一些中国独有的问题,前者如高等教育质量问题、公平问题,后者如独立学院的举办和转制问题、民办高等教育分类管理问题。这些问题强烈要求应用理论进行指导,要求结合中国本土化情况进行解决,从而使高等教育发展更快地向前推进,而不至于受阻。此外,更为重要的是,中国的一些本土化问题的解决往往很难按教育理论的理想状态进行,因而强烈要求探索有针对性的应用策略。就此而言,也反映出一种格外强烈的应用性要求。例如,对于民办高等教育分类管理,"营利"与"非营利"的二分法在逻辑上是周延的,在西方发达国家也可以行得通,但是就中国实际情况看,由于特殊的国情以及相关政策不配套,目前就不能硬性要求民办高校在"营利"和"非营利"间作"选边站队",如果强制执行就可能打击民办高等教育的发展,不利于高等教育事业的整体发展,因此我们主张民办高等教育的发展和管理应该存在第三条道路,即将捐资举办的民办高校称作第一条道路;将营利性民办高校和投资举办但不要求取得回报的民办高校称作第二条道路;将要求取得合理回报但又不是营利性的民办高校称为第三条道路。之所以提出第三条道路这一命题,是基于中国民办高等教育产生的特殊背景和现阶段遇到的特殊问题,也是参考国外私立大学发展的经验提出的。第三条道路是一种特殊的民办高等教育发展模式,其本质在于:它是一种将教育的公益性与投资的营利性有机地统一起来的民办高等教育发展模式。既为公益性的教育事业争取到了必要的经费投入,又为资本投资营利找到了合适的事业领域。但这条道路并不平坦,因为它突破了教育不得以营利为目的的传统认识。它将不得营利的要求搁置起来,从促进中国高等教育事业发展的目的出发,支持了中国民办高等教育30余年的发展,建构了中国民办高等教育的主体部分,体现了"发展是硬道理"的改革逻辑。显然,如果死守举办教育事业不得以营利为目的的传统认识,中国民办高等教育就不可能有今天的局面。

但在如何对待第三条道路的问题上,有关政策一直犹疑不定,"犹抱琵琶半遮面",对第三条道路不是采取支持完善的态度,而是意图瓦解或分化,这就使得第三条道路走到了一个重要的十字路口。毫无疑问,是关闭还是完善第三条道路,将直接影响到中国民办高等教育的持续健康发展。推进民办高校分类管理不是目的,其真正的目的是为民办高等教育发展培育更好的土壤和生存空间,壮大民办高等教育的实力。中国民办高等教育今天的发展局面来之不易。改革开放以来,中国民办高等教育能够得到恢复发展,从其原始动力看,并不是政府所提出,而是民间的要求,也可以说是"市场"的要求。正是这种"市场"要求,使政府对民办高等教育的政策不得不逐步放开。尽管以投资办学为特征的发展模式与教育的公益性似有明显的相悖之处,但其产生的结果是积极的。据统计,到 2010 年,中国民办高校总数已达 676 所(含独立学院 323 所),招生人数为 146.74 万,在校生总人数为 476.69 万,其中,本科生为 280.99 万,专科生为 195.7 万。民办高校数占到全国普通高校总数的 28.66%,在校生人数占全国普通高校本专科生总数的 21.35%。此外,中国还有民办的非学历高等教育机构 836 所,各类注册学生 92.18 万人。试想,如果没有民办高等教育,中国高等教育不可能有今天的发展局面。但是,我们不得不指出,时至今日,在民办高校发展的问题上,依旧存在一些认识问题,尤其是关于第三条道路的认识问题,一直没有得到妥善的解决,从而使得中国民办高校的发展始终处于不确定之中。

  对民办高校的扶植近年来浙江搞得比较好,思想比较开放。福建原来较差,要求把投资改成捐资,可以照顾部分事业编制并给予一些资助。但是条件就是必须把你的投资捐出来,好几个亿啊,能说捐出来就捐出来?

  我们讨论营利不营利,第一,概念不要泛化。不是你经营了营利了,而是《教育法》(1995 年)里面写的"不得以营利为目的"的那个营利,公立学校也可以营利,不成问题,是以营利为手段不是目的,不是进了个人腰包,这个概念是特指的。第二,《教育法》(1995 年)说不得以营利为目的,就是不能进私人腰包,因此《民办教育促进法实施条例》里面有一条争论很久后才写上去，就是可以"取得合理回报"，这条写在什么地方？不是写在"民办学校的资产与财务管理"这一章，而是写在"扶持与奖励"这一章，合理回报是作为奖励，不是营利。有人说这一条要去掉，用简单的"二分法"，凡投资者要取得合理回报者，都要按税法收税。对于公益性的教育事业，按税法收税是不合理的；对于发展民办教育事业是不利的。邬大光教授认为中国民办教育能够在短时间办起来，主要是两条：收费和滚动办学，滚动办学在初期可以，因陋就简。现在不行了，一个人一分地，一个人多少图书，滚动不起来，只能靠投资办学。中国后期的民办学校都是投资办学。现在，新《教育法》取消"不得以营利为目的"这一条，新的《民办教育促进法》，把民办教育一分为二：营利的与非营利的，如果对营利的都按税法收税，谁敢办？这也是为什么中国民办教育一直没有起色的原因，照理来说应该发展得更快一些。

现在有些人认为，民办高校办起来是因为当时可以节省国家的投资，现在教育经费已达 GDP 的 4％以上，国家经费充足了，民办不如国家来办。他们没有看到另外很重要的一点，就是民办的自由度较大，而且民办的是要测算成本的，它要经营的，公办不懂经营，可以向政府去要钱。民办要经营，就要进行很多改革。民办高校不像公办高校有那么多部处，职工没有那么多。公办学校要改革很难，包袱太重了。现在已有许多民办高校办得很成功，质量较高，已经有五所民办高校可以授予硕士学位了，这可以冲击公办高校，竞争嘛。现在对许多民办幼儿园应当帮它们办好，给予扶持。但大学要这么做还不太容易。

21世纪以来，民办高等教育正在发展与分化之中。有的民办高校发展迅速，包括数量的增加与质量的提高；有的则办不下去，停办或被收购了。办得好的民办高校，并不是靠高收费（当然收费略高于公办高校，但没有国外私立、公立那样的收费差距），而是靠节约开支与提高效率。可能有人会说，现在的独立学院不是收费挺高的吗？

没错,独立学院是高收费的,但是如果独立学院再发展下去,离开了母体,没有母体的光环,仍然是高收费,也会面临生源不足问题。在厦门,独立学院学生每年收费(学费和宿费)约 2 万元。4 年 8 万元左右,加上 4 年的生活费,少说也得 12 万～15 万元。对于低收入家庭,是一笔难以承受的负担。所以现在有些独立学院,特别是地方公办本科院校所属独立学院已经生源不足了。因为收费太高了!现在应当大力支持真正的民办高校。这类民办高校一般来说收费比较低一些——虽然比公办学校收费高一些,但一般一年万元左右,不像独立学院要 2 万元左右。至于说到困难问题,现在民办高校最大的困难有两点。一是在现行的招生制度下,民办高校生源质量低、数量不足;二是产权不明晰,回报缺乏保障,筹集资金困难。吸收投资有一个前提条件,就是产权要明确。作为投资者,投到学校去的资金,在市场经济下,理所当然要获得回报。首先要保证产权仍是我的,其次要能获利。现在投资者的产权没保证。为什么说产权没保证?资金投进来以后就不能动,活钱就变成死钱了:你不能够抽回去,抽回去叫抽逃,资金不能抽逃;校舍不能抵押,我要投资盖房子,校舍不能到银行抵押,也不能转让;不能这个也不能那个,投资者的产权基本没有了。可以营利了,但税收、土地问题未解决,到现在还不清楚。可以营利,但人家不敢来投资。现在关键问题在于政策不配套。政策为什么不配套呢?还是观念问题。

  国务院 2005 年 5 月第三号文件强调,要引进非公有制的资金进入教育、科技、文化、体育、医疗各个事业领域。卫生医疗这方面很积极在做,但是教育这方面很少提及这个文件。为什么?因为老是有这样的思想,认为教育是公益事业,如果允许营利,就违反了公益性。这实际上还是公与私的对立思想。原来的《教育法》规定办学不得以营利为目的,对于公办教育是正确的。但民办教育的投资者以营利为手段行不行?原先说不以营利为目的,但众所周知,公办、民办,尤其是各种各样的非学历培训,都在营利。由于不承认产业化,不承认营利行为,对于营利行为缺乏规范,导致实际上存在大量不规范的营利行为,难以处理。

总之,高等教育大众化,必须发展民办高校;要发展民办高校就必须能够从社会筹集资金;要从社会筹集资金,就必须产权明确,包括合理的收益权。这就是为什么现在我们集中研究教育产权问题,包括研究高等教育怎么样进入资本市场的问题的原因。有人说研究这个问题很荒谬,教育是神圣的,神圣的教育讲什么资本市场啊。我们中国人一讲到钱就觉得庸俗不堪。但是,你要不要面对市场经济?你要不要受市场经济规律制约?你要受市场经济规律制约,你就不能够老是那么"清高"。不过,办教育的目的要明确,公益是目的,但在市场经济条件下,必须应用市场这个平台,加上一定的监督控制手段,来达到办好公共福利、公益事业的目的。

五、独立学院的转型定位

独立学院出现于 20 世纪末 21 世纪初,当时有些公办大学设有民办二级学院,主要集中在浙江和江苏两省。教育部考察后,认为这些学院可以利用公办大学丰富的教育资源,扩大招生,但应当同公办二级学院有所区别,因此,2003 年出台了一项政策——把这些学校改名为独立学院,成为公办大学中的民办独立学院,并给予政策上的优惠。正是得益于该项优惠政策,许多公办大学纷纷接办或增办民办独立学院。最近,国务院非常重视职业教育的发展,重视职业教育体系的建设,鼓励独立学院转型为应用技术大学,民办独立学院也因此享受到了第二次政策优惠,但是在享受政策优惠时也出现了许多问题,这些问题主要是定位和发展中的难题,21 世纪初出现的民办独立学院,历经两次转型,获得两次政策优惠的机遇,也面临两次定位和发展难题的挑战。

先讲第一次转型,2003年,国家出台了一项政策,要把公办大学中的民办二级学院转变成独立学院时,既有转型的又有新办的,这些独立学院的来源大体上有三类。

第一类是从公办大学已设的民办二级学院转型为独立学院。例如,宁波大学在20世纪90年代就办了一所民办科学技术学院,招生情况很好,办出了自己的特色。浙江、江苏都大约有20所这类民办二级学院改为民办独立学院。

第二类是从民办高职高专学校转型为依附于公办大学的独立学院。当时民办高职学校招生竞争很激烈,升本也非常难,于是就和公立大学协商作为独立学院,前提是每年必须交付相当于学费收入一定比例的管理费。比如,当时西安有许多民办高职学校,如翻译、外事、欧亚、西京、思源等等,它们都不愿依附于公立大学作为独立学院,当时只能招专科生;但是也有个别在发展上较困难的专科学校,以交管理费及其他作为条件,依附于某公立大学成为独立学院,第二年就可以开始招收本科生。

第三类是公办大学新建自办的"国有民办"独立学院。"国有民办"是我加上去的,虽然名字是民办独立学院,实际上是国有。比如厦门大学的嘉庚学院,集美大学的诚毅学院,但是独立学院必须是民办的,才可以合作,于是出资若干注册了一个公司,由大学和公司合作组建公立大学中新的独立学院,这样就可以享受优惠政策。当时的优惠政策是你不必申请升格就可以定位为本科层次,而许多民办学校都只能办专科层次的高职。民办高职升本到2000年才开始,黄河科技学院是全国第一所民办专升本学院,我当时就给黄河科技学院的胡大白校长发去贺电,我的贺电并不只是祝贺黄河科技学院,也是为中国民办高等教育祝贺的。之后西安好几所高职学校也都升本了,但大多花了很大的力气。2014年,福建有三所民办高职学校升本,其中一所已经顺利通过,还有两所仍处于只允许筹办阶段。深圳高职到现在还没能升本,该校开辟了另一条门径,和深圳大学合作,由深圳大学出面招本科生,然后由深圳高职负责培养,但是非常困难。正因如此,独立学院建制一开始就引起争议,争议什么呢?争议的焦点在于许多民办高职学校认为,我们(民办高职)办得很好,但是不能成为本科,而独立学院刚创办或一转制就升为本科。比如说,深圳高职是全国办得最好的高职学校,到现在始终还是专科层次的高职,而许多不如这所高职学校的民办独立学院一经转制就是本科民办学院。

作为独立学院依附于公办大学的主要理由是可以获得优质的教育资源,办好民办高等教育。比如江城学院作为中国地质大学的二级学院,由于中国地质大学是全国的名牌大学,民办江城学院可以分享地质大学的教育资源,不光享受资源,而且还获得一个"名标"。江城学院是中国地质大学的江城学院,嘉庚学院是厦门大学的嘉庚学院,武昌学院是华中科技大学的武昌学院(现在的武昌首义学院),如此等等。事实上还有一个很重要的好处就是高收费,它可以比一般民办高校加倍收费,许多独立学院的学费是每年1.5万~2万元甚至更多,而公办大学本科生学费为每年5000~6000元。为什么许多公办大学注册一个公司来合办一个独立学院呢?正是为了得到这一政策优惠,进而促进其快速发展。2003年刚公布有关举办民办独立学院决定,2004年就办起249所,2010年达到323所,占当年民办高校676所近一半,而在校生260万,占民办高校477万的一半以上。应该说,政策优惠对扩大民办高校事业的贡献是很大的。目前已有部分民办二级独立学院脱离公办大学,转为真正的独立院校了。但仍然有许多转不了,主要原因是公办大学为收管理费不让转。

民办独立学院在得到政策优惠的同时,也面临不少难题,包括定位和发展的难题。一方面,民办独立学院要享有公办大学的优质教育资源;另一方面,政策上又规定其不得与作为母体的公办大学同质化。例如,厦门大学是公办的"985"大学,是面向全国的研究型大学,而嘉庚学院必须面向地方、面向经济社会的生产和生活需要,专业设置应该是地方性、应用性的,不可完全像母体大学那样办成研究型大学,要确定不同类型的定位,开设不同层次的课程。既要依附于母体,又不允许颁发母体的学历证书,许多独立学院,开始时都发母体大学的证书,后来发的是自己的学历证书,但还是把母体大学的名牌冠在前面。

实际上,大多数民办二级独立学院与所依附的母体基本"同质化",母体大学开设什么专业,独立学院基本上开设什么专业,不过母体大学是一本生源,理论知识水平更高一些,独立学院是二本,水平低一点,但课程教材基本上差不多。中国地质大学的特色是地质,江城学院,也就是现在的武汉工程科技学院主要的特色也是地质,那么江城学院的地质和中国地质大学的地质是否一致?据我所知,许多民办二级独立学院同质化都很明显,都是按研究型大学模式培养研究型人才。同时,不让发母体大学的学历证书,但可以发母体大学的学位证书,为什么?因为学位不限在本校,可以到另一所大学去申请学位。比如,法国的大学校(专门学校)水平很高,但是只发学历证书,不颁学位,学生如果要拿博士学位可以到巴黎大学去申请;英国有许多大学学院是不能颁发学位证书的,如果要学位可以到伦敦大学申请。我国的《学位条例暂行实施办法》也规定:"非授予学士学位的高等学校,对达到学士学术水平的本科毕业生,应当……由学校就近向本系统、本地区的授予学士学位的高等学校推荐。授予学士学位的高等学校有关的系,对非授予学士学位的高等学校推荐的本科毕业生进行审查考核,认为符合本暂行办法第三条及有关规定的,可向学校学位评定委员会提名,列入学士学位获得者的名单。"也就是说,学位可以不受在读学校限制。在中国人心中,似乎学位比学历更重要,你有学历不一定有学位,学历到学位还有一定的距离。这在《学位条例暂行实施办法》中都已有明确的说明,不是所有有学历的人都有学位。总之,许多独立学院转型后走的还是原来母体大学的发展道路,这就为当前独立学院带来转型定位的难题。

当前面临的第二次转型是从非独立的民办二级独立学院转型为真正独立设置的民办本科,2008年,教育部要求所有民办独立学院逐步脱离母体,但到现在脱离母体独立设置的不多。最早是武昌学院独立出来。到2013年独立了31所,292所未独立。目前还有多少所暂不清楚。第二次转型鼓励独立设置的民办本科要办成应用技术本科,国务院《关于加快发展现代职业教育的决定》(以下简称《决定》),这个《决定》很长,其中第五条指出,"原则上……专科高等职业院校不升格为或并入本科高等学校……"。今后高职要升格恐怕就难上加难,为什么有这条呢?可能是吸取了台湾的教训。台湾允许技职专科升格成本科的技职学院,在短短的数年间,除了与高中层次的职业学校联系的五年制职业教育(称为五职专)外,都已升为本科技职学院和培养研究生的科技大学。职业教育体系的建设,不仅要有中职本科,还需要大量的专科,因此,要限制专科层次的高职升本,但对于已经是本科的高校,《决定》的第六条却提出:"引导一批普通本科高等学校向应用技术类型高等学校转型,重点举办本科职业教育。独立学院转设为独立设置高等学校时,鼓励其定位为应用技术类型高等学校。"对于高职专科不予以升格,而对于独立学院却鼓励其转型定位为应用型技术本科。第二次转型发展又得到不同于专科高职的政策优惠。这是一个两难的问题:让高职升本是顺理成章培养应用型职业技术人才的,但大量的新办本科院校和独立学院,如果不及时转为应用型技术高校,是没有出路的。

独立学院在第二次转型过程中,也会面临不少挑战:要从传统普通本科教育转型为应用技术本科教育,而应用技术本科教育在《决定》中属于职业教育体系的组成部分。中央六部门印发的《现代职业教育体系建设规划(2014—2020年)》规定,职业教育体系内部"系统构建从中职、专科、本科到专业学位研究生的培养体系"。明确了现代职业教育体系是这样一个体系:中等职业教育(中职)—专科职业教育（高职）—本科职业教育（应用技术本科）—专业学位研究生（专业硕士、专业博士）。现在大学招收的博士生已分为两种类型，一类是学术型博士，一类是专业型博士。过去职业教育到专科层次就断了，高职成为断头路，现在不单可以延升到本科，还可以延升到研究生，断头路变成升学通道。

理顺了职业教育体系，有利于培养技术技能型人才，但对独立学院是新的挑战，要解决系列难题。独立学院第二次转型定位和发展主要面临两个方面的阻力。一个是思想认识上的阻力，另一个是改革实务上的阻力。首先是思想认识上的阻力，既有来自社会、学校内部以及办学者自身传统思想的阻力，又有来自教育部门传统思想认识体现于管理政策条例上的阻力。

中国素有"重学轻术"、"重学术轻职业"的思想传统，而美国就不同，美国是一个实用主义的国家，中国和英国都属于传统思想很浓厚的国家，都存在这些问题，尤其是中国，历来认为学术是尊贵的，技术是次等的。为什么？士为四民之首，士农工商，士是老大，可以学而优则仕，因此，转型后要进入职业教育系统，思想阻力很大。"文革"之后的 20 世纪 80 年代，根据收费走读不包分配的要求，许多地方办起了有别于传统的专科教育，面向地方需要的两年或三年的高等教育，称为职业大学，最早的职业大学有金陵职业大学、江汉职业大学、成都职业大学、鹭江职业大学等等，因为办学成本低，又能解决一些贫困学生就地上学问题，所以发展很快，1988 年最多时达到 122 所。但是，受传统思想的影响，这些职业大学，除正式文件外，都自行把职业两个字删掉，校名简化成江汉大学、鹭江大学等等，课程设置也雷同于传统专科学校，也就是压缩型的传统本科。现在国务院的《决定》把应用技术本科归于职业教育系统，正是符合培养高级职业人才的要求，也符合经济社会转型发展对人才培养目标的要求。可是，在传统思想影响下，好像把学校归类于职业教育体系就降低学校地位了，这种无形的阻力扎根于部分社会人士和办学者的思想深处。

但是更大的阻力还是政策上的歧视,政策的歧视实际上是政策制定者思想阻力的体现,有哪些政策上的歧视呢?比如招生政策上的歧视。招生按分数的高低进行排列,一本二本三本,然后才是高职,这在政策上是歧视的,这种政策上的歧视也是来源于中国的传统思想。可喜的是,这一政策上的歧视正在改善中,现在有许多地方高职学校可以不参加统一招生,有的高职学校可以单独招生了。但是现在这种歧视的思想还是存在,有许多学生家长特别是中产阶层以上的家长,还是要让子女进本科,不愿意进高职。

还有收费政策上的歧视。现在本科是低收费,中职是免费,高职却是高收费。本科收费大概每年5000~6000元,高职收费每年要达到8000~9000元,以至10000元。民办还要高一些,独立学院更高,各个地方最近出台了中职政策,和义务教育一样免费,但是高职却是高收费。这个政策依据是什么?有历史的原因,1999年的扩招,首先是高职扩招,当时高职院校还很少,大多是设在大学里面的高职班,要求大学增加招收高职生,但是增招高职生要增加经费,当年增加经费不可能,只能给政策,给什么政策呢?高收费政策。理由是这些增招的高职生本来是进不了大学的,现在扩招了,允许进入大学的高职班,应该多交一些学费。这种政策措施在当时作为权宜之计情有可原,但是到现在,多年了仍然延续就不合理。为什么不合理的事情还在继续呢?因为教育管理部门对教育投资分配不均,全国的职业教育,包括中职高职的教育经费仅占全部教育经费的8%左右,而普通高校本科的生均经费是高职生的一倍。我们知道,拉一条现代生产线不一定比建一个实验室少花钱,可能花钱还更多,为什么培养一个高职生的拨款只是本科生的一半呢?前两年教育部规定培养一个普通本科生的教育经费不得少于1.2万元,但对于高职生的教育经费没有作硬性规定。可喜的是,2014年《决定》出台之后,有些地方高职教育经费已有较多的增长。

还有就业政策歧视。从公办事业单位到国有企业,在招聘过程中大多标明只招收本科及以上学历的毕业生,考公务员,也不要高职毕业生,希望这些政策措施也要改变。

解决思想认识上的问题更重要的是提高对职业教育——应用技术教育的社会功能与个体功能的认识。办教育是为了培养人,那么培养人的价值如何,对社会的贡献如何,这个认识是更重要的、更基本的,也就是提高其对国家经济社会转型发展和对个人成长发展具有重要意义的认识。

事实上每一种类型、层次的高校都需要,不能说本科重要,专科就不重要,不能说研究生教育重要,大家都去培养研究生。总而言之,职业技术教育培养应用技术技能型人才,世界上的发达国家或者发展中国家都得益于这些人才,中国正面临经济社会转型发展时期,十七大提出中国要从粗放型经济向集约型经济转变,从劳动密集型生产向技术密集型生产转变,不仅需要一批学术研究型人才,更需要数以亿计的高素质劳动者,也就是不同专业不同层次的高素质工程技术技能型人才,因此要从社会功能看转型的必要。

教育关注两个功能,一个是社会功能,一个是个体功能,教育通过培养个体为社会服务,而职业技术教育对个体功能也起到非常重要的作用。首先,有利于促进个体知识能力素质的全面发展,我们以前对职业教育有个误解,认为职业教育就是使个体掌握一技之长,后来慢慢认识到这个想法是不全面的,个体不光要有知识技能,不光是学一点技能就行,还应全面发展,需要进行全面的素质教育。据我所知,最早是广东顺德职业技术学院大力提倡要对学生开展素质教育,目前许多高职都提出要加强素质教育。因此,对个体来说,职业教育也是全面发展教育。其次,从就业来看,用人部门欢迎有实践能力的技术技能型人才,需要的是能干的人才。2014年人力资源和社会保障部的调查数据显示,各种技能等级岗位空缺与求职人员比率均大于1,其中,高级技师2.72>1,技师2.31>1,高级工程师2.13>1。新世纪研究院最近有个调查显示,高职院校毕业生在全国的就业率已经高于一般本科。因此,从社会就业导向来看,高职毕业生的需求更大,而且未来可能会持续提升。如果一般普通本科脱离实际,将来就业会愈加困难。再次,就升学来说,过去职业教育系统到了专科层次就断头了,除非是丢掉职业技术,补习理论知识,考进普通本科,不然的话就不能升学,现在断头路已畅通,可以从专科高职升上应用技术本科;又次,从升迁来看,高职毕业生凭借自身实力与贡献,在职位升迁与工资增长上具有优势。根据2014年麦可思的统计,创业人数最多的是职业院校的毕业生,而最少的是研究型大学的毕业生,约6%以上的高职生毕业后自己创业,而研究型大学毕业生只有2%左右。现在高职毕业生的工资一般略低于本科毕业生,麦可思的抽样统计,高职毕业生三年后的平均工资比三年前初任工资增加了一倍多,而本科毕业生就很难说。所以从工资增长来看高职毕业生也有显著优势。

转型定位明确后,在改革发展上的落实还需要解决一连串实务上的问题。如专业设置与课程教学的改革。专业设置要有所改变,课程设置也要有所改变,专业设置要面向地方的需要,不能再按照原来母体学校的专业设置专业,如果完全按照母体学校的专业设置专业,肯定是很难发展的。

专业改革还要落实到课程改革上,因为所有的教学都是围绕课程来进行。我曾带着学生去安徽专门研究这个问题,安徽有许多新办的高校,这些院校大多面向地方,面向应用,但是找不到适合应用的课程教材。在安徽省教育厅的牵头下,合肥学院等多所院校联合组织关于应用型课程教材的编写,专门研究课程怎么设置,教材怎么编写,后来我到一所设在六安的皖西学院调研,为什么要到这所学校去呢?因为该校负责编写应用型数学教材,而数学是系统性、逻辑性非常强的学科,很难编成应用型教材,如果应用数学教材编得好,其他学科教材也就较易解决。起初这所学校要办应用型工科和应用型财经管理专业,苦于找不到适用教材,只好找同济大学的数学教材,但也不完全符合,所以就只能自己编写。但是一所学校能力有限,于是就把全省各应用型高校优秀的数学教师聚集在一起,大家共同调查、研究、编写教材,在安徽省教育厅的领导下,以合肥学院为主编写了许多应用性教材。也就是说,进入实务性的转型改革,专业设置、课程教材就要进行改革,如果不改革课程教材,还是用传统的学术性很强的教材是不行的。现在很多大学使用的教材都是研究型大学的教授们编写出来的,他们所编的教材,学术水平也许很高,但是不一定符合应用技术院校的要求。

大学专业的设置,要根据地方经济社会转型和发展的需求,有计划地把脱胎于母体学校的专业,通过停办、增设、改造、合并,逐步改变成与地方产业链相互对接的专业链。比如,广西有一所高职院校,原来是农业高职院校,后来变成一所普通高职院校,这所学校的领导清楚地意识到农业是学校发展的根基,如果学校按照普通大学的发展思路,广泛地设置各个专业是很难有特色的。但当时学校已经增设了一些跟传统农业关系不是很密切的专业,怎么办?经过研究,学校决定应当坚持农业特色,但不是传统农业,而是现代农业,传统农业最重要的是种植业,而现代农业不光是种植,还有加工与经营。因此,要发展食品工业专业、加工工业专业,还要培养农业经营管理人才、农业信息技术人才,这样,就将专业培养目标与课程教学发展成与现代农业产业链对接的专业链。

接下来,还需注意以下几方面的改革。一是根据现代化社会生产和生活需要,调整专业课程,建立适应社会需求的动态课程调整机制。现在有的学校正在研究如何进行动态调整,使之既能与时俱进,又不至于频繁变动。二是适当减少课堂教学时数,增加现场教学活动时间。高职院校原本有个要求,就是课堂教学时间占一半,基地实训时间占一半。大部分学校现在课堂教学与基地实训的时间比是6:4左右,应用技术本科也需要减少课堂教学时间,增加基地实训时间。三是需采取多样化的教学方法,以加强技术技能培养,即使是现场教学时间也需要让学生集体活动与个别活动相结合,不能都是集体活动,少数人动手,其他人只看不做。四是要选择或补充应用知识与技术教材,不可能所有教材都靠自己编写,可以利用其他的教材,但需要不断补充一些应用知识。五是注重知识考查与技能考核并重,如果期末考试仍旧注重书面考查,技能培养就会被忽视。知识的考查是必需的,但同时要考核技能,包括现在培养的专业型研究生,尤其是博士生,不只是单纯考查论文的数量,还需要考核其实践能力。

另外还要提高产学结合度,进一步促进产学融合、校企合作。产学结合,须遵循以下几条原则。

一是根据教育性原则选择实训基地。选择基地需要考虑两方面因素,其一是必须考虑生产设备与技术现代化;其二是需要注重选择那些文化环境、职业道德良好的基地。也就是我们培养的学生不光要有技术技能,还要有职业道德,尤其是诚信的品质。

二是根据双赢原则,重视合作培养可持续发展。合作培养必须符合双赢原则,不能只考虑自己的利益或便利,还需考虑对方也有利益和可行性,只有互相换位思考才能实现可持续发展。现在许多企业不喜欢高校学生去实习实训,怕的就是把生产设备搞坏,或生产一些不合格次品。当学生开学以后去企业实训时,企业正是生产淡季;当学生返回学校参加考试时,企业可能正接到一批生产任务。也就是说,企业不需要的时候学生去了,企业需要的时候学生走了。当教育规律与生产规律发生矛盾的时候怎么办?应当换位思考,协商解决,不能只把方便留给自己,把困难推给对方。国务院的《决定》,强调如何争取行业企业与高校共同办学,共同培养适用人才,强调企业必须拿出职工工资的 1.5%~2.5% 作为培训费用。"文革"前有这个规定,现在重申这个规定,而且这部分费用是给予税前优惠的,如果这部分费用没有用到必须上交地方政府,由地方政府统一办职业教育。当然,《决定》的要求还要有具体的条例才能落实。

三是应用技术技能师资队伍的建设。学校的一切工作最后均需落实到教师,转型定位发展的成功与否取决于师资(包括管理干部)队伍的建设。首先,作为转型的学校,不能再沿用传统途径建设师资队伍——从研究型大学选聘或委培学术型研究生,以发表论文篇数和刊物作为晋升依据等等,专业教师队伍应当着重"双师型"的师资队伍建设。原来只在中职、高职提"双师型",现在应用技术本科也提"双师型",有人可能很反感,尤其是一些自以为知识丰富的教授们,听起来很不是滋味。但转型发展就需要有实践经验、实际技能的"双师型"教师。《决定》明确指出,转型的学校都应该培养"双师型"人才,尤其是专业教师队伍建设要着重培养"双师型"教师。所谓"双师型"并不否定拥有硕士学位、博士学位,但不能只有这张学历和学位证书,应该还有一张专业的职业资格证书,正如德国科技大学的教师不能只有毕业证书,还必须在与所从事的专业相关的单位有5年以上的实际工作经验,或者是管理干部,或者是工程师。今后我们的专业教师也应当具有两张证书——学历(学位)证书和专业(职业)证书。其次,专业教师和管理干部应同学生一起到实训基地参加实训,或在有关单位挂职;同时,在不影响本职工作的条件下,鼓励他们到有关单位兼职。再次,专业教师的考核不能只凭论文数量,可以以创新改革成果或新产品开发代替论文作为晋升的主要依据,还可以从对口单位聘请兼职教师,兼职教师任教情况应作为其业绩考核评分的重要内容(《决定》第十七条)。

  独立学院如何举办、如何发展才能使得这一高等教育体制改革的试办成功,才能更好达成扩充本科优质教育资源的良好初衷呢?

  政府和普通高校应严格遵守相关规定,在独立学院的审批上坚持宁缺毋滥。既然提出是将优质高等教育资源扩大,那么就应坚持"优质"这一条,不让一些质不优的独立学院利用政策优惠冲垮一般民办高校,又连带使母体学校遭受牵连。因此,在确认独立学院的过程中,一方面,应看独立学院所背靠的普通高校,即母体是否有足够的实力和资源来开办独立学院,确保优质。另一方面,也要看独立学院所在区域的经济发展水平和市场化程度是否可以保证独立学院的投资来源和民营机制。

  随着高等教育入学人数的不断增多,以及高等教育机构数量的扩大,高等教育生源市场将被细分。一方面,类型不同、能力各异的学生需要找到适合各自发展的不同的高等教育机构;另一方面,各类型、各层次的高校也应合理分工,寻找自己的生源市场。我们认为享有政策优惠的独立学院不应与生存艰难的一般民办院校争夺同一生源市场,而是应该在一个高起点上发展。国外的私立高校中有很多是世界级的名校,而中国的民办高校长期以来在一个较低的水平上挣扎,质量上同公办高校的差距相当大。如果独立学院的发展从一开始就能站在一个较高的平台上,其发展目标应当是,充分利用已获得的种种优势并借助母体学校的品牌来逐渐孵化、创建出自己的品牌,最终发展成为高质量的一流私立大学。

最后,从相对独立到完全独立。《高等教育法》规定,要采取多种形式积极发展高等教育事业(第六条)。积极发展高等教育事业是以采取多种形式为前提的。凡是有利于发展高等教育事业、促进高等教育大众化健康发展的办学形式,都应鼓励与支持。当独立学院在政策鼓励和母体学校庇护与哺育下成长壮大的时候,就应该允许它在不造成国有资产流失的条件下,从母体彻底分离出去,成为完全的独立学院。翅膀硬了,羽翼丰了,独立飞翔是进化的规律。作为母体的普通本科高校,应当为此感到高兴而不是惋惜与不满。

六、中国民办高校的机制优势

近年来,全国有一些民办本科院校已基本上完成了以规模扩张和校园建设为主的第一阶段的发展任务,开始向提高质量和注重内涵发展的第二个发展阶段转变。由于它们具有较多的办学自主权和灵活的办学机制,在办学模式的创新上,在内部管理体制的改革上,在对外合作办学的道路上,可能走在高等教育改革开放的前头。为什么呢?

第一,相对于公办高校它们有较大的办学自主权。民办高校因自身具有相对的独立性、自主性和灵活性,因而较少受行政化的制约,有较大的自主权。比起公办高校,民办高校在起步之初,不受政府重视,甚至不被政府认可,也就无政府的资助和相应办学条条框框的限制,从办学开始就必须面向社会需要才能生存、发展。同时,办学者有较多的办学自由,能自主地选择办学宗旨和目标,设置机构、使用经费,从而有较多独立决断和改革创新的余地,因而在办学实践中较易形成自己的特色和传统,以利于在激烈的竞争中得以生存和发展。在国外,私立大学的自主权更大。纵观世界上一些历史悠久的私立大学,相互之间少有共同之处,都有自己的特色和传统。可以说这些特色和传统的形成与私立大学自身的独立性、自主性和灵活性密不可分。

首先,在办学宗旨和目标上能独树一帜。以日本的"私学双雄"早稻田大学和庆应义塾为例,其培养目标就与当时的以培养政治精英和科学精英的帝国大学背道而驰,而是以培养中下层普通人员为己任。在办学模式上也不囿旧制,以美国的宾夕法尼亚大学为例,它首设科学课程,同时还是第一所开设历史、数学、农学、英语和现代语言等课程的美国大学,被誉为开创了现代美国教育新的高等教育学府模式。

其次,在经费的来源上,国外私立高校经费的主要来源是接受捐赠、收取学费以及学校自身的其他收入;中国的民办高校经费来源还有企业或私人投资。布鲁贝克曾论及:"完全的自治必然要求完全的经费独立",尽管"这种程度的独立是根本不可能的"。但是"私立学院和大学由于拥有自己的经费,仍然保持了广泛的自治"。首创对外国学生全额收学费的英国白金汉大学校长特伦斯·凯利也认为:"高等院校中的独立大学之所以运作良好,就是因为对学生的学费依赖提供了制度式的激励,积极满足学生的需要,而这种激励机制不必被

2009年潘懋元先生参加泉州理工职业学院新校区奠基仪式

来自政府的压力所阻碍。"另一方面,在经费的运用上,由于不同于政府举办、管理的公办高校,民办高校作为独立法人,其财产的所有权、支配权和使用权都属于学校,因而有着更为灵活和高效率的运用。

再次,人事制度上的用人权和分配权也比公办高校较为自主和高效。在用人方面,民办高校能较好地不拘一格选用人才,竭尽全力挖掘人才,并建立了竞争性和促进流动的制度。美国麻省理工学院的第九任校长康普顿为进一步提高理科系地位,上任后从哈佛请来了29岁的理论物理学家斯莱特任物理系主任;芝加哥大学校长威廉·哈珀则以超过一般教师两倍的薪酬从美国克拉克大学挖掘优秀师资。2011—2012学年来自美国国家教育统计中心的数据则更清楚地表明:在博士学位授予大学中,非营利性私立大学的不同职称系列教师的薪酬均高于公立大学(见表1)。

表1 2011—2012学年度美国四年制博士学位授予大学教师9个月薪酬统计表

单位:美元

大学类型 职称类型	公立博士授予大学			非营利私立博士授予大学		
职称	教授	副教授	助理教授	教授	副教授	助理教授
薪酬水平	114415	79642	68417	137016	87425	72542

至于竞争性的制度,最典型的就是聘任制的普遍应用。在麻省理工学院,干部实行任期聘任制,在竞争中施展才华;土耳其的比尔坎特大学,教职工也一律实行两年一签的合同制,双向选择,没有"铁饭碗";在中国,很多民办高校实行的也是全员聘任的制度。在促进流动方面,国内外民办(私立)高校显著的共同点是大量聘用兼职教师,既可降低成本,又能增强与外界的联系。如美国国家教育统计中心2003年统计数据表明:在各类型院校中,私立院校的兼职教师比例均明显高于公立院校。其中私立综合性院校兼职教师竟多于专任教师(见表2)。

表2 2003年美国国家教育统计中心兼职教师占比情况统计

单位:千人

项目	合计人数	研究型院校		博士授予院校		综合性院校	
		公立	私立	公立	私立	公立	私立
全职教师	681.8	162.1	63.5	51.3	21.7	107.3	41.4
兼职教师	530.0	39.7	23.2	20.8	15.4	60.3	53.5
兼职教师占比	43.74%	19.67%	26.76%	28.85%	41.51%	35.98%	56.38%

在中国,许多民办本科或专科院校,其兼职教师的比例多在30%左右,远高于公办、民办高校的平均数21.23%。民办高校的兼职教师主要来自其他高校或研究机构,近年来更多来自企事业单位。前者学术水平较高,后者有利于产学研沟通与合作,都能发挥其优势作用。

第二,相对于公办高校,办学者的利益相关度更高,作为主要核心成员,对学校的认同感、危机感也较强。民办高校的办学者对其所创办或主持的教育事业的利益相关度和共同事业中的主要核心成员的认同感、危机感之所以高于公办院校的领导管理层,首先,由于民办高校的办学者一般就是学校产权的主体,而公办高校的产权所有权属于国家,其所拥有的分配权、使用权有限,一般不存在收益权,也就是所谓的产权不明晰；而民办高校的产、权、利相对较为明晰，因而对于办学者及其主要核心成员的激励与约束作用更为明显。以近年升格的民办普通本科院校为例，有相当数量的高校已按照教育部的要求落实了法人财产权，明确了举办者对学校资产的投入数额。根据教育部公示的升本院校章程，我从中抽取了6所院校，对其资产来源的情况做了统计。从表3可见这些民办高校经过较长时间的发展，在其升格之际资产总额都已达数亿元之多，其中无论是个人举办者还是企业集团的举办者，对学校均有数以亿计的投入。由此可见，在巨大的经费投入纽带连接下，民办高校的发展命运与办学者和核心成员的利益确实是休戚相关。

表3 部分升格民办普通本科高校资产来源情况统计表　单位：万元

序号	院校名称（数据年份）	资产总额	净资产来源及金额	
1	潍坊K学院（2007）	79500	举办企业	23700
			学费收入	33700
			政府资助	13100
			院办企业	5900
			社会捐助及其他	1900
2	山东Y学院（2007）	43859	举办人	2000
			办学积累	41859
3	武汉D学院（2010）	77742	举办企业	19020
			办学积累	32318
4	大连K学院（2010）	62584	举办企业	37511
5	泉州X学院（2013）	65390	举办人及企业	53234
6	河北G学院（2013）	53181	举办人	30168

其次，就办学动机和意愿而言，民办高校的办学者和主要核心成员大多出于理想和抱负主动投身于该项教育事业，即使有营利动机的投资办学者，其主动性、积极性都很高，主要核心成员的参与意识也更强，成就感也更高。民办高校的创办过程，总是历经艰辛。30多年来，在中国坚持办学、卓有成就的民办高等院校，都有其感人的艰

辛历程；许多拔地而起的校舍和温馨的校园，其背后都凝聚着创办者及其团队的心血。办学者往往是怀着强烈的动机和美好的理想来创办高校，这种动机和理想既来自于对社会发展趋势和现实需要的积极回应，也来自于对大学理想的价值追求。许多民办（私立）大学董事长或校长，无不将办好大学作为个人毕生的事业，其个人生命同学校的成长融为一体。学校的声誉也是办学者及其团队的荣誉，学校的发展满足了办学者和主要核心群体的成就感。西安培华学院的创始人、老院长姜维之，晚年双目失明，仍坚持去办公室办公，以耳代眼，指点工作，接待我们这些来访者。西安翻译学院的创办者、老董事长、院长丁祖诒，坚持工作，倒在讲台上。

再次，就办学面临的危机感而言，民办高校办学者所承受的压力更大、更直接。民办高校是一个自筹经费、自负盈亏、自主办学的独立法人，没有强大的国有资产和行政权力作为后盾，相比公办高校面临更多的风险、更大的压力和更激烈的竞争。压力就是动力，竞争促使民办高校要适应社会需要，在满足家长和学生利益、提高质量、办出特色上取胜。国外的私立大学也是如此，有学者认为麻省理工学院的发展值得借鉴的最宝贵经验，就是它的成员在百年世界急剧变化、充满激烈竞争的环境下，在强烈的责任心、第一流意识、紧迫感和危机感的驱使下，敏锐洞察了工业社会和工程教育时代的特征和需求，并以顽强的奋斗精神努力使工程教育满足社会发展的需要，推动了社会的进步。这种奋斗精神又由学院的领导和教师传播给了历届学生和工作人员，使麻省理工学院确立了这样的信心：自己是开创未来的主人，美国的工业和技术将在他们的影响下改变面貌。

那么，民办高校机制优势在推动高等教育改革、发展、创新上有哪些表现？

一是精简管理机构，减少行政人员比例，提高工作效率。

精兵简政，是行政管理的重要原则，也是国家历来所大力提倡的。但在政府部门和企事业机构，收效甚微，公办高校也是如此。同公办高校相比,民办高校的管理机构,总是力求精简高效。一般而言,职工人员占比较少,尤其是中高层领导管理人员较少,一职多能,科室级别、部门分工不甚严格,层层请示与相互推诿的现象也较少,因而管理成本较低,管理效率较高。

据所统计的 2013 年全国民办高校 718 所,公办高校 1770 所(不包含成人高校和民办其他高等教育机构),民办高校职工占比远低于公办高校。民办高校教职工占比在校生数仅 7.15%,而公办高校高达 9.08%,尤其是民办高校职工占比为 2.10%,公办高校则达 3.26%,民办比公办占比少了三分之一以上。

当然,民办高校至今层次还较低,仅有个别高校培养研究生;而公办高校有相当一部分层次高,任务复杂,从而机构人员会较多,存在一定的不可比性。我们又在 F 省,选择层次、规模相当的民办与公办、本科与高职各三所,共 12 所高校进行对比,各自占比如表 4、表 5 所示。

表 4　F 省 2012 年度民办、公办本科院校行政人员占比表

民办本科简称M(升格时间)	在校生数/人	校本部教工数/人	行政人员数/人	行政人员占比校生数/(%)	行政人员占比校本部教工数/(%)	公办本科简称G(升格时间)	在校生数/人	校本部教工数/人	行政人员数/人	行政人员占比在校生数/(%)	行政人员占比教职工数/(%)
M1(1994)	9590	757	70	0.73	9.25	G1(2010)	7417	538	109	1.47	20.26
M2(2008)	12767	918	104	0.81	11.33	G2(2002)	13746	720	188	1.37	26.11
M3(2011)	8596	615	65	0.76	10.57	G3(2010)	12736	813	180	1.41	22.14
合计/平均	30953	2290	239	0.77	10.44	合计/平均	33899	2071	477	1.41	23.03

表5 F省2012年度民办、公办高职院校行政人员占比校本教工数比例一览表

民办高职简称MZ	在校生数/人	校本部教工数/人	行政人员数/人	行政人员占比在校生数/(%)	行政人员占比校本教工数/(%)	公办高职简称GZ	在校生数/人	校本部教工数/人	行政人员数/人	行政人员占比在校生数/(%)	行政占比教职工数/(%)
MZ1	5924	330	40	0.68	12.12	GZ1	5423	389	76	1.40	19.54
MZ2	5300	369	58	1.09	15.72	GZ2	5256	346	66	1.26	19.08
MZ3	4053	279	37	0.91	13.26	GZ3	3783	293	47	1.24	16.04
合计/平均	15277	978	135	0.88	13.80	合计/平均	14462	1028	189	1.31	18.39

从表4、表5可见,民办高校行政人员无论占比在校生数或教职工总数,都远低于公办高校。三所民办本科占比在校生数为0.77%,仅达三所相当的公办本科1.41%的一半多一点,其中民办MZ1对比与之相当的公办GZ1还不到一半,三所民办高职行政人员占比在校生数为0.88%,相比三所相当的公办高职的1.31%,约为3/5。至于行政人员占比教职工总数,也均显示民办高校的行政人员的占比远低于公办高校。尤其是在院校的高层领导上,公办高校由于行政化人事安排的需要,领导班子庞大;民办院校的领导并无行政级别,可以按需设岗,适者就位。例如,一所在校生达23000多人,在21世纪初升本并可颁发硕士研究生学位的民办高校,校级领导仅有5人;而另一所同期升本在校生为18000多人的公办本科高校,校级领导竟达13人之多。可见,在精兵简政、提高管理工作效率上,民办高校具有机制上的优势。

二是贴近社会办学,重视学生需要,促进学生就业。

对于民办高校,社会和学生的需要是其生存和发展的源泉,所以

中外很多民办（私立）高校都注重在办学形式、人才培养规格和内容上贴近社会，满足学生多样化的需求。如日本的私立高等教育，其办学层次多样，从综合性大学到两年制的短期大学；学科专业很多是直接面向人民生活服务的，如商业、保育、营养、看护、家政、庭院、陶瓷、观光旅游等等；办学形式有的直接附设在大学或者工厂企业中；实行学分制，学习方式灵活弹性等。中国当代的民办高校，是在市场经济的呼唤中如雨后春笋般发展壮大起来的，其面向社会办学、服务社会的意识更浓。如湖北开放职业学院的前身湖北函授大学，早在20世纪80年代初期就定位于专门为县城以下的老、少、边、穷地区提供高等教育服务，可谓是最早将高等教育延伸至农村的办学典范。又如浙江宁波的大红鹰学院，将其有关的专业定位于为当地中小型企业培养多面手的人才；福建泉州的仰恩大学，20世纪90年代初，顺应当时外向型企业急需外语与计算机人才的趋势，所有专业都加强外语与计算机培训，使毕业生受到社会普遍欢迎。再如在围绕市场需求设置专业方面，有诸多民办高校因敏锐捕捉了人才市场需求而成为特色优质办学的先行者。例如首批获得研究生培养资格的吉林华桥外国语学院，在全国率先开设英德、英日、英法、英西（班牙）等双语专业，推行"外语＋专业"、"专业＋外语"等应用型、复合型人才培养模式，得到了国家教育部的重视和支持，现已是国家级特色专业；又如被中国校友网评价为中国一流民办大学的湖南涉外经济学院，1999年在全国率先开设了高尔夫专业方向，并在此基础上成立了湖南高尔夫旅游职业学院；再如被称为"中医美容黄埔军校"的西安海棠职业学院，2005年首创国内第一个医疗美容技术（中医美容）专业，开国内中医美容应用型人才培养的先河，其培养的毕业生供不应求，并有相当数量毕业生成功创业。

民办高校必须招收足额学生，才能生存与发展。为了吸引学生就读，必须为学生提供全方位、高质量的服务，尽可能满足学生及其家长多样化的需要，尤其在生活与就业两方面。许多声誉好的民办高校,对学生的生活与管理,都有比较严格的要求,使学生逐渐形成良好的习惯,也使学生家长放心。如前述吉林华桥外国语学院,其办学理念之一就是"一切为了学生成人、成长和成功",并坚持"全员、全过程、全方位、全住宿"的教育管理模式,引导学生全面发展。在以就业为导向上,也有很多民办高校都做得较好。如黑龙江东方学院,是被教育部评为全国高校毕业生就业典型的民办本科高校,建立了"全程把关、全员参与、全方位服务"的毕业生就业工作机制;同全国20个省市人才市场和百余家企事业单位建立了稳定的供求合作关系,在北京、深圳等8个地区、17个城市建立了就业指导工作站;每年邀请各地用人单位召开校园或网上招聘会,为毕业生提供大量的就业岗位。又如2004—2009年连续五年毕业生就业率都保持在99%左右的北京吉利学院,不仅成功实践了独特的"311就业导向教育模式(集实用语文、实用英语、实用计算机三门必修基础课和以职业道德为一个核心于一体的教育体系)",大力实施"订单教育"和"双证书教育",还率先在全国高校中设立了额度为3000万元的高校大学生创业基金,是一所能充分发挥高校和企业集团结合优势,实现了按需培养、按需就业,多方联动、多方共赢的人才规模培养的特色高校。

三是对办学费用精打细算,对学校资产善于运营增值,提高效率与收益。

在办学经费的使用上,民办(私立)高校节约意识和风险意识更强,使用时精打细算。如近代张伯苓创办的南开大学,为减少不必要的开支,许多楼舍都是自己设计,图书馆的藏书封面也是工作人员自制,校长张伯苓自己的薪水仅相当于当时中学校长的薪水。同时在经费管理方面也严格规范,如针对经费保管、发放及稽核,南开大学规定:校款出入由校董事会稽核,并由助款机关按时来校稽核所助款项用途。20世纪80年代初期,大多民办高校都是在无经费、无校舍、无教师的"三无"基础上创办发展起来的,这些高校利用租借校舍、聘请兼职和退休教师、创办人及主要核心群体以低薪甚至是无薪等多种办法降低教育成本,依靠自我滚动发展壮大起来。不仅如此,为应对外部环境变化带来的风险,早期成立的一些高校还建立了储备金制度。如1993年创立的私立厦门华厦大学(现厦门华厦职业学院的前身),首任校长会计学教授常勋在办学之初就提取了150万元作为学校的风险金,持续提取至今已达千万元。即使在发达国家,许多资产丰足的私立大学,仍然运用了多样的方法来节约经费。如斯坦福大学的财务人员为应对现金支出短缺开发出了国内最为成熟的财务预测模型;布朗大学副校长理查德·雷蒙斯顿则通过推行伙食计划系统计算机化、取暖和降温系统计算机化、校友档案计算机化等降低了支出;还有通过实行课程教学、后勤服务等合同外包的方式节约开支。

在关于学校资产的管理方面,民办(私立)高校经营管理增值意识浓厚,善于对资产进行充分运营,获得丰厚收益。如日本的很多私立大学都通过经营旅馆、饭店,出租设备、场地等创收,如1990年早稻田大学利用学校条件的创收达88.2亿日元;美国的私立高校也注重运营资产增加收入,表6是美国2010—2011学年私立院校收入的统计表:其收入的25.85%来自于投资回报,7.14%来自附属企业,8.45%来自医院,三项合计占总收入的比重高达41.44%。

表6 美国私立非营利性院校2010—2011学年度总收入构成统计表(%)

合计	学费	联邦助学金	州助学金	当地助学金	私人捐赠及合同	投资收益	教育活动	附属企业	医院	其他
100	28.98	11.74	0.82	0.22	10.66	25.85	2.41	7.14	8.45	3.72

一项对中国近20所民办本科院校的调研也发现:民办高校资产经营性收益,最高的占到了总收益的31%,最低的也占到了17%;而对近30所公办高校的调研则发现,公办高校有形资产实验室的年均闲置率达67%;一般公共用房和教学用房的年均闲置率也分别达27%和32%,两者虽不可直接对比,但资产管理与运营的效率、效益

高低也可见一斑。

四是学校发展有长远规划,校本研究较易推行。

公办高校的党政领导实行任期制,重视任职期间的业绩与成就,即使设想了也完成不了长期的发展战略。所谓战略目标、战略步骤,往往流于形式,成为空洞的口号。而民办高校的创建者、办学者及其主要核心群体,将学校的发展视为自己的终身事业。制定规划,要考虑发展的可持续性。例如在西安、东北、山东、河南以及江西、浙江,那些卓有成就的民办高校,它们的创办者、办学者不但都把民办高校视为自己的终身事业,而且已经或正在培养他们的事业接班人。国外的私立高校也是如此。例如澳大利亚的私立邦德大学,它的创办人自创办开始,就明确要成为世界著名的独立大学,在发展战略上,不急于求大求全,而是保持小型大学、小班教学、优质教学,关注学生成长,摒弃管理部门的商业化运作模式,力求在教学和科研上保持一流。作为澳大利亚第一所私立院校,经过20年的一贯努力,成为澳大利亚唯一在"教育经验"和"毕业生成果"的分类评估中获得五星级评价的大学,在全国排名也高居第二。这样的成就显然得益于私立邦德大学的领导者坚持其长期的战略决策和行动。

由于民办(私立)高校具有相对的独立自主性与机动灵活性,相对于公办高校,行政上的干预较少,传统的条条框框限制就少。因此,校本研究所提出的建议、方案等等,较易推行。近代高教史上许多西方先进的教育理念、制度,如男女同校、选科制、导师制等等,往往首先出现在私立高校:广东光华医学院首创男女同校;上海大同大学早在1912年就实行了选科制;大夏大学则在1929年率先为本科四年级和高等师范二年级学生配备了21名导师,指导学生修业与择业。在当代高等教育改革发展中,许多教育制度的改革和创新的措施,如在招生就业制度上,民办高校早在20世纪80年代初就开始面向市场,自主招生;不包分配,推荐就业;在经费筹措制度上,民办高校有的很早就建立基金会,推行股份制,进行产业运营;在内部管理体制方面,民办高校则在精简机构、推行聘任制、推进现代法人治理结构建设方面,走在了公办高校前头。例如齐齐哈尔工程学院的前身黑龙江东亚学院——齐齐哈尔职业学院,实行过许多适应办学需要的试验,如家庭宿舍、专业建设法人化、毕业后流动站、委托管理等等。学院成立了院校研究室,专门研究学院的办学体制、管理体系和运行机制,为学院领导决策提供论证和可行性的分析。它们的许多创新改革,有的只在一定时期起作用,有的至今仍坚持践行,对学院的发展、提高起了重要作用。

一方面,民办高校将以特有的体制和机制优势,给公办高校带来实实在在的冲击,促使公办高校打破僵化体制,加快改革步伐;另一方面,它们也完全有可能超越部分公办高校,跻身于中国名牌大学的行列。今后,随着人们思想观念的转变、民办高校自身质量的提高、内外部环境及政策的成熟,中国的民办高等教育必将以活力与稳健兼具的姿态,拥有一个美好的发展前景。

第六章

教学改革是核心

  一些教育管理部门和学校领导,把主要力量用在各种各样的体制改革上,认为体制理顺了,才可能腾出手来抓教学改革。这种思维方式的问题在于,忽视了教育改革的根本目的是提高人才培养的质量,一切增加投入、改革体制,最终都必须落实到提高人才培养的质量上,才能收到实效;也就是说,都应当围绕教学改革这个核心运转,否则就会走偏方向。也就是今天所提出来的要从"外延式"发展转换为"内涵式"发展。

——题记

一、"关键"与"核心"的关系

  关于中国的高等教育改革,有三句战略指导性的话:增加投入是前提,体制改革是关键,教学改革是核心。这第三句就清楚地说明了教学改革在中国高等教育改革中的地位。在高等教育改革中,教学这一核心的改革是比较滞后的。许多大学虽然引进了一些国外的教学模式,采取了一些课程结构、教学内容、教学方法以及教学管理的改革措施,但总体成效不大,进展不快。一些教育管理部门和学校领导,把主要力量用在各种各样的体制改革上,认为体制理顺了,才可能腾出手来抓教学改革。这种思维方式的问题在于,忽视了教育改革的根本目的是提高人才培养的质量,一切增加投入、改革体制,最终都必须落实到提高人才培养的质量上,才能收到实效;也就是说,都应当围绕教学改革这个核心运转,否则就会走偏方向。也就是今天所提出来的要从"外延式"发展转换为"内涵式"发展。所以,我认为,必须认识"关键"与"核心"的辩证关系。"关键"要抓,"核心"也要抓,而且两手都要硬。但长期以来,教学这一核心的改革是比较滞后的。

为什么作为教育改革核心的教学改革反而滞后呢? 原因可能是:①对于"关键"与"核心"的关系认识不全面;②教学改革比其他方面的改革难度更大——更难操作,见效也较缓慢。先解决关键问题,再探索核心问题,似乎是顺理成章的思维方式。但是,如果换一种思维方式:教育改革的目的是什么? 是提高人才培养的质量。如果对教学如何改革,质量如何提高,心中无数,方向不明,则所谓体制改革,可能有利于提高人才培养的质量,也可能与人才培养的质量无关,还可能不利于提高人才培养质量。近20年的体制改革,这些情况都存在。有的所谓改革,是以降低人才培养的质量、降低高校的学术水平为代价的。因此,我认为必须认识"关键"与"核心"的辩证关系。"关键"要抓,"核心"更要抓,而且两手都要硬。回顾新中国成立初期的教育改革,并不是先抓体制改革,而是于1950年就抓课程改革。即使于1952年开始抓院系调整时,也是"院系调整,教学改革"两句话并提,两方面同时抓的。在搞院系调整的体制改革的同时,发动教师们制订教学计划、编写教学大纲与教材、学习与运用新的教学方法、建立教学研究组织。"文化大革命"后,小平同志抓教育工作,1977年抓招生体制的整顿的同时,就抓教学计划的重新制订与统编教材,先理科、后文科。

1994年,也就是第三次全国高教工作会议之后不久,国家教委采取若干教学改革的措施,比如1994年制订的"高等教育面向21世纪教学内容和课程体系改革计划",我认为它的重要意义在于明确:①教学改革是教育改革的核心,而教学内容和课程体系的改革是教学改革的核心,这一措施抓住了核心的核心。②教学改革不同于体制改革,必须发动千百万教学第一线的教师在各自的学科上动手,教育管理部门只能发动、领导、支持与管理,不能代替。当时这一计划实施的直接参加者有一万多人,加上后来立项的高师教学内容和课程体系改革的参加者数千名,各省市、各高校按此自行立项的就更多。这是符合教学改革特点的。

1995年提出加强大学生文化(人文)素质教育的决定,并组织了52所大学开展试点工作,更多的高校也在试行。我认为这项措施的重要意义在于具体贯彻全面发展教育方针,符合世界高等教育改革大趋势,并且有利于弘扬中华传统文化的精华,转变为可持续发展的教育发展观。

教育价值观、教育质量观、教育发展观的转变,只是就一般而言。根据每所大学的特殊情况,还应针对不同的群体,着重不同的教育观念的转变。如对教师来说,应当着重转变传统的教师观与学生观,即转变单纯的知识传授为教书育人、为人师表的教师观。"经师易得,人师难求。"要转变经师为人师,还要转变将学生只是作为被动接受教育的客体的学生观为学生是参与教育过程的主体的学生观。

二、必须加强教学改革的研究

高等教育的教学理论,需要进行两个方面的研究:一是高等学校教学论自身的学科建设,一是市场经济条件下教学改革的理论研究。前者属于基础理论研究,后者属于应用研究。这两方面的研究都很薄弱。

高等学校教学论研究之所以薄弱,其原因是:第一,它比普通学校教学论的研究起步晚。高等教育的教学理论,作为一门学科进行比较系统的研究,世界上是从 20 世纪 60 年代开始,而中国则是 80 年代才开始,因而它相比普通学校的教学论较不成熟。第二,它比普通学校教学论复杂。一方面,它既要与普通学校的教学理论衔接,又具有专业性、职业性。它所传授的是建立在普通教育基础上的专门知识与技能,它所培养的人才要直接进入经济和社会的各个部门。另一方面,高等学校专业众多,学科专深,单靠教育理论家,无法进行研究。必须以各门学科的教师、专家为主力,会同高等教育学、青年心理学、高教教学法专家,协作研究。

高等教育由于具有专业性、职业性,因而与市场经济有密切关系。但这方面的研究至今很薄弱,其原因是:第一,作为教育改革重要的理论依据的社会主义市场经济理论尚不成熟。对于社会主义市场经济要求高等教育培养什么样的人才,市场经济与教学改革的接口在哪里,高等学校心中无数。同时,高等学校教学活动的制约因素,并不只是市场经济体制,一些并非市场经济所要求的措施,人们往往都给戴上"市场经济"的帽子,造成理论上的混乱。第二,市场经济对高等教育的制约,在宏观方面已有初步的探索,可以作为体制改革的依据。但在微观方面,如专业设置、课程结构、教材内容、能力培养上,有哪些要求?如何接口?研究不多。因此,在专业设置上,只能根据人才市场的短期信息,争相设置所谓"热门"专业,很少预测市场变化的趋势及其将导致的后果;在课程结构上,只能增开一些与市场经济直接联系的"热门"课程,很少考虑课程结构的整体要求;在教材内容上只能照搬国外同类科目的教材,很少结合中国的国情;在能力培养上,往往受一些肤浅或错误的见解所左右,很少深入研究社会主义市场经济所要求的人才全面素质。

高等教育同普通教育的区别,主要在于教学。因为高等教育是建立在普通教育基础上的专业性教育,它的培养对象是身心基本成熟,又具有普通文化知识,受过基本思维训练,有一定社会经验的青年人。从而,教学目标、教学过程、教学内容、教学形式与方法,不能照搬以普通学校教育为研究对象的普通教育学所论述的理论与方法。

在迎接新技术革命的挑战、建设社会主义现代化的过程中,高等教育面临大改革。高等教育的改革,有宏观、微观两个方面。宏观改革,指体系、结构、调控与管理等等;微观改革,指思想政治教育、课程教材、方法手段等等。一切宏观方面的改革,最终要体现为微观方面的改革,才能收到教育改革的效益。而近年来,高等教育改革的研究,宏观方面讨论得较多,这是必要的;微观方面,除思想政治工作外,教学改革问题,相对来说,讨论得较少。即使有所讨论,也多是经验性的总结或国外教学情况的介绍。对于高等学校教育原理的研究,如高等学校教学过程的特点与本质、大学课程论、大学教学方法论等基本理论的探讨,还未充分引起重视,已经出版的教学论的论著,仍然是以普通学校教学作为研究对象的理论。这些理论,对于高等学校改革,虽有一般的指导意义,但缺乏针对性。因此,探讨高等学校教学理论,对当前教育改革具有现实意义,对丰富与发展高等教育理论,也有深远意义。

教学改革中的传统,主要包括三方面内容:第一是西方的传统教育思想,第二是中国古代的传统教育思想,第三是新中国成立前后我们自己积累的经验所形成的教育思想影响。不论是哪种传统教育,不论是从内容还是倾向看,传统教育都是既有合理的因素,又有不合理的东西,既有与现代化不相适应的思想,又有可以为今所用的文化财富。那种认为一提现代化,就得抛弃一切传统教育的想法,是虚无主义的,不符合事物发展的规律。教育史证明,对待传统教育采取虚无主义的态度,无不导致教育质量的下降。苏联大革命初期的统一劳动学校如此,中国的"文化大革命"以及之前的教育革命也是如此。这些教训,使我们认识到,教育的改革是新质代替旧质的质变过程,必须按照理论联系实际的原则,在辩证唯物主义和历史唯物主义的思想指导下,实事求是地分清传统教育的精华与糟粕,对它们进行扬弃。为此,在教学改革中,要辩证地处理好教学过程中的以下几对关系。

一是知识与智能的关系。只重视传授知识不重视发展智能,是传统教育的主要倾向之一。目前,提倡和研究发展学生智能,已经成为世界各国教学改革的中心课题。但是,在教学中,一味地重智能轻知识也不对。知识和智能原本是不可分的。学生的智能,要在掌握知识的基础上才能得到发展。因此,在教学过程中,教师既要做好知识的传承工作,又要重视培养和发展学生的智能,而不是要求教师轻视知识的传授,走向另一个极端。

二是专才与通才的关系。我们可以看出,一个现代化的专门人才在素质上应做到专才与通才的统一,在通的基础上有所专,有所专而又能融会贯通。而不是像某些通识教育的提倡者所认为的那样,只要通而不求专。在教学改革中,要实现专才教育与通才教育的结合,就必须根据现代化专门人才的最优化知识结构与智能结构,来改革我们的教学内容、教学方法和教学制度。

三是教师主导与学生主体的关系。在教学过程中,教师怎样发挥主导作用呢?首先,应当解决教学的方向性问题,在大学阶段,大学教师不应再像中小学教师那样,规定学生学习的细节,而应该着重于指点方向、指示重点、指导自学,更多在"道而弗牵,强而弗抑,开而弗达"上下功夫。教师应根据教育方针、培养目标、教学计划认真负责地引导学生,真正负起"导"的责任来;其次,教师还要努力提高自己的思想水平和业务水平,增强教学能力。因为,学生从不知到知,从知之较少到知之较多的过程,主要应在教师有计划的影响下完成。教师的博学多才,往往使学生广闻多见,而教师若才疏学浅,就不能完成引导的责任。

传统的教学方法是灌输式教学,把学生视为教育活动的被动服从者,很难培养学生的创新意识和创新能力。目前的教学方法改革有两个基本出发点:启发性和多样性。启发性就是转变传统教学中重教轻学的偏向,通过教师的循循善诱,来发挥学生的主动作用;多样性就是在教学过程中,把各种教学方法结合起来使用。课堂讲授仍是大学教学的重要方法。但作为教师,还要积极关注了解国内外先进的教学方法。我在《高等教育学讲座》中,除了讲"课堂教授"如何运用之外,还介绍过发现法、问题教学、案例教学、自学指导法等国外的先进教学方法。

我们厦门大学教育研究院就曾经发挥集体的智慧,从实践中总结出"学习－研究－教学"三结合的教学方法。这是一种导师在一门研究生课程的教学中,通过精心的组织与安排,引导研究生在课程学习过程中把学习、科学研究与教学实践活动三者有机地结合起来,富有成效地完成课程任务的教学方法。具体地说,就是在学习阶段,导师会根据教学大纲,把课程内容分成若干专题,自己讲解本门课程最基本、最主要的理论,同时提出各个专题中有争议的问题以及解决问题的思路,并指定参考书目,让学生找有关的专业书籍学习;在研究阶段,由每一位学生选择1~2个专题有计划地进行研究,在研究中,可以和导师、同学交换意见,然后,把自己的研究成果写成教学提纲或讲稿;在教学阶段,学生就所分配的专题讲课,每个专题约讲一小时左右,其他同学对报告的内容、观点、教学方法等进行评议、补充或质疑,开展课堂讨论;最后导师总结,对观点进行把关和进行方法论的指导。

从20世纪末以来,信息化的时代特征越来越明显。教学的实质是信息的传递。传统的教学过程,是教师和学生以教材为载体的信息传递过程,这种传统的教学过程具有由教师到学生的单向性特征。从20世纪三四十年代开始产生了电化教育,它已经促使教材组织、教学方式和方法起了某些变革。它促进了教学效率的提高,但并没有改变传统教学过程的基本结构。

从20世纪七八十年代以来,社会发展出现了信息化的特征和模式,借助于以光纤技术和多媒体为标志的电子信息网络化传输,教学的个别化、个性化、自主性逐渐成为可能。例如,在课程编制上,课程的多样化、综合化、积木化和模块式趋势,使得学生自主选择与自行编制课程计划成为轻而易举的事;在教材组织上,一门课程的教材,可能有若干种组织方式,可供学生选择最合适的方式学习;而信息传输的瞬时性和国际化,又使得最新的科学成果、教育信息资源,可瞬时扩散传播,供愿意索取者随时共享受益,大学生可以远距离跨地区、跨国家选修课程。信息化时代的到来,也使得传统教学面临许多新的难题。比如说,在知识的海洋和信息的狂潮中,教师如何指导大学生学习?在个别化教学过程中,如何对大学生进行德育尤其是集体主义的群育?这些问题都需要我们研究者去研究。

中华人民共和国成立初期我是厦门大学教务处的教育学研究科科长,又做过教务处长,后来又担任了主管教学工作的副校长,长时间在教育管理理论与实践中穿梭感悟。我想在大学教学管理制度方面的改革主要应从内在与外在的关系方面考虑改革,构建内外结合的教学质量保障体制,主要有两点:一个是修正学分制。学年制和学分制,既是两种不同的教学制度,也反映着不同的教学模式。从产生的时间看,学年制比学分制历史更为久远。19世纪前的高等学校都实行学年制。而19世纪中叶以后,美国有人主张在高等学校允许学生有一定的选择课程的自由,并将这一想法在一些高校付诸实践,这就是所谓的"选科制"。这一制度后来经哈佛大学积极推行并参照欧洲已出现的以学分为计量单位,便产生了以学分计算学习量的新的教学管理制度,即学分制。

中华人民共和国成立前,中国的高等学校几乎都是以美国为样板,因而采用的多是学分制。不过有学年的限制,可以称之为学年学分制。中华人民共和国成立后,1952年院系调整,学习苏联经验,中国的高等学校普遍采用学年制的教学管理模式。这种传统的教学管理模式虽然具有整齐划一、统一管理、培养成本较低等优点,但也存在培养规格单一、不能适应学生的个别差异、难以调动学生学习主动性、过于刚性化等的缺陷。因此,改革开放以后,许多高等学校又开始采用学分制的教学管理模式。但是,在实践中,学分制也暴露出一些局限性:它只能反映学生学习的数量与最基本的质量,导致一些学生盲目追求所选课程的数量,忽视了质量的要求。所以,为了克服学分制难以监控学生学习质量这一缺点,产生了绩点制。所谓绩点,就是把不同的考试成绩反映在学分中的一种计算方法,它的计算原则是,成绩越好,绩点越多。

另一个是构建内外结合的教学质量保障体制。质量代表着学校的品牌和形象。20世纪末以来,中国高等教育大众化的进程导致了高等教育机构的分化,大量教学型大学、教学研究型大学的出现,改变了传统大学精英教育的定位。这些以教学为主要职能的大学,越来越重视自身教学质量的提高和教学质量保障体制的建设。但是在教学质量保障体制的建设中,多数学校却侧重于按照教育部本科教学水平评估的指标和要求去定位,忽视了自身内在的保障。所以,我曾经说过,如果我们只是追求通过教学质量评估而忽视了自身内在的保障的话,那就是舍本逐末。在质量保障中,最基本的保障是师资队伍的建设,而师资队伍的建设最重要的不是引进人才,而是立足于对已有师资的培养。因此,高校必须建立良好的教师发展制度。从内涵上看,高校教师发展主要包括学术水平的提高、教师职业知识和技能的发展以及师德修养的提高等方面。为有效促进高校教师的专业发展,应建立起较完善的高校教师发展制度。高校既要注重向西方国家借鉴和学习,也必须重视实际情况,加强对新教师的培训,改革培训的方式方法,充分发挥院校在教师发展中的组织主体作用,采用多种方式来调动教师自我发展的积极性。

三、创新、创新人才与创新、创业教育

对创新有两种误解。一是把创新看成就是创造、发明,认为创新是科学家的事,高不可攀。因而创新教育只是研究型大学、研究生教育的任务,同一般高等教育,尤其是高职教育无关。一般高等学校,只要学好现有知识就行;高职院校学生,只要按一定的程序和方法,规规矩矩地做事、干活就行。二是认为创新就是敢想敢干,敢于否定一切,敢于大胆设想。前一种误解使大量的一般院校和高职院校认为创新教育不是自己的事;后一种误解误导学生不刻苦学习,不脚踏实地做事做人。

教育,培养出诺贝尔奖的获得者,固然是创新教育的成功;培养出各条战线、各种行业上能够提出新点子、采用新方法、开发新产品的技术人才、管理人才、服务人才,同样是创新教育的成功,而且可能是更有效、更广泛的成功。我们重视科学家的发明创造,同样重视每位专家、每位工人在岗位上有所发现、有所创造。

创新,需要敢想敢干,敢于怀疑,敢于批判,敢于提出前人所未提出的设想。这是对的,也是可贵的。但只对了一半。如果缺乏科学

知识，缺乏实事求是的思想，敢想敢干，就只能是胡思乱想；付诸行动，不但无效，而且可能起消极甚至破坏的作用。

下面是一个可供参考的简单的创新公式：

创新＝科学规律＋想象力＋实践检验

或　创新＝求同思维＋求异思维＋实践检验

懂得科学规律，缺乏想象力，不可能创新；有丰富的想象力而不认真刻苦地读书，只能胡思乱想；即使偶然想出了一个好点子，也往往难以自力完成。这正是许多教育水平不高的技术工人在技术改革上常遇到的苦恼。也就是，要求异，先要求同。只有在求同的基础上才能求异，只有踩在前人的肩膀上才能攀登科学的高峰。即使是科幻小说、电影的创作，也不能没有一定的科学依据。

同时，任何事物的创新，都要通过实践的检验，才能成立，否则只是一种"假设"。

有人认为对学生进行创新教育就是开设几门有关创新的课程。现在许多学校开展创新教育也就是开几次创新讲座或开几门创新课程。开几门课或几个讲座是不是进行创新教育呢？当然是。但以为这就完成了创新教育的任务，则是把创新教育简单化了。通过课程或讲座，只是把别人的创新理念、方法告诉学生，学生如果学了创新课程——照做，恐怕还是创不了新，培养不出创新精神和创新能力。因为学生只会按部就班，按规定和程序办事，不能提高他们的想象力、增强他们的求异思维，还会增加学生的学习负担。

创新教育最重要的是创新环境的形成和创业基地的建设。譬如说，构建良好的学术环境和学术氛围，让学生自觉不自觉地为追求学术价值，去思考存在的问题和研究新问题。如果没有这样的环境，学生很难有创新的动力。有些学校已经建立了创业教育基地，这是一件很好的事情。教育部曾指定清华大学、上海交通大学、南京财经学院、黑龙江大学、中国人民大学、北京航空航天大学、西安交通大学、武汉大学、西北工业大学等9所大学为创业教育基地，其实不止这几所。据我所知,创业教育平台做得比较好的也不一定是这些大学。比如,我曾经去看过的桂林电子科技大学,该校的创业教育平台就搞得很好,大连的东软学院把创业平台就设在自己的软件园中,效果显著。创业教育很复杂,要取得成功有很多条件,不可能完全在学校里完成。首先,要有创业的精神。大学可以鼓励学生加强创新精神的培养,但在创业知识能力方面,学校只能做到一半。无论有创业教育平台也好,还是有创业教育基地也好,学校都只能做到一半,另一半还要靠学生到学校外面的创业实践中去摸爬滚打才能完成。创业经验也要在创业过程中自己体验,现在学校传授的创业经验非常受欢迎,觉得别人的经验很好,但就是学不来。其次,创业需要机遇。有创业精神、创新能力、创业经验,但是没有机遇也是白搭,而这种机遇往往不是学校能提供给学生的。20世纪90年代,为鼓励大学生创业,让银行给学生创业贷款(当然是小额的贷款),后来银行不干了,原因在于学生创业的成功率很低。可见,学校应该看到自己能做些什么,不能什么都包下来,毕竟学校不是万能的。另外,很多地方在开展"挑战杯"创业大赛,这对于学生创新精神与创新能力的培养有一定的作用,但也不能估计过高。据我所知,有些比赛成果的评价很好,但没有人要,转化不成生产力;倒是有些大家不是很重视的比赛成果,却有人要买专利。当然,这种情况不多。

  拔尖创新人才应该具有什么样的基本素质?各种各样的创新人才各不相同,比如,自然科学家、诺贝尔奖获得者、企业家、工程师、大国工匠、艺术家,都是不同的,要定一个普遍标准很难。"创"是自己有所"创",当然创业离不开原来的基础,有一句话叫做"踩在前人的肩膀上",就是踩在别人的肩膀上攀登高峰。创新就是"求异","求异"先要"求同",在这个基础上面才能创新。具体怎么创新?有各种各样的情况,各种各样的人,不同的领域还有不同的要求。我讲一下自己的经验。我小的时候就模仿《儿童世界》《小朋友》这些当时流行的儿童刊物编故事,中学的时候在地方报纸的副刊上发表过一些东西。我年轻的时候爱好文学,主要是文学批评,偶然也写几篇短篇小说。但是我后来感觉到我不能在这方面发展,为什么呢?文学需要很高的情商、艺术感受能力以及丰富的感情生活,而不是太过理智的、有逻辑的。我的逻辑思维能力比较强,艺术感不强,因此我认为文学可以作为自己的爱好,但是我在文学上很难有所发展,更不可能有所成就。到了大学的时候就自知成不了文学家,更成不了诗人。你说一个逻辑思维能力强的人要成为一个文学家可能吗?马克思是懂西方文学艺术的,在他的论著中也常引用文学、戏剧、诗歌等,但他没有说过想要向文学方面发展,因为他要通过严密的抽象逻辑思维构建概念、范畴和理论体系,搞科学理论。

如果一个人没有某方面的兴趣爱好,往往很难成功;只有兴趣爱好而没有相应的条件与环境,也不可以。所以应该重视兴趣爱好,但是不能只凭兴趣爱好。现在很多年轻人考大学,进哪一个专业,从理论上来说,应该尽可能地根据他的兴趣爱好来选择。有兴趣爱好才有可能发展,但是不等于他有这个兴趣爱好将来就一定能够在这个方面有重要建树,现在很多人学艺术,考艺术院校,这里面还有很多是因为父母赶时髦的,但是孩子不一定有这方面的天赋,所以这些因素都是相对而言的,单纯某一个因素很难说就是成才的决定因素。

三十多年来,中国先后实施过"少年班"、"基地班"、"拔尖计划"等多个培养拔尖人才的人才工程。这些人才工程选拔优异本科生的模式基本上是考试分数加非智力因素的测试、面试等,其中考试分数对于是否录取起决定作用。这些人才工程实施以来,出现了一大批优秀人才。不过一个无法回避的事实是,截至目前,理科基地毕业生中较少出现具有国际影响力的高端科学家和拔尖科学家。现在中国拔尖创新人才的选拔,以"拔尖计划"为例,选拔的学生要么是高考的高分学生,要么是在高考之后在大学里通过考试、面试等方式二次选拔产生出来的,但在整个选拔过程中,考试成绩始终是最重要的。这个选拔机制有一定的道理,但是还不够充分。人才是各种各样的,高考的选拔只是知识选拔，而很难选拔能力。即使是知识选拔，也主要是选拔记忆力。当然，现在高考也有一些考题是应用性的，注重对实际问题的解决能力，但终究是在一个脱离实际的环境里进行测试的。所以，能力是否很强，不一定能够体现出来。因此，不能说考试分数高的人就一定是拔尖人才，考试分数高的学生有可能对研究的兴趣不大、创新意识缺乏、学术潜力不足。人才选拔的另一个关键因素就是报考动机，是为了一纸文凭还是真正追求高深学问？这很重要，对学生以后的发展也很重要。

影响人成才的因素有很多。我讲一个例子。20世纪美国心理学家推孟(Lewis M. Terman)做过一项著名实验，对1000多名高智商儿童进行30年的追踪研究，得出什么结论呢？成功需要一定的智力基础，也就是智商高。但是到了一定的智力水平之上，成功就不取决于他的智力基础。成功人士的共性是：首先就是有很强的自信心；还有知识面比较宽广，能融会贯通和包容；除此之外还有环境因素。现在有一种说法是"第十名现象"，成功的人士在班级里面排名大概第十名左右，不管是大学班级也好，中小学班级也好。我给学生家长作报告的时候就说，千万不要去要求你的小孩子一定得考到100分，这样的孩子将来不灵活，很难有大的出息，当然了，学习太差也不行。成功者一般是学生时代成绩在中间偏上的人，他既重视学习又不会一天到晚死记硬背。这是我的看法，不一定正确。现在的新闻喜欢炒作高考状元，只是迎合一般人的心理，其实历来状元的考试文章很难流传下来，因为缺乏生命力、创造力。

除了一般的高智商人才之外，还有一些所谓的偏才。现在高校的自主招生，就是为了照顾这些人才。对这一类人的选拔，最好没有任何框框条条，现在很多东西一搞条条框框就很难说了。被称为偏才、怪才的人，不同于一般的各方面很全面的人，他们是别的不行就是这个厉害，如果事先有许多条条框框，也就是事先让他进不来。真正是偏才的人要有自己的自由发展空间。现在我们鼓励创新、创业，也设置了不少奖金,等等,事实上按照框框来说,一般的人才也许可以选拔出来,但是真正特殊的天才呢?

选拔的起点应该从什么时候开始?我对这个问题有疑问。我们有过这方面的失败经验。有一个时期,我主持过大学的工作,上面常常要我们开列拔尖人才培养名单,根据什么条件,选列10人、20人或更多的名单,每人加发多少奖励金,常常不了了之。我认为不需要搞太多框框条条,当伯乐的,并不是根据什么框框条条,而是独具慧眼。发现了崭露头角的人,就给他营造较好的环境,不要过度干预他,如果需要什么条件,就尽可能给他一些条件,有时,几句中肯的话也是重要的促进成才的动力,而不是今年要选拔10个人,明年要选拔20个人。要让他较为自由地发展,要以他为主,而不是以我为主,应该让他们自主发展。如何培养禀赋优异的拔尖本科生?这是一个至今还有争论的问题。目前流行的有"放养说"和"圈养说"。"放养"是分散式培养,表现为入选学生与其他学生之间没有明确的界限,从而避免了将学生"圈养"后思维固化、不思进取以及因有入选学生不适应而无法退出的问题,充分发挥了学生的主观能动性。"圈养"是集中式培养,表现为组建专门学院或设立专门试验班,将拔尖学生集中起来进行培养。有专家认为这样做存在一定的必要性,在国家处于经济转型时期时,通过开办精英班的方式,能够集中力量培养少量杰出人才。

对拔尖创新人才的培养关键是让他自由发展,尽可能给他所需要的条件。创新拔尖人才一定要在具有宽厚的理论基础上在某方面有所专。人才的成功最终还是得靠自己,学校和导师只能提供一些必要的条件,比如说良好的学术氛围、必要的图书资料等。拔尖创新人才的培养工作不一定都由重点大学来完成,研究型重点大学的主要任务是培养学术人才,其经费、设备,尤其是学术氛围较好,有其有利的环境。大众化的教育机构主要是培养高素质的应用型人才,但不等于就不能培养拔尖创新人才。各个层次、不同类型的学校要有不同的发展定位,关键在于具有自身的特色,像中华人民共和国成立前的立信会专、上海商专、杭州艺专等,只是专科层次,不也是一流的学校吗?不也培养出了大批优秀人才、成功人士吗?所以是不是一流,不是由学校的层次类型来决定的,而是看培养出来的人才质量到底如何。

是否有必要单独成立一个学院来培养优秀人才?过去很多地方有写作班、作家班、艺术班,像这类特殊培训,大家聚在一起,相互碰撞发出火花,的确出了许多艺术人才。但是把考试分数高的学生放在一起,不一定都能成为优秀人才。看我们培养出来的人是不是优秀人才,要在他毕业若干年后才能显示出来。我们有的大学不太重视培养人才,因为不是毕业之后就马上知道他是行还是不行,而是需要时隔数年,它的见效很慢,这个因素也造成一些急功近利的人不重视教学。科研成果产出时间相对较短,一个科研项目经过一段时间攻关努力,成果出来了,论文也很快做出来了,在短期内可以产出看得见的效益,所以人们比较重视科研而轻视教学,因为教学成果若干年之后才能见效。办学者必须有眼光,要考虑建立长效的机制。校长都是任期制,几年一任,但是几年就能出人才?几年就能有人才培养质量的效果?对于任期制的领导来说,有时候不重视培养出人才,只重视科研出成果。

创新创业教育不同于传统的应试教育的理念和模式,也并不以培养企业家为导向,而是一种以传播理论知识为辅、营造文化氛围为主的综合教育。创新创业教育以理论探讨、实践探索为主要内容,以教师和学生共同参与为实现形式。从某种程度上来说,创新创业教育是一种动态的场域,或者说是不同文化主体相互作用、相互影响的过程。具体来说,创新创业教育融合了学生的校园生活体系与社会生活体系、教师的知识传授与实践学习、高校的教学科研成果与社会服务意识等。从场域的形成条件来看,创新创业教育环境的搭建为学生的创新创业创造了基本条件,开展的创新创业主题活动激发了大学生创新创业的意识,团队合作与交流的经历培育了大学生创新创业能力,塑造了大学生的人格。

在创新创业教育如火如荼地开展之时,准确地把握其本质和内涵是理论和现实需要解决的问题。从经济发展的角度来看,在知识经济时代,科学技术日益发达,发明创造日新月异,这样一个大变革的时代呼唤创新创业型人才,助力产业结构调整、经济发展方式转变。从文化创新的角度来看,现代商品社会、信息高科技扰乱了传统文明的发展节奏,功利主义、快餐文化、山寨文化等对传统文化造成了一定程度的冲击和影响。"大众创业、万众创新"则形成一种新的社会思潮,激发了人们对优秀传统文化以及国外优秀文化的甄选和吸收。从教育发展的角度来看,我们认为,创新创业不是少数人的专利,也不是普通人的妄想,而是受教育个人改变命运、追求卓越的一种方式。由此,创新创业教育是一种面向所有学生、面向未来的教育思想,根本出发点是培养学生的事业心、创造与创业精神。

中国高校创新创业教育的产生根源于中国社会经济发展的现实需要,其发展和演变形成了具有中国特色的价值内涵。相比于国外比较成熟的理念、体系和发展模式,中国高校创新创业教育具有很大的发展空间。

◆ (一) 高校创新创业教育需要百折不挠,而不是一曝十寒

如何推动高校创新创业教育的可持续发展,需要从两方面着手解决。一方面,转变思想观念,充分理解并重视高校创新创业教育的价值内涵,确立"以人为本"的理念,把培育大学生的创新精神、提升大学生的创业能力作为推动高校创新创业教育的主要推动力;另一方面,实行制度建构,高校创新创业教育是一种理论结合实践的人才培养模式,建立高校创新创业教育的人才培养体系需要制度化的保障,强化模式的可持续性发展。

◆ (二) 高校创新创业教育需要鞭辟入里,而不是浅尝辄止

对高校创新创业教育概念的认识程度直接影响到其开展的效果。20世纪90年代,创业教育作为舶来品进入中国,2010年教育部正式使用创新创业教育这一概念,直到现在,很多学者仍在关注创新创业教育的内涵。因为只有明确创新创业教育的内涵,才能更好地指导高校创新创业教育系列活动的开展,更好地提升人才培养的质量和水平。

理论研究与实践探索的过程中,出现过创新创业教育的"倾向论"、"整体论"等现象,主要表现为片面地、表面地认识和理解创新创业教育,没有能够揭示创新创业教育的本质。创新创业教育应该落脚于人的培养,具体来说,应该通过全面深化改革传统的教育教学模式,确立以培养学生创新创业意识、精神和能力为根本宗旨的教育理念和模式。

◆ (三) 高校创新创业教育需要多方联动,而不是单枪匹马

推进并落实高校创新创业教育相关项目和活动并不是学校单方面可以完成的,因为它是一项涉及多方面主体的复杂系统工程,包括教育教学理念、教育模式、管理体制的改革,社会氛围、社会文化的建立,政府政策和导向的改变等各个方面。因此,各个管理系统之间应该协调、沟通以及合作,形成一种合力,尝试突破现有的教育培养制度与框架,探索能够适应中国人才培养和社会发展需要的创新创业教育培养模式。其一,政府需要进一步强化支持的力度,加大财政拨款和政策倾斜;其二,学校需要积极探索高校创新创业教育多样化、个性化的实施模式,提升人才的质量,适应社会发展的要求;其三,应该加强企业与高校的合作和交流,提供相应的平台和机会,服务学生的创新创业。

四、现代信息科技与"互联网+教育"

教学实质上是信息传递,传统的教学过程就是教师与学生以教材为载体传递、接受信息的双边互动过程。互动有种种不同的方式,有讲授、讨论、答疑、实验、实习等,但最常见的是信息由教师传递、学生接受,学生接受信息后,把它转化为自身的知识和技能,也就是平时所说的消化、吸收,但总体来说是教师把信息传递给学生,学生接受信息。一个是传递信息,一个是接受信息,表现为一种单向的信息传递过程。

20世纪中叶以来,电化教育手段进入学校,学校的教学内容、教材组织、教学方式方法发生了相应的变革。比如,教材的某些部分改用电影展示,部分内容用幻灯、录像等代替教师的讲课,代替实物的观察,甚至代替学生的参观。另外,还有用计算机来辅助教学,代替部分实习、操作,如现代的模拟教学等,这主要在医学教学和军事教学上用得比较多。但总体来说,变革是局部的、小范围的,不是总体的、大范围的。不可否认,它对提高教学效率是有好处的。不过,它并没有改变教学过程的基本结构,教学依然还是教师和学生的双边互动过程,只不过是用幻灯、录像等部分地代替了教材,用电脑来辅助教学。

然而,当网络课程进入高等学校教学过程、信息技术引入教学时,信息技术不再只是课堂教学的辅助了。比如说,传统教材变成网络课程的课件(课件与教材不是一码事),把传统的师生双边互动变成学生自学的活动。那么,是不是原来的传统教学过程被否定了呢?

传统的教学过程是师生双边互动的过程,信息技术的引进,以教材为中介传递知识的模式发生改变,教学过程已不是师生借助教材来传递信息的双边互动,而是学生借助课件的自学活动。这种新的教学过程的模式应该是什么样的呢?1996年,我在一篇文章中就提到,21世纪的高等教育可能会发生几个大的变化,其中之一就是信息高速公路开进大学课堂。不过,当时我也说不清大学课堂会发生怎样的变化,但预测如果会引发重大变化的话,那么我们整个教育学的教学论可能要重新改写。

教学手段变化,必然会导致教学过程、教学模式发生变化。在没有纸笔的时候,教学过程是什么样的?到曲阜的"六艺城"去看看就知道了,孔子当时是怎么上课的?孔子上课时坐在石头上,学生有的坐、有的站,有的静听、有的提问题。没有笔记本,只是耳听心记。有了笔和纸以后,教学过程就发展变化了;尤其有了印刷术以后,就有了更大的变化,可以班级授课了。随着信息技术的引进,教学过程、教学模式也会发生大的变化,有的课程,可以远距离学习;有的教学,可以在网络上进行。"互联网+教育"将是一场21世纪教育与教学的疾风暴雨式的变革,现在只是开端,究竟将有哪些变化还未可知。正如《国家中长期教育改革和发展规划纲要(2010—2020年)》所指出:"信息技术对教育发展具有革命性影响,必须予以高度重视。"

信息技术的使用不仅可以突破传统的教学过程、教学模式,甚至在教学管理上也会发生相应的变化。在信息技术没有引进以前,有许多教育家就提出了许多新的教学理念,如教学应该个性化、个别化,学生应该自主学习等。然而,在班级授课的前提下,教学要做到这些是很难的。单一而统一的班级授课,虽可照顾大多数学生,但要照顾到每一个人是非常难的。所以,我在提教学原则时,最后一条就是班级授课下的因材施教,即在班级授课下,尽可能地照顾不同的对象,而不可能对每一个学生因材施教。比如,在课程编制上,实行多样化、综合化、模块化等,这些做起来都相当难。信息技术进入大学之后，这些就变得轻而易举了。

第一，学生自己不但可以自主选择网络课程，而且可以自主选编自己要学习的课件。这在以前是不可能的。学生对某门课程，有些内容已经掌握了，不必学了，有些内容比较生疏，需要着重学习。每个学生学习情况不同，自由选择在以前不容易实现，但是用信息技术、用网络课程可以做到。

第二，一门课程可以有多种组织方式。比如，有的课程是从抽象到具体，有的课程是从具体到抽象，同一门课程可以做一个课件从抽象到具体，也可以另做一个课件从具体到抽象。中国的课程大多是从抽象到具体的，即先下一个定义，再来解说这个定义，然后再举例子论证，有的还指导如何应用。外国有很多课程是从具体到抽象的，即先举例子或案例，再归纳出抽象的结论。那么，学生究竟愿意从抽象到具体来掌握知识，还是愿意从具体到抽象来掌握知识，学生可以根据自身的特点自主选择。为此，我们可以制作两种课件，甚至三种、四种、多种课件，提供给学生自主选择。

第三，信息传递在网络课程上具有瞬时性，能够把最新的科技进展、科研成果和最新信息马上展示出来。而且这种展示不光在一个地方，可以同时在各个不同的地方展示，让许多学生共享。这与传统不同，传统的教科书从编写到出版往往要花好几年，如果只用两年还不错，再快也得一年以上。教科书要经过编写、审查、印刷、发行，要花很长时间，所以教科书里的内容许多是过时的东西。在瞬息万变的情况下，通过传统教材是难以掌握最新东西的。而现在网络课程的瞬时性可以解决这个问题，可以让许多学生在最短的时间内享受最新的科学知识。

第四，信息技术引进高等教育可以促进高等教育国际化。大学生可跨地区去读书，跨国家去选课。中国加入WTO之后，虽未承诺跨地区、跨国家选修课程，但跨地区、跨国家选课迟早总要开放的，事实上也已经存在了。

过去，教育家对教学过程的许多理想，因为当时的条件限制，没能够实现，如"程序教学法"对适应个性的自学设计很好，但在信息科技时代之前不可能实现。现在，随着信息技术的发展可以很容易地得以实现。但是，也出现了许多质疑乃至反对的声音：有的认为基于互联网的在线学习存在着难以克服的弊端，不应盲目乐观；有的认为碎片化的学习方式导致学生学习不系统，学生最终会沦为信息的搜索者；有的认为学生学习网络课程时，自主学习和自我控制能力较差，加上缺乏必要的师生互动和有效的监督、管理机制，导致学习完成率低，学习效果不佳。总的来说，"互联网＋教育"将对大学生的学习带来四个方面的挑战。

一是个性化学习质量难以保障。个性化学习是学习者根据个人的学习兴趣、需求和意愿自主决定学习策略和进度的一种学习方式。尽管个性化学习理念备受推崇，但基于互联网的个性化学习要求教育者在设计和提供个性化的学习场景之前，必须准确把握学习者的既有水平和个性特征，以保障学习的灵活与高效。显然，这需要教师投入更多的时间和精力。不仅如此，目前针对大学生个性化学习的评估标准和模式亦尚未建立，个性化教学的实际效果如何难以定论。

二是复杂性思维教学难以实现。当前，面对愈加复杂的现实世界，我们迫切需要具备能够识别、理解和解决复杂现实问题的能力。尽管互联网作为一种技术可以有效解决不少现实问题，但是计算机自身作为一种复杂性系统，存在多样性和复杂性。操作计算机需要一种高阶思维技能，作为使用者的个体必须具备复杂的、跨学科的思维能力。同时，大多数学科在人才培养方案中要求学生习得复杂性思维，包括抽象概括能力、系统性思维和批判思维，只依托互联网平台尚难以实现预期目标。

三是在线学习成果认证依旧艰难。尽管基于互联网的非正式学习有效弥补了传统教育的不足，但非正式学习自身也备受争议。其中，最大的问题就是非正式学习的学习成果的认证。例如，作为高度分权的国家,美国同样要对高等教育实施有效监管,但是,在诸如在线学习认证、各州远程学习授权规定和联邦财政援助资格等方面仍偏向于传统高校,因为未建立或未完善基于网络的非正式学习的监管和认可机制。在中国,如何将网络课程有效融入高校人才培养体系,实现网络课程与高校课程"等价交换",还需要解决一系列的实际问题。

四是网络资源可能沦为"数字废墟"。21世纪以来,中国政府和高校围绕教育信息化进行了有效探索,动员大量的人力和财力,以项目或工程的形式,建设了大量的网络课程资源,包括学习专题网站、网络课程、精品课程、教学视频库、开放在线课程等。然而,由于既有的网络课程建设遵循"自上而下"的逻辑,缺乏对学习者真实需求的认知,缺乏科学、系统的设计,致使利用效率低下、使用效果不佳,网络资源难免沦为"数字废墟"。

此外,在"互联网＋教育"时代,我们还要谨防大学生在信息超载时代陷入信息迷航的困局。面对海量信息,由于缺乏及时反思与理性甄别,学习者最终只能成为信息检索者。显然,信息超载会对大学生在线学习带来负面影响,引发学习者的信息焦虑和信息迷航,甚至对大学生的心理和生理产生负面影响。

新的信息无孔不入,作为与互联网朝夕相处的新一代大学生,他们的学习生活已无法规避互联网带来的影响,他们也在信息时代的裹挟下成长,这是不可逆的趋势。我们必须直面这一新的形势,探索和实施"互联网＋教育"战略。这是个极其复杂的教育创新工程,更是复杂的社会变革工程。针对大学生在线学习的未来趋势来构建相应的保障机制,应从以下几个方面着手。

第一,注重虚实结合。从慕课以及其他网络教学的实践经验看,网络上的学习必须同学校里的教学,特别是课堂教学相结合,才能收到较好的效果。广播电视大学的经验就是如此。如果学生的学习只是收视、收听,很难达到预期的学习效果。因此,各地的广播电视站,都要求学生在一定的时间到站上课,有的干脆像全日制高校一样,为学生提供宿舍、图书馆、实验室等等。慕课要能让学生坚持学习、收到实效,也要同课堂教学相结合。要让学生走进校园,还要有一定的制度保障,让"学生"遵守一定的课堂秩序,才能切实收效而不至于"虎头蛇尾"。翻转课堂之所以从慕课中脱颖而出,并成为一种被广泛接受的教学方式,也就是能把课堂外的学习和课堂上的师生互动、生生互动结合起来。

第二,加强制度保障。设计网络课程不仅要关注学习者的参与性和积极性,还应提升其保持率和完成率。目前,各国在推行学习成果认证制度上对每个资格类型都进行了学习量的规定,如获取一个学习证书按要求至少要修习 50 学分,一个学分至少需要 10 个学时,那么获得该学习证书就必须修满 500 个学时等等。当然,依据"成效为本"的学习理念,学习者为获取学习证书所投入的学习时间,既包括由教师指导的学习时间,也包括学习者自主学习和独立完成作业的时间,还包括学业考试的时间。要实现学分互认和转化还需借助学分银行。

第三,倡导人际互动。无论未来教学以何种形态呈现,教学活动中的人始终是主体。正如马克思所言,作为个体的人,在其根本上是社会关系的总和。因此,在教学活动中,无论是先教后学,还是先学后教;无论是教师主导,还是学生主体;无论是主动学习,还是被动学习;无论是工业社会的班级授课制,还是信息社会的混合式学习,究其根本,都是基于人与人之间互动(师生互动、生生互动)的结果。从孔子的"不愤不启,不悱不发"、苏格拉底的"产婆术",到夸美纽斯的"大教学论"、杜威的"在做中学",无论教学形态如何变迁,人与人的互动始终存在,也始终需要。同时,互联网时代,应当更加注重对学生情商的培养,包括团体协作、善于倾听、尊重他人等。

"互联网+教育"是高校改革的必然趋势,符合教育发展规律。我们不讳言它在实施中的困难与问题,但有信心在改革实践中逐步解决问题,在不断克服困难中前进。

五、大学教师发展

2006年"高等教育质量国际学术研讨会"(the International Conference on Universities' Quality Development)是由中国的厦门大学、挪威科技大学和立陶宛考那斯大学联合主办的国际学术年会,第一届年会已于2003年在挪威科技大学举办,第二届年会2004年在立陶宛考那斯大学举办,第三届年会2005年在挪威科技大学举办,第四届年会在我们厦门大学举办。这次研讨会的主题是"大学教师发展"(faculty development),是经过我们三家主办单位联合讨论、共同商量决定的。为什么用"大学教师发展"作为主题呢?这里有好几个背景。首先是时代背景:知识经济时代来临,大学成为社会中心。社会的发展,决定于高等教育所培养人才的数量与质量;而高等教育的质量,主要决定于大学教师的素质。

2005年潘懋元先生在挪威科技大学主办的学术会议上做学术报告

其次是高教背景:从20世纪50年代开始,世界各国高等教育,从精英教育阶段,陆续进入大众化阶段。大学教师这一学术职业的领域迅速扩大。20世纪50年代以来,大学生数量不断增加,大学教师也必然相应增加,大约每隔10年,大学教师的人数翻一番。同时也对大学教师的专业知识与技能的要求不断提高。

再次是教育理论背景:高新科技进入高等教育领域,产生了新的教育教学理论,也改变了大学教师的角色地位与功能,为大学教师发展提供了广阔的空间。在这些背景下,许多国家提出了大学教师发展的新理念与新模式。如:美国的多种形式大学教师发展方式,日本的FD制度,中国、挪威、立陶宛等也各有一定的大学教师发展的政策与措施,积累了大学教师发展的丰富经验。

首先谈谈大学教师发展的概念。近年来用"教师发展"(faculty development)来代替"教师培训"(teacher training),开始时,很多人不了解。只有一些零星的文章引进了这个新的概念。教师发展与教师培训有什么不同?

2017年潘懋元教授被授予"中国高等教育学会杰出学会工作者"的荣誉称号,教育部党组成员、副部长林蕙青(左三)同志为其颁奖

这两个概念所表达的理念不同:教师培训是从外部的社会、组织出发,要求教师接受某种规定的教育(培训),而教师发展是从教师主体出发,自我要求学习某些知识、技能,达到某种目标的活动。前者是规范性的教育,后者是生成性的教育。当然,教师发展可能采取某种形式的培训,但重视的是自主性、个性化、自我学习、自我提高。规范性的教师培训,一般是采用送出去培训或学校自办培训班;生成性的教师发展则更多采用合作方式,如听课、观摩、讨论、咨询以及老带新等,采用自我学习、自我提高方式:如读书、研究、演练等。一门课程在学习、研究、教学实践上,采用课堂录像,把录像交给本人,自己观摩自己的教学现场,自己发现问题,自行改善提高,就是一种行之有效的教师发展方式。我记得曾鸣校长1979年在校教学工作会议上有个讲话,其中讲到加强教学工作、提高教学质量重点抓三项工作:一是要加强基础课教学;二是抓师资培养;三是加强教研室的工作。当时师资培养条件不好,但是各个系自己想很多办法,比如数学系搞的讨论班效果很显著,历史系开展经常性的学术活动,厦门大学还经常请一些外籍老师来讲学。当时我们也提倡老师们发挥自己的主观能动性,扎扎实实从自己的基础出发,有计划地提高自己的水平。

现在广义的大学教师发展,包括一切在职大学教师,通过各种途径、方式的理论学习与工作实践,使自己的专业化水平持续提高,不断完善,相当于把大学教师摆在终身学习体系中。狭义的大学教师发展,特指初任教师的教育提高,帮助初任教师更快更好地进入角色,适应教师专业化工作,并且敬业乐业。

在中国,当前的大学教师发展应着重初任教师的教育培训。这是因为,1999年以来,随着大学生人数的迅速增长,大学教师人数也较快增长。如果以大学工作未满三年的教师作为新教师来看,大学初任教师发展的任务是很艰巨的。

2002年,全国普通高校专任教师为61.84万人,到2005年,增加到96.58万人,三年之间,增加了34.74万新教师,增量达36%。另一方面,2002年的教师,三年间退休、调离的约为18%,也就是11.13万人,也由新教师补充。因此新教师合计45.87万人,占47.5%。也就是说,将近一半的在职大学专任教师是新教师。这45.87万任职未满三年的新教师,是大学教师发展工作的重点。再者,即使是任职三年以上,甚至是任职多年的老教师也需要在终身教育的理念下持续发展。应该说,他们当中的大多数人是称职的,但是由于高等教育理论和大学教师角色地位、功能的变化,也需要不断地更新理念、提高水平,与时俱进。数以百万计的大学教师发展工作,是当前保障和提高教育教学质量艰巨的任务。

大学教师发展,到底发展什么呢?我认为应当包含三个方面的内涵:第一,学术水平——基础理论、学科理论、跨学科的知识面;第二,教师职业知识、技能——教育知识和教学能力;第三,师德——学术道德、教师职业道德。

先说学术水平,大学教师是一种学术职业,处于学术的前沿,不仅要充分掌握所从事学科的知识,而且要及时掌握本学科的学术前沿和新动向;不但要传递科学知识,而且应担负创新科学知识的任务。同时,任何学科都不是封闭自足的,它必须植根于基础理论,同时与有关的学科交叉、互动。因此,深厚的基础理论与宽阔的跨学科知识面都是大学教师发展所必需。

大学教授是学术文化传承与创新的引领者,文化创新是时代的强音,大学又处在科学技术创新的前沿,但大学之所以是大学,又在于它保存传统文化的宝藏。大学是所有社会机构中最保守的机构之一,同时,又是人类有史以来最能促进社会变革的机构。保守和创新就像一枚硬币的两面,是大学本身所固有的两面性。今天,大学既活跃在文化创新的前沿,又是保守传统的顽强堡垒。

从文化创新的方面来说,首先,作为引领社会思想的火车头,思想创新一直是大学群体的价值追求。其次,大学是社会中的大学,大学本身必须不断变革以适应社会的新形势。适应的过程本身就是一种"进化"的过程、创新的过程。大学之所以具有创新性,不仅是因为社会要求大学适应时代的发展,还因为大学本身具有创新的诸多内部条件:第一,大学拥有大批学者、科学家、教授等高学术水平的人才,他们处于各学科发展的前沿,不仅拥有丰厚的知识,而且以提出新见解、发现新理论为己任;第二,大学里的大学生和研究生是思维敏捷、富有探索精神、追求真理的知识群体;第三,大学拥有尖端的仪器设备和丰富的图书资料,有利于开展科学研究和传递最新科技信息;第四,大学的学术环境和民主科学的气氛提供了较为自由的创新空间;第五,大学还是国际文化交流的平台和窗口,多种文化在这里碰撞,激发出创新火花。由此,大学不仅必须创新,而且能够走在文化创新的前头,引领社会文化创新。

大学教授作为大学教学、科研和社会服务等职能的具体承担者,是大学学术人员中的最高层次。因而,大学的创新性和保守性、大学文化创新和文化传承的矛盾也就最集中地体现在他们身上,表现在他们对于学术文化的矛盾态度上。一方面,大学教授是学术文化的创新者。大学教授作为思想自由的知识分子,其最根本的特征就是应当自由地从事永无止境的高深学问的探究。在探究中,他们的活动只服从于真理的标准。同时,作为自由的知识分子,大学教授还是社会的批判者,他们以真理的名义来对世俗的偏见、权威进行抨击,对落后于时代的传统思想与社会习惯进行批判。

另一方面,大学教授又是学术文化的保守者。大学教授不管是对自由教育和理想人格的坚持,作为社会的知识分子和清醒的智者,坚守伦理、良知的底线;还是主张大学自治、学术自由,保持大学的自主性和独立性,其根本原因还是来自于他们是学术文化的保守者。大学教授之所以成为学术文化的保守者,就是因为他们掌握各自学科的前人所积累的科学知识,甚至有些科学知识就是他们自己所取得的科研成果,保护和传承这些知识成为他们自然而然的行动。也就是说,大学传承文化的职能不仅是外部要求他们这样做,而且他们这样做是"发自内心"的行为,因为传统的文化知识已经构成了他们的生存境界和思想框架,他们的思想和行动都很难逾越这一境界和框架。所以,保护、传承各自学科的传统学术文化珍宝,是大学教授的"天性",而作为"天性"的行动,既是有意的,也是无意的。

所以,大学教授站在十字路口,一方面,传统的文化知识是他们的宝藏,他们的任务就是将这些宝藏传授给年轻一代;另一方面,他们必须站在学术的最前沿,不断创新科学,而创新就要有所否定。否定自己宝藏中的某些珍品,而且有些是自己以往的研究成果。而舍弃宝藏,否定自己,是痛苦的。在矛盾中,创新发展是矛盾的主要方面,该否定自己也得否定自己。

其次,教师职业知识、技能。大学教师不只是学者、专家,而且是教师;不仅要研究高深学问,而且要将其所拥有的知识转化为学生所能掌握的知识,这就需要掌握教育知识和教学技能。有的老教师,虽然没有经过专门的教师职业培训,在长期的教学实践中,通过不断的"尝试错误",也能摸索出一些符合教育规律与教学原则的经验,但是所付出的代价是比较大的,所走的路是比较长的。也有未曾接受教师教育的老教师终身不能成为一位成功的教师。因此,参加大学教师发展活动,对于新老教师都是有益的、必要的。

最后,师德。大学教师所从事的是学术职业,首先应当具有学术道德的素养;大学教师又是为人师表的教师,还应具有教师的职业道德,这包括服务精神、自律精神、创新精神等。例如,服务精神包括诲人不倦、循循善诱、爱护学生等;自律精神包括以身作则、树立榜样等;创新精神包括以自己的创新精神与创造能力引领大学生成为创新型人才,以大学的文化科学创新引领社会的文化科学发展等。"经师易得,人师难求",我们期望更多的大学教师不只是"经师",而且是"人师"。

大学教师因其承担着传承与创新文化的使命,因而赢得社会的尊

2014年潘懋元荣获全国"教书育人十大楷模"称号,他参加了庆祝第三十个教师节暨全国教育系统先进集体和先进个人表彰大会,并受到党和国家领导人的亲切接见

重,往往也招来某些社会人士的指责甚至贬损。但作为其基本使命与核心价值来说,是贬损不了的。即使在"文化大革命"期间,教授成为被打击、打倒、冷嘲热讽的"臭老九"之首,社会上正直的群众、追求进步的青年,内心里对教授还是敬佩的。如今社会上出现的戏称,应该看作是对大学教师的鞭策与期望。问题出在哪里?出在扩招太快,优质教育资源准备不足。在人、财、物中,特别是人的资源准备不足。现在全国普通高校的教师有160多万,是扩招前1998年的4倍多。许多教师在入职时,当教师的思想准备和能力准备都不足。教师是一种崇高的职业,其职业道德与职业能力是"为人师表",如何为人师表?许多教师缺乏必要的培养与修炼。虽然许多大学对教师队伍建设很重视,但所重视的只是提高学术水平,疏忽了提高职业道德与培养职业能力,这就是问题所在。大学要更好地培养人才和发展科学,承担引领社会文化的作用,必须像中小学教师的培养那样,既重视学习知识,又重视职业道德与职业能力。

各个国家都有自己的大学教师发展方式。例如:美国的多样化方式。美国最早提出教师发展概念，它虽没有采取相当的制度保障大学教师发展，但各高校采用不同的方式促进教师发展，并呈现多样化的教师发展方式，包括：模拟教学、教学讲座和讨论会、教学咨询、教学档案袋、教师发展工作坊（workshop）、教学改革试验小额资助、收集学生对教师的反映意见等等。

在20世纪末，日本制定了教师发展制度（FD），以促进大学教师发展，并着重于教学方法与技术的培训，如教学改革演讲与讨论会、公开教学观摩课、教师对学生的访问调查、教育援助中心等等。日本广岛大学的大学发展研究中心中心长有本章教授2005年写过一本《大学教职与大学教师发展——美国和日本》，系统讨论了大学教师发展问题，介绍了这方面的情况。

潘懋元先生在日本内山书店

中国在全国建立三级教育培训机构，以培训大、中、小学行政人员为主；各省对初任大学教师者大多规定修若干门高等教育与心理课程，依托各地师范院校办教育硕士课程班或助教进修班，各校主要通过派出教师到设置高等教育学位的高校进修或攻读研究生学位，鼓励教师撰写有关教育教学研究论文等。直到近年才指示若干重点大学设置大学教师发展中心。如何办好大学教师发展中心，使之真正起到促进教师自我发展的作用，还有待于总结经验，探索前进。

大学教师发展的方式有很多可以选择，比如：外出进修。它的好处是有利于集中精力学习理论，但在当前教师人员不足的情况下，只能是少量脱产进修；应该十分重视在职教师的进修提高。还有集中设置进修班，指定参加培训的教师。它的好处是有利于集中优势资源、统一管理，缺点是被指定的教师往往动力不足。最后，要求教师撰写课程总结或教学总结，鼓励教师撰写教育改革论文。它的好处是激励教师自己学习、自己研究，缺点是有的教师拼拼凑凑、被动应付。采取什么方式比较好呢？从国外经验看，学校提供条件（经费、学术假），教师自主选择学习内容与学习方式，更能体现大学教师发展的自主性、自觉性。但必须促使大学教师有自我发展的动力。

那么，大学教师发展的动力来自何方？有外部动力和内部动力两个方面。第一，外部动力。物质的与非物质的奖与惩：包括组织上所制定的检查性评估、职称（学衔）的晋升、工资及其他待遇的提高、优秀教师的评奖、社会声望（在同事、学生中）的提高，等等，都有一定的促进作用。第二，内在动力。自我价值的追求：发展性的评估是大学教师发展的内在动力，来自自我价值的追求，无疑地在自主性、自觉性与持续性上，优于外部动力。因此，发展性的评估优于检查性的评估。应该重视内在的动力，内在的动力比外在的动力主动性强，影响更加深远。

但是，大学教师生活于现实的社会中，外部动力是现实的激励机制。因而，外部动力是不可或缺的。大学教师应当有崇高的理想，但大学教师并不是生活在真空中。关键是应当协调外部动力与内在动力，使大学教师持续、健康地发展。

六、中国研究生教育

我走过中国高等教育学科研究生教育全程,参加过一所大学研究生教育管理工作,我谈一下自己亲身体验的研究生教育工作的有关情况。

厦门大学教育研究院是在高等教育科学研究所的基础上构建的,建所之初,曾制定了一个粗线条的发展战略。其战略目标是:在中国建立高等教育学新学科,研究高等教育历史与现实问题,培养高等教育学研究生。战略步骤分为三个阶段,第一阶段以创建高等教育学科为基本任务。1984年,高等教育学被确认为教育学的二级学科,第一部《高等教育学》公开出版,教育部批准正式建所并下达编制指标,为开展研究生教育做好了准备。第二阶段以培养研究生为主要任务,围绕课程建设,拓展研究领域。到1991—1992年,厦大教育研究院已培养了七届硕士毕业生和第一届博士毕业生,主持了全国首届比较高等教育和首届高等教育史学术会议,初步形成学科群,并被评为全国重点学科点。第三阶段的任务,是在较高水平上,进行教学、科学研究和咨询服务,建成名副其实的全国高等教育重点学科点。在这期间,厦门大学高等教育学科先后被批准为国家"211工程"和"985工程"重点建设项目,荣获国家级优秀教学成果一等奖,多篇博士论文进入"全国百篇优秀博士论文"行列或获提名奖,多篇博士论文被高教学会评为一等奖,多次为教育部和地方提供咨询服务等等,这些证明我们在教学、科学研究与社会服务上达到较高水平。

厦大教育研究院第四个阶段的主要战略任务应当是进一步推进

中国高等教育学科建设和人才培养的国际化。研究生教育国际化作为高等教育国际化的一部分，已成为一种必然趋势。多年来，尤其是21世纪以来，厦大教育研究院本身在国际化上已经做了一些工作，打下一定的基础：前后邀请了几十位国外专家讲学，聘请了多位国外兼职教授，接待了多批国外学者和研究生的学术访问，举办了多届国际学术会议，与欧洲几个国家建立了长期合作关系，教师轮流出国考察、进修或参加会议，和日本、荷兰等国的研究机构合作培养博士生，开出多门双语课程，等等。但是，总的说，接纳多而输出少，在国外影响甚微。国际化的意义在学术交流，既要有所接纳，也应有所贡献。中国的高等教育研究，以其"学科建制"为特色，这一特色已为国外一些同行专家所认识。因此，国际化进一步的着重点，应当是将中国高等教育学科建设及其研究成果推向国际，在高等教育理论研究的平台上，有中国的话语权，扩大和提高国际影响的力度。

以上是我在高等教育学科上培养研究生的亲历，我也在研究生的管理工作上有过一些亲历。"文革"之后，研究生教育刚恢复的时候，我就从事研究生的管理工作。我当时是担任管理教学与科研的副校长兼教务处长，那时还没有研究生院，1980年厦门大学曾经打报告给教育部申请设立"研究生部"，负责研究生的管理，但是教育部当时批复说厦门大学的研究生人数还不多，所以研究生管理工作还是由教务处的研究生科负责的，一直到20世纪80年代中期我卸任。当时专门有一个人做研究生管理工作，主要是研究生招生工作，当时数量很少，也没有太多的条条框框，现在却是条条框框很多。我当时招研究生是很自由的，比如我招第一位博士生王伟廉，我事先对他很了解，他搞了些什么研究工作，有什么专长，然后考试进来；后来招第二位博士生邬大光，也不是固定时间考试，反正我通知他来，他来了，就考试。

后来我又当过国务院学位委员会教育学科评审组的召集人。至于培养研究生，从20世纪80年代初开始，1981年我开始招收硕士生，1986年开始招收博士生。之后的30多年，直到现在，我都在培养研究生。

潘懋元（左三）出席厦门大学高等教育学首届博士学位论文答辩会（1992年）

"文革"十年动乱结束后，经过拨乱反正，研究生教育步入健康发展的轨道。1978年1月，教育部发出《关于高等学校1978年研究生招生工作的安排意见》，将1977年和1978年两年研究生招生计划合并，共招收10708人，中国研究生招生首次突破万人规模。后来，教育部又召开高校研究生工作座谈会，对研究生的培养目标、学习年限、招生条件等问题进行讨论，提出研究生培养目标是造就攀登科学高峰的人才队伍和高校师资的后备军；还提出研究生教育要与学位制度结合。1980年，全国人大常委会审议通过《中华人民共和国学位条例》，这是一大举措，对研究生教育的发展及学术水平的提高产生了极为重要的影响。

1981年，国务院批准《学位条例暂行实施办法》，之后，国务院学位委员会又制定一系列规章制度，进一步完善学位与研究生教育的法规体系，研究生教育步入了正规化、制度化的发展轨道，研究生招生数量不断扩大。但研究生培养规格单一，忽视招收有实践经验的在职人员和培养研究生的实际应用能力。这在研究生教育恢复初期，研究生数量不多，只为科研机构和大学培养教师和科研人员的情况下,问题不大。到了20世纪80年代中期,随着经济与社会的发展,技术部门和企业部门也越来越迫切地要求有一定高层次人才作为骨干,传统的研究生培养模式已不适应社会多样化的需要,必须培养应用型的高层次人才。我1985年参加了由教育部教育发展研究中心郝克明主任主持召开的研究生培养研讨会,我们取得了共识,我当时就写了一篇题目为《高层次专门人才的培养与研究生制度的改革》的文章,主张研究生教育必须从单一化到多样化,要在培养学术型人才的同时,培养一部分应用型人才,发表于1986年的《高等教育学报》第三期,后来被北京师范大学出版社的《论中国高等教育》所收录。

后来,国家教委发出《关于改进和加强研究生工作的通知》,提出"稳步发展,保证质量"的方针,主要是突破传统重基础、重理论的框架模式,中国进入研究生多元化发展的阶段。20世纪90年代以后,随着国家经济运行模式的转型,经济增长方式的转变,研究生的培养目标也就转向了高科技专业技术人才。1993年《中国教育改革和发展纲要》提出"扩大研究生的培养数量"、"完善研究生培养和学位制度"、"加强质量监督和评估制度"、"大力培养经济建设和社会发展所需的应用性人才"、"适当发展新兴和边缘学科,重点发展应用学科"等任务。

经过几十年的改革与发展,目前中国研究生教育规模宏大,学科门类齐全,结构比较合理。当前的主要问题是如何保证和提高质量,培养创新性的科学人才和专业性的应用人才。

40多年前,研究生教育规模很小。1978年全国只有研究生10900人,其中8400名在高校,2500名在中科院、社科院和有关部委研究机构,并且主要集中于工科、理科和医科。我开始招收研究生在1981年,全国研究生也只有18800人,每位导师每年招收的研究生也就是一两名,如果连续招生三年,也就是三至六名,基本是师徒式的培养模式。招生方式也比较机动灵活,有的定期招生,也可在其他时间段招收研究生,主要取决于导师是否要录取。

我记得当时招第一个硕士生，有两位考生。其中一位考试成绩较好，但是我了解到这个考生品质不太好，就录取了另外一个考生。研究生所选专业也没有规范，当时中文系一位教授招生的专业方向是《管锥篇》研究。《管锥篇》是钱锺书的著作，被认为是中国文学理论和文学批评的重要著作，这位教授就是专门研究这本著作的。简言之，很多研究生招收进来，就是研究导师的课题，不像现在有一级学科二级学科的规定，甚至还要规定按一级学科招生。当然，也有按专业招收研究生的，当时厦大历史系的两位教授，一位研究明清史，一位研究隋唐史，他们招收的都是中国经济史专业研究生，入学后各按自己的专长培养。因为招收的研究生已是中国经济史的本科生，不需要再打基础。

20世纪80年代初，为培养高等教育学科的研究人员和师资，我同华东师大刘佛年教授商议招收高等教育学研究生，得到刘佛年教授的大力支持。当年培养硕士研究生，不是先授权、后招生，而是先招生，有三届研究生培养经验之后，才可申请授权成为正式的硕士点。因而各校只要具备一定条件，就可以自主招收硕士生。但当时厦门大学只有一个规模很小的高等教育科学研究室，只有一位教授，无力开出全部硕士课程；华东师大的教育学科力量雄厚，但教授们所研究的都是普通学校教育学，缺乏高等教育理论的指导力量。双方决定分别招生，合作培养。先在华东师大学习一年半的教育专业的基础课程，再到厦门大学学习一年半的高等教育理论和撰写高等教育学位论文。中国第一批的1982、1983两个年级的高等教育学科七名硕士，就是通过合作培养出来的。其后厦大师资力量成长起来，华东师大也已有专门研究高等教育学科的教授，才分别全程培养。这在中国高等教育学科的发展史上，也是一件体现创业艰辛的史实。

我在培养研究生的过程中，除了开头作简短的介绍，中间做几次研究心得报告之外，所开硕士生课程，指定一些书让他们看，然后讨论书中的内容，或是给一个题目让他们研究，然后与他们探讨，并针对性地做一些指导；对博士生培养，一般连参考书也不列，因为博士生应当能独立进行科研，会自己找参考书。1985年，我曾同时招了3名硕士生和一个10人的硕士课程班。我给这13人上了"高等教育学"、"中外高教史"、"比较高等教育"三门课，后两门我都只是开个头，布置了一些相互衔接的专题，让他们自己去钻研，写讲稿，做报告，一起讨论。当时的培养口径比较窄，不过也让他们掌握一些基本理论，所以可以说是宽窄结合；但即使再宽，也没有按照一级学科来培养。"文革"后初期，本科毕业生的外语水平多数较低，尤其是在职学习的青年。他们专业知识水平较高，实践经验丰富，领会理论的思维能力很强，但外语水平不够，就保留专业课的考试成绩，让他们回去加强外语后回来再单独考外语。他们强化了半年或一年，也就过关了。我有几位研究生就是这样招进来的。

总之，研究生少，从招生到培养，教师有主动权，专业面窄，教者学者，都能钻研得较深，成才率也较高。后来，研究生多了，从招生到培养，都由主管部门规范化了。所谓规范化，也就是按照本科生的招生与培养那样来规范。条条框框多了，教师的主动权也少了。

现在的主要问题是扩招以来研究生的数量增长太快，而研究生教育的优质资源不能同步增长，由于两种增长的不平衡，导致质量下降。扩招之前的1998年，全国研究生为19.89万名，2007年达119.5万名，9年之间，增长率为600%，比本专科的增长率553%还要高。这种"拔苗助长"的增长方式，严重违反了按教育内在逻辑发展的规律。此外，还出现一些问题。

比如：第一，当前的研究生培养，特别是招生这一环，严重本科化。现在硕士研究生考试，政治、外语等公共课是统一的不说，不少专业连专业课也搞统一考试。比如教育类的专业统一考试，对考生是来自不同的学科的高等教育学就不适合。录取研究生，也要按照分数从高到低录取；培养也本科化，上课，听课，记笔记，然后考试，都是本科培养环节。第二，培养一个研究生，是专业能力重要还是外语水平重要？现在研究生招生考试，各科都要过线。政治和专业课一般容易过线，外语却经常是一个考生的大问题。这就导致有一些考生，专业和中文水平都很低，但外语好，就不得不录取。我写过一篇文章，叫《得天下英才而教育之》，现在是"得外语高分者而教育之"。而且录取与否取决于分数高低，如果高分学生不录取，要详细说明理由。我曾就外语问题向教育部反映，建议外语考试采用比较灵活的方式。如果只是外语没有过线，可否先录取，学习半年外语之后，再考一次。外语强化一下还是比较容易提高的。后来得到的回复是，意见很好，但硕士生培养只有三年，如果还要学习半年外语，就变成了三年半，拨款方面就会有问题。也就是说，研究生的培养规律，要服从于财政拨款制度。第三，管理方面，按行政形式，行政权力高于学术权力，或者说根本就没有学术权力。一个典型的例子，有一年厦大法律学院某教授招研究生，一个考生，笔试考试成绩排在第三，但是面试不行，这位教授就从报考其他导师的考生中调剂一个过来，调剂过来的考生面试成绩好，这个教授比较满意。后来，落选的考生就告到法院，研究生院应诉。研究生院的解释是调剂过来的考生综合成绩较好，但是始终不敢说是导师认为另外一位考生较有培养潜质，这里就反映出，导师的选择权不能成为理由，不能以尊重导师的自主选择权作为应诉的理由。第四，研究生教育实施过程中的一些矛盾问题。首先，中国的"研究生"比西方的"postgraduate"在表达上更准确。以前考研究生的目的是为了从事研究，而现在报考的目的是为了获取文凭，以便更好就业或者是为了更高的工资。现在报名的时候，考生对导师就不挑选了，只要报的人少，就选。这就造成导师的生源一年多一年少，或者是新评上的导师有很多人报，因为考生认为报考新导师的研究生的人一般比较少。这种考生不管自己是不是适合这个专业。其次，研究生要按一级学科招考，又要结合导师的研究课题进行培养，而导师的研究课题不可能是很宽的，这也是一个矛盾。某大学法律系有一位导师拒绝招生，因为法律的专业课考试面很宽,而他的研究领域是法律史,通过宽泛的考试没有办法确定他要的人才,他干脆不招了。还有,班级授课制和师徒制的矛盾。由于班级授课,导致师徒关系淡薄。咱们研究院有经常性的学术沙龙活动,情况好一些。但是其他学院就不一定有。研究生培养不仅是传授知识,更重要的是学生与导师要有共同的思想,要能共同合作。过去招生少,学生就是导师的家庭成员和合作伙伴,但是现在不行了。所以,师徒关系和班级授课要妥善处理。第五,是培养目标和培养过程的矛盾。培养的硕士生除了少量成为学术型,大量还是要应用型。即使是博士生,也要往应用型方向发展。早期的研究生教育是为科研机构和大学培养研究人才,可以只有理论研究。但是现在研究生大都要到企业、工厂以及服务行业去了,因此培养模式要转变,要适应这种变化。我们的转变速度很慢,包括我们单位,现在培养的硕士生还是学术型。我已经提出要改变课程,但是落实起来还是比较困难,需要进行研究。

近年来许多高校引进了国外导师的责任制和资助制,导师要付费招生,每招一名,要从科研经费中付出一定数额的资助费,导师责任制和资助制是国外流行的。引进这种制度,有利于加强导师培养研究生的责任感,也有利于师生合作加强科研力量,密切师生关系。但引进国外制度,只学了一半。国外用导师科研经费资助的研究生,是由导师选定的合作者,就是由导师公开招收愿意参加导师研究课题的研究生,经导师审查其有关资料,进行面试,自主录取的。而国内招收研究生是按照统考成绩,由高分到低分录取的,导师并无选择的自主权。所招研究生,在专业知识、能力、兴趣上,未必符合作为合作者或科研助手的要求。另外,这种资助制的实行,对于科研课题经费很少的基础学科、人文学科,困难很大。试行以来,有些导师就不招或少招,以致有些高校,未能完成招生指标。针对上述情况,引进责任制、资助制时,应该给予导师招收研究生的自主权,并且根据不同的学科、具体的情况定资助数额,有的可以少交或不交资助费。

硕士研究生本科化这个问题,早几年前就已经存在。以前所谓"本科化",主要是指硕士生像本科生一样大班上课、记笔记、考试,无法体现研究生教育与本科生教育的不同。更重要的是按高考的办法招考研究生,比如几门课程的考试成绩总计在一起,然后从高分到低分录取。实际上,招收研究生主要是看专业水平怎样、研究潜质怎样,并不完全取决于分数。还要求教育学、历史学、医学等学科连专业课都由全国统一命题,可能以后要逐渐推广到其他学科,这样下去,硕士生"本科化"倾向只会越来越严重。研究生专业考试进行全国统考,只能说是一种倒退。

过去我给研究生入校作报告说:本科生主要是课堂学习,参加一点研究;硕士生一半学习、一半研究;博士生少量上课,主要研究。研究生是要通过"研究"来学习的。而现在,硕士研究生没有多少研究,大部分时间在上大课,"本科化"倾向比较严重。一些导师不知道教研究生与教本科生不同,不知道怎么带学生研究,基本套用教本科生的方法来教研究生。更重要的是研究生的学习动机、学习态度不如以前,现在相当多的学生考研只是想拿一个高学位,以便毕业后找一个好工作。

2013年厦门大学教育研究院上海电机学院研究生实践基地揭牌

研究生教育质量问题，不能简单地说质量下降，有些方面是有明显提高的。30多年前我招的硕士生专业水平很高，甚至比现在的博士生水平还高。影响研究生教育质量的原因很多，但研究生数量增长较快，教育资源跟不上，是影响研究生教育质量的最根本原因。

如果教育资源不能同步增长，质量显然无法得到保证。目前，几乎没有专供硕士生学习研究的培养经费，而最关键的是师资质量不高、数量不够，教育资源的增长无法跟上硕士生扩招的步伐。

如何提高研究生教育质量，首先要适度控制研究生数量增长率，研究生教育资源的增长比本科生的教育资源的增长要难得多。其次是要增加硕士生的培养经费。而最根本的是提高硕士研究生导师的水平和能力，特别是培养硕士生做研究的能力，这样才能避免"本科化"。此外，要对学生进行端正学习态度的教育，研究生不能只求"学位"不求"学问"。

第七章

高等教育研究：经验、问题与反思

> 微观的高教研究，有赖于宏观的高教研究确定价值，指明方向；而宏观的高教研究成果，只有通过微观的高教研究，才能转化为实践。因此，应该有更多的人用更多的时间、精力，在微观教学过程，在培养专门人才的实践性问题的研究上。
>
> ——题记

一、新中国高等教育研究的发展历程

新中国成立以来，中国高等教育研究走过了一条艰难而非凡的道路。1978年以前，它是一个相当薄弱、几乎不为人知的弱小领域。1978年以后，它沐浴着改革开放的春风，后来居上，异军突起，取得举世瞩目的成就：不仅创造性地建立了高等教育新学科，而且在高等教育问题研究领域取得丰硕成果；不仅专业研究机构、人员、刊物、成果等多项指标居于世界前列，成为高等教育研究大国,而且探索出一系列推动高等教育研究事业发展的宝贵经验,在推动中国高等教育改革发展上发挥了重要的作用。今天,回顾中国高等教育研究的创业历程,总结成功经验,展望未来道路,对于推动中国高等教育研究事业的持续、健康、繁荣发展,具有重要的现实意义。

以中国高等教育学科的建立和发展为主线,结合研究重点的转移、标志性事件或成果的产生以及高等教育研究宏观背景的变化等因素,把新中国高等教育研究的历史划分为以下四个时期。

◆ (一) 前学科时期(1949—1977)

中国近代高等教育研究的历史,可追溯到清末,郑观应、张之洞、康有为、梁启超、王国维等学者对传统高等教育进行了初步反思,发表了一些关于高等教育的评论和建议。民国时期高等教育研究的范围扩大,当时一些知名学者和大学校长如蔡元培、蒋梦麟、梅贻琦、胡适、傅斯年、雷沛鸿、孟宪承、郑若谷、庄泽宣等都是高等教育专家,他们发表的不少高等教育名篇佳作是留给后人的珍贵遗产。

中华人民共和国成立初期,高等教育领域的一系列改革基本上以苏联的经验为蓝本。为了适应这一新形势的要求,高等教育界围绕学习苏联经验开展了一系列翻译和研究工作,《苏联的大学》、《苏联高等教育》、《苏联高等学校的教学方法》等都是当时有较大影响的译著。1953年5月,新成立的高等教育部创办了不定期出版的内部刊物《高等教育通讯》(后来改为《高等教育》)。该刊除了发布公告、交流经验之外,也刊登一些介绍苏联高等教育的文章和国内高等教育调查研究的报告。

1956年5月,毛泽东提出"百花齐放、百家争鸣"方针后,高等教育界积极响应。高校不少教师干部围绕教育教学改革工作开展了热烈的讨论,讨论的话题包括教育方针与全面发展的教育目的、学习苏联高等教育理论与教学方法、批判资产阶级教育理论、建设又红又专的教师队伍、解决学生学习负担过重问题等多个方面。从1956年下半年到1957年上半年,《高等教育》开辟专栏讨论教学改革的各种问题,其中关于教学中的"百家争鸣"问题的争鸣最为热烈,各派观点相互交锋,各抒己见,一时掀起了教学研究的"小高潮"。

1957年,厦门大学教育学教研组组织编写了一本《高等学校教育学讲义》,在建立高等教育学科方面进行了第一次重要探索,并作为国内交流讲义发送给综合大学和师范院校。《讲义》在前言中明确提出,应逐步地建立一门称为"高等专业教育学"或"高等学校教育学"的教育科学。虽然《讲义》因为政治运动的原因未能公开出版,但它提出了建立高等教育学科的构想,为20世纪70年代末高等教育学科的创建打下了重要基础。

1957年开始的"整风"、"反右"、"大跃进"等政治运动使高等学校的教育教学工作受到冲击,高等教育研究被迫中止,取而代之的是对"教育革命"和"红专大学"的宣传。60年代上半期,高等学校教学秩序有所恢复,知识分子政策得以执行,为高等教育研究的恢复提供了契机。1962年和1963年,为贯彻《高教六十条》,教育部召开了一系列会议,就高校教学和科研工作中的问题进行了广泛的讨论。这一时期,高等教育研究主要讨论了如何解决运动过多、劳动过多,贯彻"少而精原则"、"教育与生产劳动相结合"的原则以及半工半读等问题,这些研究多数以经验总结为主,也开始出现了一些理论性文章。

1966年"文革"爆发,高等学校教学和科研陷于停顿状态,全国各地的教育刊物和大学学报全部停刊,致使中华人民共和国成立后前十七年已经形成的以教学研究为重点的高等教育研究工作被迫完全停止下来。当时的高等教育文章主要发表在《人民日报》、《红旗》和《教育革命通讯》等报刊上,基本上是宣传"文化大革命"中所提出的错误的主张,并对"前十七年"教育路线进行否定和诋毁。

1949年到1977年这段漫长岁月,尽管不同历史阶段的高等教育研究具有不同的特点和表现形式,但它们都具备"前学科时期"高等教育研究的一些共同特征:一是高等教育研究尚未形成专门领域。当时几乎没有专门从事高等教育研究的专业人员,也没有专门的高等教育研究机构,还没有形成"高等教育研究"这一概念。二是高等教育研究以实践经验为主,理论研究相当薄弱。尽管这一时期也有学者对高等教育理论问题进行过思考和探讨,但与高等教育实践研究相比,成果极少。三是高等教育研究不重视理论指导,也不重视研究方法。当时无论是实践研究,还是理论研究,绝大多数都是简单描述,就事论事,研究方法。只有极少数学者开始运用普通教育学理论和方法来探讨高等教育问题。

◆ (二)学科建立时期(1978—1984)

20世纪70年代后期,高考制度的恢复拉开了教育领域拨乱反正的序幕,全国科学大会带来了"科学的春天",改革开放推动了高等教育事业的恢复和发展,高等教育实践对高等教育研究的客观需求日益显现,也意味着中国高等教育研究的春天已经到来。在这一背景下,刘佛年、朱九思和我等一些教育理论工作者开始大力倡导高等教育理论研究。1978年,我发表了《必须开展高等教育理论的研究》、《开展高等教育理论的研究》等文章,时隔20年后再次发出开展高等教育研究的呼吁。

1978年5月,中国第一个专门研究高等教育的机构——厦门大学高等教育科学研究室成立,这是高等教育研究在中国成为一个专门研究领域的重要标志。此后几年,北京大学、清华大学、兰州大学、华东师大、华中工学院(后为华中科技大学)等大学也相继成立了高等教育的研究机构。

1979年,由厦门大学、华东师大、上海高教局等8个单位在上海联合筹备组建全国高等教育研究会,次年又在厦门召开了有34个单位参加的中国高等教育学会筹备会议。中国高教学会于1983年5

潘懋元 2006 年与朱九思在一起

月正式成立，它的成立使当时全国已经设立的十几个地方性高教学会联成一个系统，使中国高等教育研究开始向有组织的方向发展。

当年延边大学张德江校长给潘懋元的信

1981年，厦门大学招收了中国第一个高等教育学专业的硕士研究生，并于1984年被国务院学位委员会批准在厦门大学设立中国第一个高等教育学硕士点。

1983年，国务院学位委员会公布的学科专业目录，将高等教育学正式列为教育学的二级学科，高等教育学的学科建制得到确认；1984年，由我主编、九位专家合作编写的《高等教育学》，由人民教育出版社和福建教育出版社联合出版。这是中国第一部高等教育学的系统专著，它的诞生标志着中国高等教育学科作为一门新兴学科的正式确立。

20世纪80年代初在广州参加教育史会议，潘懋元（后左二）与吴式颖、周德昌等合影

这一时期，国内高等教育研究界还出版了一批重要的高等教育专著和译著，除上述高等教育学专著外，还有蔡克勇编著的《高等教育简史》（1982年）、我的《高等教育学讲座》（1983年）、朱九思等主编的《高等学校管理》（1983年）、王亚朴主编的《高等教育管理》（1983年）、熊明安著的《中国高等教育史》（1983年）、滕大春等翻译英国阿什比（E. Ashby）的《科技发达时代的大学教育》（1983年）以及人民教育出版社组织编写的"外国高等教育丛书"（1979—1980年）等。由于当时有关高等教育的著作极少，这些著作成为高等教育研究主要的教材和参考资料，它们对中国高等教育研究产生的广泛而深远的

影响是后来出版的众多同类著作难以企及的。此外,这一时期对改革开放初期高等教育改革与发展若干问题的研究也逐步展开。高等学校教学改革、大学生智能培养、高等学校教学科研"两个中心"问题、高等教育培养目标(人才观)、大学德育改革、高等教育如何迎接新技术革命挑战等都是当时比较热门的研究课题。

1978年到1984年是中国高等教育研究的起步和建立学科的阶段,当时的许多重要工作都可以载入中国高等教育研究的史册。这一时期的高等教育研究较过去发生了一系列质的变化:

——高等教育研究成为专门的研究领域。专门研究机构和专职人员的出现,使高等教育研究成为一门专业。

——高等教育学科正式建立,并促使高等教育研究作为专门领域在中国学科化、合法化。高等教育学科建制也成为中国高等教育研究区别于西方高等教育研究的一个重要特点。

——科学的研究方法在高等教育研究中开始受到重视和运用。是否运用科学的研究方法是高等教育科学研究与发表高等教育议论的本质区别。1978年以后,调查法、统计法、文献法、比较法等教育科学研究的常用方法开始为广大高等教育研究工作者所熟悉,并在研究中得到运用,这是中国高等教育研究向科学化方向迈出的关键一步。

◆ (三) 规模扩充时期(1985—1998)

1985年5月,中共中央颁布了《中共中央关于教育体制改革的决定》,对高等教育目标、体制、结构等进行了全面的调整和改革。1992年,邓小平视察南方并发表重要讲话与党的十四大确定以建立社会主义市场经济体制为改革目标,揭开了中国改革开放和社会主义现代化建设的新篇章。在新的形势下,中国高等教育改革的步伐大大加快,中国高等教育研究进入了一个快速拓展的新时期。

据不完全统计,到了20世纪90年代中期,全国的高等教育研究

1992年在厦门大学召开全国高等教育学科建设研讨会

机构有800多个,高等教育研究专职人员有3000名左右,兼职研究人员数以万计。一批高等教育学硕士和博士学位点的建立为高等教育研究队伍输送了源源不断的新生力量。截至1998年,高等教育学博士点有4个(厦门大学、北京大学、华东师范大学、华中理工大学),高等教育学硕士点23个。

高等教育研究成果数量更是增长迅速。20世纪70年代末,每年发表的高等教育研究论文大约有几百篇,而据集美航海学院高等教育研究室和厦门大学高教所合作开发的"高教研究信息微机处理系统"所输录的论文条目,20世纪90年代上半期,全国每年发表的高等教育研究论文在15000篇以上,这还只是一个不完全的统计数字。同时,1985年以后,每年都有100部以上的有关高等教育的著作公开出版。根据陈学飞总主编的《中国高等教育研究50年(1949～1999)》一书中收入的高等教育著作目录统计,1985—1998年共出版有关高等教育的著作2197部,平均每年出版157部,而1978—1984年7年间才出版著作113部。

这一时期,高等教育研究不仅规模得到扩充,研究的领域也有较大的拓展。

1984年中国高等教育学科建立之后,高等教育研究大体上是沿着两条并行而又相互交叉的轨道发展:一条是以高等教育学科建设为重点的理论研究;另一条是以对中国高等教育改革与发展实际问题研究为重点的应用研究或称"问题研究"。

在高等教育学科建设方面,逐步形成了以高等教育学为主干的高等教育科学学科群。这一时期,陆续有多部各具特色的高等教育学专著问世,如郑启明、薛天祥主编的《高等教育学》(1985年)、田建国著的《高等教育学》(1990年)、我主编的《高等教育学》(1995年)和《新编高等教育学》(1996年)、胡建华等学者合著的《高等教育学新论》(1996年)等。对高等教育学学科若干理论问题的研究受到重视,不少学者参与了对高等教育学的研究对象、学科性质、学科体系、研究方法等理论的探讨。1993年,全国高等教育学研究会成立,这个以高等教育理论研究为主旨的研究会的前三次研讨会都是以高等教育学学科建设为主题,广泛交流了高等教育学的基本理论和学科建设的观点,如高等教育学理论体系的逻辑起点问题、高等教育理论与实践的中介环节等,取得许多重要成果,对高等教育学科理论体系和研究范式的形成有重要的意义。与此同时,高等教育科学分支学科建设得到加强。高等教育管理学、高等教育史等20世纪80年代初期就已经问世的分支学科进一步得到发展,比较高等教育、大学教学论、学习论、德育论、大学生心理学、高等教育经济学、高等工程教育学等一批新的分支学科也都陆续建立,出版专著。各类分支学科的数量有二十多个。

在问题研究方面,随着高等教育体制改革的逐步开展,大量出现的高等教育新问题需要从理论层面进行深入的思考。高等教育研究界围绕高等教育思想、高等教育结构、高等教育体制改革、高等学校教学、高等学校德育、民办高等教育、高等教育地方化、高等教育与市场经济的关系等主题展开了深入探讨。如20世纪80年代中期和90年代中期的两次高等教育思想大讨论影响很大,涉及问题众多。第一次大讨论的主要问题有传统教育思想与现代教育、高等学校教学与科研的关系、高等教育人才观、高等教育价值观等,第二次大讨论涉及的问题包括转变教育价值观、教育质量观、教育发展观,提倡素质教育、创新教育、可持续发展教育等方面,这些讨论加深了人们对高等教育改革与发展的理性认识。

总之,1985年到1998年是中国高等教育研究规模扩充的时期,与20世纪70年代末和80年代初的学科建立时期相比,高等教育研究发展呈现以下两大特点:一是高等教育研究事业的规模得到迅速扩充。遍布全国的研究机构和组织、日益壮大的研究队伍、数量众多的研究刊物和数量庞大的专著、论文,使中国迈入高等教育研究大国之列;二是高等教育研究领域进一步拓展,学科建设与问题研究齐头并进,新成果和新观点不断涌现,共同取得较大的发展。

◆ (四)稳步提高时期(1999年以来)

世纪之交,中国高等教育改革与发展进入一个新的历史阶段。1999年国家颁布的《面向21世纪教育振兴行动计划》提出在2010年高等教育的入学率将达到适龄青年的15%,正式吹响了高等教育大众化的号角,中国高等教育事业进入前所未有的繁荣时期。与此同时,中国高等教育研究事业在过去几年快速发展的基础上,进一步得到巩固和完善,步入一个稳步提高的新阶段。

高等教育研究专业化水平有了明显提高。同20世纪90年代中期以前相比,1999年以来高等教育研究机构、研究人员、研究刊物保持相对的稳定,但研究组织和机构的力量有所加强,研究队伍的结构和素质有所改善。特别是2004年《教育部办公厅关于进一步加强高等教育研究机构建设的意见》发布后,高等教育研究机构的建设和发展有了制度保障。新兴学科的建设,最基本的工作是研究人才的培养与成长。随着中国学位授权审核制度的重大改革,新的高等教育学科博士点和硕士点不断涌现。据不完全统计,目前全国高等教育学专业和以高等教育研究为主要方向的相关专业博士点近20个,硕士点超过100个,在校生数千人。高等教育学科研究生教育不断扩充,为高等教育研究事业的发展注入了活力,不少高等教育学硕士和博士研究生成为高等教育研究的骨干力量。2008—2009年间出版的"中国高等教育学中青年学者论丛"第一批的12位后起之秀的中青年作者,都是获得博士学位从事高等教育研究的高等教育学博士生导师,并有重要的研究成果。

首先,高等教育学科建设进一步受到重视。在高等教育学学科建设方面,近年来新出版的高等教育学著作有十部之多。与以往出版的高等教育学著作相比,一些高等教育学著作在高等教育学科理论体系的建构上做出了有价值的探索。如薛天祥主编的《高等教育学》(2001年)、王伟廉主编的《高等教育学》(2001年)分别以"高深学问"和"课程与教学"作为逻辑起点来对高等教育学的理论问题展开论述,在构建高等教育学理论体系方面进行了尝试。同时,高等教育学分支学科也得到了较好的发展,研究成果分门别类,蔚为大观。例如,在高等教育史学科建设上,2003年由黄福涛和贺国庆分别主编的《外国高等教育史》分别出版,填补了外国高等教育史学科无系统专著的空白;在中华人民共和国高等教育史、高等教育思想史、地方高等教育史、各类高等教育发展史、科举史、书院史、留学史、教会大学史等方面也不断推出新成果。在高等教育管理学科建设上,各类研究进一步深入和细化,形成了诸如学位与研究生教育管理、成人高等教育管理、自学考试管理、校长学、科研管理、师资管理、后勤管理、高等教育评估与评价等多个新兴领域或学科。在比较高等教育学科建设上,国别研究的范围有所拓展,亚洲、拉美的发展中国家高等教育得到重视;更多的外国高等教育名著被翻译出版,为高等教育科学研究提供了更丰富的参考资料,特别是2001年王承绪等学者组织编译了"汉译世界高等教育名著丛书",在国内高教研究界产生了广泛的影响。

其次,高等教育理论与实践的关系更加密切。随着市场经济体制的逐步建立和高等教育改革的不断深化,服务实践、服务决策的理念更加深入人心,高等教育研究与高教实践的关系更加密切。大学素质教育、高等教育可持续发展、高等教育与知识经济、高等学校学科建设、高等学校德育建设、高等教育体制改革、高等教育大众化、高等教育国际化、高等教育发展战略、一流大学建设、高等学校分类与定位、高等学校招生与就业、民办高等教育、高等职业教育、学位与研究生教育等陆续成为研究的热点问题。尤为令人振奋的是,已经有更多的研究成果为政府部门所重视和采纳,有的研究还对中国高等教育的改革产生重大影响。例如,近年来政府关于推行大学素质教育和实现高等教育大众化的决策都深受高等教育研究的影响。

再次,高等教育研究方法有了新的进展。多学科的高等教育研究受到重视,在高等教育一些重大现实问题的研究中得到充分运用,丰富了高等教育研究范式;传统的定量研究、定性研究有所提高和完善,各种形式的质性研究被广泛采用。研究方法的多样化能够更好地适应不同的研究对象和研究课题,加深对高等教育的认识和解决不同的高等教育问题;提高了高等教育研究的科学化程度;高等教育的预警性、前瞻性研究成为新的亮点,在高校招生与就业、高等教育大众化、高等教育发展规划以及金融危机对高等教育的影响等等重大政策研究中得到运用,提高了高等教育研究的实效性。

最后,高等教育研究的国际化有了较快的进展。不但高等教育研究工作者出国、出境参加国际性、双边性的高等教育学术会议逐年增加,国内召开的高等教育国际学术会议也逐年增加。特别是中国高教学会每年召开一次国际学术会议和博士生论坛,吸引了许多国家的高等教育研究专家学者前来参加。高等教育论文或译文在国外发表的日渐增多,有些学者及其研究成果也被介绍到国外、境外,国内外、境内外合作研究的项目也日渐增多。

可见,新中国高等教育研究经历了一个从弱小到壮大、从数量扩充到质量提高的演进过程。特别是1978年以后,中国高等教育研究发展速度极为迅猛,呈现超常规、跨越式发展的特征,不仅研究规模庞大,而且创立了高等教育学以及分支学科,形成中国特色的"高等教育学科范式",创造了世界高等教育研究史上的奇迹。

二、新中国高等教育研究的主要经验

由于1978年以前的中国高等教育研究尚未成为一个独立的研究领域,新中国高等教育研究的经验主要是在改革开放以后取得的。通过上述历史回顾不难发现:30多年中国高等教育研究之所以发展如此迅猛,不仅归功于改革开放和中国高等教育事业的蓬勃发展,而且得益于中国高等教育研究工作者在开创这项崭新事业道路中探索出来的若干宝贵经验。这些颇具中国特色的经验凝聚着中国高等教育研究工作者的精神、勇气和智慧,对中国高等教育研究的繁荣发展有至关重要的意义。

◆(一)以学科建设促进高等教育研究发展

众所周知,西方高等教育研究虽然起步较早,但一直未能成为一门独立学科。而中国高等教育研究从一开始就选择了一条不同于西方的发展道路,通过建立专门的高等教育学科来带动整个高等教育研究事业的发展。历史证明,这条道路适应了中国国情和中国高等教育研究发展的实际需要,推动了中国高等教育研究的超常规、跨越式发展。

1978年以前,高等教育研究没有形成专门学科,只是星星点点,发表个人见解,虽不乏深刻的见解,但缺乏理论的深度。1978年后,高等教育学科的建立过程也是中国高等教育研究制度化过程。建立一门学科是一个系统的、复杂的工程,不仅有学科之名,还要有学科之实;不仅要形成教育学分支的系统化、理论化的知识体系,还必须建立学科研究的规范、规则、范式,建立包括学会、专业研究机构、专门出版机构及专业刊物等社会建制在内的学术共同体。因此,建立高等教育学科,不仅使高等教育研究在中国取得合法地位,而且有力地带动了高等教育研究机构、组织、队伍、成果的大发展。特别是高等教育学科本身达到理论化、系统化的知识形态,可以作为课程在大学出现,这对高等教育研究专业人才的培养具有重要的作用。

1983年潘懋元就《高等教育学》在华中工学院听取意见并答辩

高等教育学科的建立提高了高等教育理论解决问题的有效性,推进了高等教育研究的科学化进程。多学科问题研究范式的价值虽毋庸置疑,但该范式在整合研究兴趣多元性等方面存在缺陷。高等教育学科作为专门研究高等教育的学科,必然以整个"高等教育"作为"问题域",具有多学科问题研究范式无法替代的作用。从高等教育的全局来整体把握高等教育问题,可整合多学科理论和方法,从而更好地探索高等教育发展的特殊矛盾和特殊规律,建立相对完整和系统的高等教育理论体系。因此,建立以高等教育为问题域、整合多种理论的高等教育学科有可能提高高等教育理论解决问题的有效性,从而提高高等教育研究的科学化程度。

◆（二）以开放姿态推动高等教育研究繁荣

尽管中国首创了高等教育学科，并按照高等教育学科的理论开展研究、培养专业人才，但高等教育学科并未成为中国高等教育研究的唯一范式。中国高等教育研究从未把自己封闭起来，而是始终保持一种开放的姿态，这是中国高等教育研究保持长期繁荣和活力的重要原因。

在研究队伍的开放性方面，中国高等教育研究遵循"来者不拒，一视同仁"的原则：无论是教育专业的"科班出身者"，还是其他专业的"半路出家者"，甚至"业余爱好者"都可以加入高等教育学科研究行列，都可以在学科领域发表自己的观点，都可以通过自己的成果赢得同行的尊重。高等教育学科所培养的硕士生、博士生也是来自多种不同学科的青年学者，聚集在高等教育研究组织中，进行跨学科的交流、探讨。与其他社会科学学科不同的是，中国高等教育学科从建立开始就没有为所谓"垄断解释权"进行过任何努力。相反，争取尽可能多的学科专家加盟高等教育研究队伍一直是这个新兴学科的不懈追求。事实证明，大批来自其他学科人员、学生的加入既是高等教育研究繁荣发展的标志，也是繁荣发展的重要原因。不仅来自其他学科的人员可以充分利用自己原来的专业学科背景和研究方法来进行高等教育多学科研究，而且高等教育研究的发展离不开高校一线广大教师和干部的支持。

在研究方法的多样性方面，中国高等教育研究推崇"兼容并包，海纳百川"的气度：创建高等教育学科，不唯高等教育学科"独尊"；重视高等教育学科范式，不忽略其他相关学科范式和方法对高等教育研究的意义。近年来，随着高等教育改革的深入，对高等教育问题的探讨越来越需要借助不同学科的理论、观点和方法，多学科研究方法受到了前所未有的关注。

在借鉴国际先进理论的主动性方面，中国高等教育研究实行"主动借鉴，洋为中用"的方略：在坚持独立自主发展道路的前提下，根据中国高等教育研究自身需要，主动引进和借鉴国外先进的高等教育理论成果。改革开放以来，中国学者对国外高等教育理论的主动借鉴，极大地提高了中国高等教育研究的理论水平，加快了中国高等教育研究的国际化步伐。同时，中国学者对国际高等教育理论是主动借鉴而非被动接受，我们在借鉴国外理论的同时，能够根据中国国情有所发展和创新，从而为世界高等教育理论的发展做出贡献。近年来，中国学者对马丁·特罗高等教育大众化理论的修订与发展就是其中一个典型案例。

◆（三）以服务实践引领高等教育研究方向

高等教育学科建立之后，中国高等教育研究工作者并未故步自封、陶醉其中，而是积极运用新兴的高等教育学科理论来解决高等教育实际问题。中国高等教育研究虽然是以学科建设为其特色，但从整体上讲，中国高等教育研究不是"学科指向"，而是"实践指向"：无论是高等教育学科建设，还是高等教育问题研究，其目的都是为了服务实践、服务决策。可以说，中国高等教育研究工作者正是通过服务实践、服务决策引领了中国高等教育研究的方向。

通过对不同时期高等教育研究重大课题的回顾不难发现，中国高等教育研究热点问题的转移与中国高等教育改革发展的进展是基本同步的。服务实践和决策引领了中国高等教育研究的重点与热点，为中国高等教育研究的发展注入了取之不尽、用之不竭的动力。这不仅符合高等教育研究的实践性、应用性特点，也反映了当代社会科学研究与公共政策相互依存的趋势。作为应用性特征鲜明的高等教育研究若不能与教育实践、教育决策建立起相互依存的亲和关系，就很容易陷入"知识乌托邦"而孤芳自赏。

中国高等教育研究之所以从一个默默无闻的新兴领域发展成为

繁荣而庞大的显学,正是因为它与中国高等教育实践有天然的亲和关系,也正因为中国高等教育问题研究与高等教育学科建设都以服务实践为目的,两者才能相互交融,相得益彰,共同促成中国高等教育研究今日之繁荣。

三、高教研究在方法论上存在的主要问题

取得经验的同时,我们也必须看到高等教育研究中存在一些问题,比如中国的高教研究在方法论上就存在两个主要问题,一是理论脱离实际,内容贫乏,理论空泛,教条味重;二是实际脱离理论,铺叙事实,就事论事,发表个人经验或感想,以偏概全,不能上升到一般理论上来。高等教育理论来源于实践,包括古今中外的高等教育实践。教育理论的源泉有三个。一是教育史研究。我在研究中注重考察高等教育发展的历史,希望从中获得启示和论据,发现规律。这是在过去的实践基础上构建理论。二是比较教育研究。国际比较就是研究其他国家的高等教育实践,这既能加强高等教育理论的实证基础,又能为解决中国高等教育发展中的问题提供有益的借鉴。三是现实的教育实践经验的总结。现实的高等教育实践是我进行理论探索的最重要的基础。这三个源泉实质上是一致的。前两个是借鉴前人和国外的经验及其所总结的理论,第三个是根据当前中国教育实践和研究者个人的教育实践加以总结和提高。比较而言,第三个最重要。历史研究、比较研究所获得的经验、理论,必须结合当前的实际,通过实践检验,才能被确认并体现它们的社会价值。但是,一个国家或一个人的实践经验有局限性。这些经验可能包含某

些必然性的规律,也存在许多偶然性的现象。受其局限,就会坐井观天,被许多表面现象所困扰,视野狭隘,很难看得深远。通过历史研究和比较研究,我们从纵横两个维度观察教育的发展过程和发展趋势,不但视野开阔,还能集古今中外无数前人的智慧结晶,加以消化吸收,使心胸也开阔。

  我的理论研究很得益于长期积累的实践经验。实践经验的积累使我在研究教育理论时,心中有个"实际",在写文章、做报告时,心中有读者、听众,力求使抽象的理论成为简单、明白、可接受、可操作的知识,更重要的是养成了从教育实践中发现理论问题、以教育实践检验教育理论的习惯,而不满足于只引用西方的观点和理论来支持自己的论点,论证自己的理论。理论研究中"大、空、洋"的倾向值得注意。"大"就是题目大、口气大,认为别人的研究一无是处,只有自己的理论是"填补空白"的;"空"即空对空,研究的结论纯粹是由理论推导出来的,空话连篇;"洋"就是喜欢搬洋人的话,以壮大自己的声势。很多青年理论工作者颇有才气,但如果不联系实际,光说空话,这样的才气是难有生命力的。理论还必须由实践来检验,通过历史分析、比较研究所获得的经验、理论,必须结合当前的实际,通过实践检验,才能被确认并得到应用,从而体现它们的社会价值。理论来源于实践,但不能停留在经验水平上,要注重提炼和升华,使理论高于实践。只有这样,理论才会具有预见性,才能有效地指导实践。从高等教育与社会政治、经济、文化、科技发展的相互关系的实践经验中,我提炼出高等教育发展的外部关系规律。根据这一规律,考察高等教育的现实发展,就能做出一些合乎规律的预测。我在考察高等教育发展与社会经济的关系,特别是中国20世纪50年代高等教育发展与社会经济发展的关系的过程中,发现中华人民共和国成立初期私立高等教育的消失,不是由于社会主义制度不容许私立教育存在,而是由于对私改造之后,单一的公有制使其失去了存在的社会经济基础。改革开放以来,面向市场,多种所有制经济发展,私立高等教育又有了存在的社会经济基础。因此,可以预见到中国私立高等教育将会迅速发展。同样,随着中央集权的计划经济体制转向地方分权的市场经济体制,地方经济实力不断加强,中国高等教育发展将出现地方化趋势。这些预见都得到了证实。这也证明我从实践中提炼出来的教育外部关系基本规律是符合客观事实、反映客观规律的。而我们基于这些预见而进行的超前研究,形成了一系列紧密结合实际的理论成果,发挥了理论指导实践的作用。总之,应当提倡广泛调查、深入考察、参与教育实践,尽可能使我们的科研成果客观些、科学些,并充分考虑科研成果的可行性。那种认为理论工作的研究任务只是提出理论,而判断是否可行,是决策者的事的治学态度,对于高等教育这种应用性学科研究,是不全面的。当然,我只是说,科研成果要充分考虑其可行性,并不是要求理论工作者代替实际工作者制定具体的方案、措施。因为,从理论到实践,还存在一连串中介环节,还有许多具体的条件,还有不同的环境,不能要求理论工作者包办一切具体工作。

研究过去的实践和外国的实践,也存在方法问题。运用历史法和比较法研究高等教育史,必须在掌握科学的教育理论的基础上进行。如果没有充分掌握教育理论,教育史的研究只能做到史料的罗列,很难从教育的历史演进中探讨教育规律,对教育现象和教育思想做出深入、正确的评价。

但运用历史方法研究教育问题,要防止"以论带史",甚至"以论代史"。不能先有结论,再带着结论去找历史材料加以论证,这样常常会歪曲历史,形成错误的结论。应尽量不带任何倾向性观点,准确地、客观地澄清历史事实,再从中概括出高等教育的发展规律,做到"论从史出"。

一方面要做到"论从史出",另一方面还要坚持"以论论史",以历史唯物主义,批判地继承历史经验,取其精华,去其糟粕,使古为今用。因为,首先,历史唯物主义是一种科学的历史方法论,它既反对

潘懋元主编著作之一:《中国高等教育百年》

历史虚无主义,也反对历史实用主义。其次,历史研究固然有其自身的价值,但历史与现实是不可分割的,要解决当前教育改革的问题,差不多都要了解其历史渊源、历史经验与教训。当前改革中的许多问题的解决,都需要弄清历史上的经验教训。历史研究应该而且能够为现实的高等教育改革服务。

运用比较方法研究高等教育问题,常常容易在可比性上犯错误。只有具有可比性的比较才能得出有意义的结论,这是不言而喻的。但将不可比的教育现象加以比较的例子却屡见不鲜。把孤立的两种或多种表面现象、统计材料、模式等等,凑在一起比较,而不深入研究其背景、内涵、实质,轻率地得出结论,这种结论,似乎有根有据,却是不准确甚至是虚假的。以之探讨规律,不能正确认识规律;以之作为决策参考,不但缺乏可行性,而且往往导致决策失误。正确运用比较法研究教育问题,就要把教育摆在一定的社会背景下来考察,即联系一定社会的生产力水平与科技水平、政治与经济制度、文化传统,以及人口、地理、民族等等来考察教育,而不只是就教育谈教育。这样才有可比性,从而在借鉴上才有可行性。还要以发展的观点来比较研究,而不只是比较横断面,这样才能把握各国高等教育发展的趋势。此外,比较研究还要深入到各国的教育实践中去,分析实际效益。不能停留在对各国政策、法令等文献资料的分析研究上。写在书面上的教育政策,反映了政府办教育的意向、要求,往往与实际有相当大的距离。资本主义国家的高校自主权比较大,不一定按政府文件办学。许多实际问题,只能通过有目的、有计划、较长时间的实地考察才能弄清楚。如果不可能亲自跑到国外去实地考察,也要多渠道收集教育实际的信息,以便和文献资料对照研究,尽可能全面准确地掌握真实情况。

任何正确的、科学的研究方法都有其适用的范围,即局限性。超出了这个范围使用就会出错。这种情况在研究实际中屡见不鲜。我曾经对一批青年教育理论工作者做了一次报告,题目就是《不科学的教育研究方法——正确的方法,错误的运用》,谈到包括统计方法、测量方法的误导,以及观察法、调查法、文献法、比较法等等的错误运用。从反面来论证各种科学方法的局限性。要科学、准确地运用科学的研究方法,需要注意以下几个方面。

第一,要以严谨求实的态度核实研究资料。统计资料可能存在口径问题、指标问题,还可能含有水分。文献资料可能出于宣传的目的报喜不报忧,或报忧不报喜,夸大成绩或者问题,都可能与实际情况有较大出入。使用这类材料都要注意核实,要尽可能使用第一手资料,少用第二手资料。第二,要在定量研究的基础上进行定性研究。定量研究比较客观,能提供大量的实际材料,但所反映的是表面现象。定性研究才能探究内在的因果与本质的规律。定量研究只能知其然,定性研究才能知其所以然。没有定性研究的定量研究往往是现象的罗列。最好是将定量研究与定性研究结合起来,互相取长补短。第三,要实证性研究与思辨性研究并重。实证性研究重在摆材料,思辨性研究重在思考。不重视实证性研究,容易夸夸其谈,脱离实际,难以创新;只着重实证性研究,一味堆砌材料,不注重思考与提炼,又会流于烦琐。只有在实证性研究的基础上进一步进行思辨性研究,才能透过现象,深入到事物内部,掌握本质规律。第四,要兼顾正面论证与反面驳难。单纯采用正面论证，常常会自觉与不自觉地忽略与结论不相符的材料和问题，出现观察和思考的盲点。这是一种常见的心理现象。这就需要借助反面驳难加以弥补。要认真对待研究群体中的反对意见，能借助他人的反面驳难弥补自身的不足。即所谓"兼听则明，偏听则暗"。研究者还可以通过对自己的观点从反面进行驳难，来发现和弥补研究中的不周之处。第五，要加强思维的逻辑训练。研究中常见的一些错误，如偷换概念、把必要条件当作充分条件进行假言推理、论据不足或与论题无关而"推不出"结论等等，这些错误都可以通过逻辑训练加以克服。

如何保持对学术前沿的敏感？我想积极学习是防止思想落后于时代的有效方法。我很注意向实践学习，向年轻人学习。尽管年事已高，我仍大量地、广泛地参与社会活动和学术交流活动，这使我总能接触到高等教育理论和实践发展中出现的各种问题，并与年轻人，特别是我的研究生们一起讨论这些问题。年轻人思维活跃，善于吸收各方面的新知识。与年轻人一起讨论问题，总能感受到新思想、新观念的碰撞和冲击。我很注意发现和把握青年人思想的闪光点，并加以提炼和系统化。如运用可持续发展观研究高等教育发展问题，就是在与博士生讨论的时候受到启发后，我组织他们写了一组笔谈，并形成了我自己的高等教育可持续发展观。

能把深奥的道理讲得简明，从复杂的现象中提炼出简明的规律，这种情况，在治学上可以表述为"深入浅出"和"由博返约"。深要深在思想上，深在理论上，要深入到事物的本质特征和基本规律。而真正能揭示本质和基本规律的理论总是具有简明的表达形式。这就是我们常说的一种科学美。自然科学如此，社会科学也是如此。因此，只有真正深入到了本质，把握了基本规律，才能浅出。浅出就是要用简明的方式表达出来，做到明白易懂。很多研究者以把简单的东西讲得深奥难懂为学问高深，在治学上表现为正在深入，但还没有深入到本质，没有把握住最基本的规律，因而也无法浅出。做学问，要做到深入浅出,既有下功夫的问题,也有端正思想的问题。先说端正思想。很多年轻的理论工作者难以深入浅出,往往浅入深出,旁征博引许多高深的理论以炫耀自己的学问。讲得明白易懂,语不深奥,似乎就没有学问。这使许多人尚未真正深入就自认为学问已经做得很深了,不再进一步努力深入。其实最高深的学问,可以用最简明的语言来表达,也应该用简明的语言来表达。寻找简明的表达方式的过程往往也是深入研究的过程。所以,只有端正了思想,才能进一步把学问做得深透。除了端正思想外,还要下功夫。要在由约到博的基础上,再由博返约。由约到博是充分占有材料的过程,这相对来说比较容易做到。而由博返约是对材料进行深入的思考,探究其中蕴藏的本质特征和基本规律。这是一个需要高度创造力和艰苦求索的过程。要把材料融会贯通,化为己有,形成自己的见解。我常常早上躺在床上思考半小时,很多观点都是在这种情况下形成的。当要写出来、讲出来的时候,再重新审视材料,果敢地根据需要取舍材料。要敢于割爱。同时,尽量用自己的语言,简明地说明自己的观点。这样就能做到深入浅出和由博返约。

四、我的教育思想的背景:"封、资、修"

"文化大革命"期间对我的批判帽子是"封、资、修","封"是封建思想,"资"是资产阶级思想,"修"是修正主义思想。应当怎么样来认识"封、资、修"?

"封"建时代的文化如果都去掉,那我们中国的传统文化还在吗?我们中国的传统文化是从奴隶社会时期出现,主要形成于封建社会时期,以儒家为代表的主要思想实际上是封建社会时期形成的,"封"都不要的话,传统文化也都不要了。我从小就念了很多中国古代的东西,我印象最深的是《幼学琼林》,后来在时中中学读书主要念"四书",主要是《论语》和《孟子》,还念了许多古文、旧诗,深受儒家思想的影响。儒家思想影响最大的是什么呢?儒家提倡"忠孝仁义",忠,忠于祖国,也就是爱国。我的爱国思想是在中国半封建半殖民地社会时期形成的,首先是英国帝国主义的欺侮,然后是日本帝国主义的侵略,处于这种形势下的青年,会自发地形成爱国主义思想。现在国外的华侨往往比我们国内的年轻人更加强烈地爱国,为什么?他在国外受到欺负。如果国家强大,他在外面就好过一些,国家衰弱的话,他在外面日子不好过。我们在国内感觉还不明显,但是在中华人民共和国成立前,我们一天到晚受人欺负,后来又是抗战时期。爱国的思想源泉就是儒家的"忠",忠于国家。而在思想方法上,我受中庸思想影响较大。中庸思想,就是凡事不走极端,天下事情走到极端往往犯错误。今天我们可以从辩证法来看中庸思想,但是那时候还不懂得辩证法,而是觉得,做人也好,做事也好,不能绝对化,不走极端,看问题也不能绝对化,不能流于片面性。儒家思想,尤其孔子,他的思想方法的精华就是中庸。我读书的时中中学就是孔教会办的学校,为什么叫"时中"?时之中也。就是现实主义的态度。这个时中中学办在新建的孔庙中,学校的中心是大成殿。前面有个半月池,大成殿两旁就是我们的教室。环大成殿的围墙横书题写十六个字,"人心惟危,道心惟微,惟精惟一,允执厥中",儒家将这十六个字作为修身、治国的心传:人心是危险的,道心是深微的,要掌握事物的本质,一以贯之,才合乎中庸之道。这个思想方法就是提醒人们对待万事万物,不走极端,看事物不要是就是绝对是,非就是绝对非。这一思想方法对教育思想的影响就是尊师重道。当然,我碰到很多好老师,有些老师虽不是很好,但总有可学之处。而且从儒家思想来说,天地君亲师,师是传道的,尊师就是重道。这是影响我教育思想的一个方面。影响我教育思想的另一方面就是对学生的期望,"得天下英才而教育之"。学校要以生为本,学校的基本任务是培养人才,教师是为学生服务的,正如官员是为人民服务的。所谓"教师中心论"是不对的。但是教师还是要起主导作用,教师还是应该有威信,才能更好地起教育服务的作用。现在很多人认为不要树立教师威信。把教师威信跟专制合在一起看是错误的。专制是不好的,但是威信对教育效果是很重要的。你跟着一个没有威信的老师去学什么呢?他没有威信,你就是学一点知识的话,也打折扣。所以威信对教育效果是非常重要的。苏联有一本书专门谈教师的威信,提出学校要树立教师的威信,社会要维护教师的威信,目的是提高教育的效果。因此儒家思想影响我对"尊师重道"的崇尚。再来就是学习的问题。《礼记》里有《学记》,我觉得《学记》应该看作是中国儒家的教育学,很多道理很正确。我不敢说每一句都正确。《学记》字数不多,学教育学的学生能够背的话最好都背,好好揣摩。所以我认为封建社会时期的儒家教育思想,有许多精华的东西。你可以剔除错误的东西,但是不能把所有封建社会时期形成的思想统统否定掉,那你等于摒弃了中国的传统文化,放弃了中国的传统文化;除了儒家思想,还有法家的崇法思想,墨家的"兼爱"思想,以及一些科学思想和政治观念,也是有可取之处的。

"资",资产阶级思想,那要看是什么时期的思想。如果是资产阶级初期的思想应该是进步的,因为有资产阶级思想才有工业革命,才有工业化,才有自由、民主思想。民主政治是在资本主义初期形成的,如果说"资"都是错误的,恐怕至少在早期不能这么说。到今天是不是也还有它的某些可取之处,就很难说。前些时候我们经常谈新自由资本主义的市场经济,现在由于经济危机,大家才对新自由资本主义打了问号。但是很显然,在早期的时候,反封建、反宗教、反王权、提倡民主自由的时候,资本主义思想具有一定的进步性。民主形式也还是有好处的,对权力起制衡作用。同教育思想密切相关的是理性主义与实用主义,理性主义在开始的时候是进步的,后来就很难说；后来要推动社会的发展，单靠理性主义不够，才有功利主义。功利主义的集中体现是实用主义，功利主义不等于实用主义。人要不要讲点功利？不能说都不要功利，实际上在打倒封建主义、神权、君权以后，要发展经济，要发展生产力，在工业革命时就必然要产生功利及其后的实用主义。包括列宁后来都承认说：美国的实用主义有它的长处。要考虑学习美国的实用主义思想。当时实用主义在中国不是很流行，但在教育思想上比较流行。杜威的哲学思想在中国有一定的影响，但在中国20世纪初期，影响较大的主要还是中国化了的陶行知、陈鹤琴的生活教育和活教育思想。20世纪30、40年代，我们读书的时候，读的书差不多都是这一类的教育家写的。我不是直接学杜威的哲学思想，而是"二手货"，"二手货"跟原来不完全一样。陶行知认为他是革杜威实用主义的命。我读大学时念的是教育不是高等教育，是儿童少年的教育，所以觉得实用主义很多做法，比如陶行知、陈鹤琴等的教育思想和教育方法很有道理。后来我当厦门大学附小的校长，就用陶行知的生活教育思想办学，但是也没有完全根据这一套，因为没有生活教育的教科书。当时的教科书还是根据赫尔巴特的传统教育理论编辑的，这就发生一些矛盾，这些矛盾，也就像今天所说新课改跟学生获得系统知识的矛盾。当然现在的新课改不可能都打乱系统知识，正如当年的生活教育也好、活教育也好，甚至设计教学法也好，都无法不遵守知识的系统性和学习的循序渐进的原则。这就要在矛盾中寻求共性的东西。中华人民共和国成立前，大学课堂上教授们讲的是实用主义的教育理论，也讲生活教育理论；而中小学所用的教科书和教学方法，实际是根据赫尔巴特的教学阶段论所演变的"五段教学法"。当时我就对实用主义教育理论尤其是其教育和教学方法产生怀疑，认为破坏了系统性和循序渐进原则，只能获取一些碎片化的知识。这个时候，开始接触到一些苏联的东西，我在新中国成立前已经读了一些苏联教育理论。1950年，凯洛夫《教育学》的第一章与第二章也已经翻译过来，我就根据这两章的基本理论和老解放区的一些经验,开了一门"教育学"。后来到中国人民大学和北京师范大学读研究生课程,苏联专家授课,学的就是苏联的教育理论,也就是凯洛夫《教育学》及其他苏联教育家的书,也就是后来被戴上修正主义帽子的苏联教育思想。我到现在还是认为苏联的教育学还是有一定的马克思主义的历史唯物主义和辩证唯物主义内涵的。后来批判凯洛夫的教育学有许多是机械唯物主义的东西,很多内容不是以学生为主,这一问题确实存在。但其中有些教育理论、教学原则还是正确的、有效的。由于政治上批判的需要,有些批判是断章取义的。譬如批判"智育第一",说实在这并不是凯洛夫说的,实际上引的是马克思的话,马克思在第一国际写的发言稿中就提到:第一智育;第二体育;第三技术教育。

为什么马克思没有提道德教育呢?因为当时第一次工人代表大会是在资本主义的工厂制度之下开的大会,如果讲德育,那就是资产阶级剥削工人的道德,所以思想道德教育应该摆在工人运动中谈,不是当时争取工人受教育的内容,工人的思想道德教育应该在党所领导的工人运动中进行。其实说到底,真正科学地说,教育核心的东西的确是智育,德育是建立在智育基础上的,如果德育不建立在智育的基础上,那是社会上传统的观念,不是学校的教育。学校教育的特点是通过智育来进行道德教育,而且学校教育最基本的东西也是智育,所以我在考虑高等教育的时候先考虑的是智育问题。我给高等教育下的定义的特点是什么?是建立在中等教育基础上的,专也好,高也好,都是智育,只有智育才能分辨出是基础教育还是高等教育。德育怎么分?是不是大学生道德水平比中小学生高?如何衡量?标准不同,历来都有人主张德育成绩要像智育成绩那样评分,还有人认为高考要考德育。怎么考?怎么评?不同的性质不能简单地用同一标准。学校的德育是建立在智育基础上的,是贯穿在智育之中的。德育第一,政治挂帅,是从精神上提要求。但从逻辑来说,智育是基础,就像美育一样,有美的直观感受,但是要真正欣赏美,没有知识不行。

现在很多画我欣赏不来,因为缺少这方面的知识。很多音乐没有知识是欣赏不来的。凯洛夫教育学认为"智育第一",是不是就是修正了马克思主义基本理论?当然苏联的教育学对启发人的内在性关注不够,它在心理学方面不够深入,主要是从政治入手,当时对社会学、心理学的研究很少,巴甫洛夫心理学实际上只是行为心理学。

所以我的高等教育思想,批判性地受到"封、资、修"的影响。也可以说是儒家文化、理性主义跟功利主义对我都有影响,你们把我定哪个派?后人可能会定我潘懋元是功利主义的,为什么?因为我讲的教育规律——适应,要适应时代,就是功利主义吗?如果认为大学的本质就是主观的认知理性,大学只应为学术而学术,不应当要求其与社会的发展相适应,推动社会的发展,这样的所谓"理性主义"我是不敢苟同的。我的教育思想:第一,倾向于重视智育,认为智育是最基础的。当然德育、体育、美育都重要,但高等教育的高和专就是根据智育来确定的。你说高深学问也好,应用技术也好,都是围绕着智育。当然不能忽视德育这个灵魂。教育不仅要培养社会的人,也要培养自然的人、文化的人,因而体育、美育都重要。第二,教育是有规律的,社会有规律,教育也有规律。教育学的基本任务就是研究教育规律以及规律如何运用。我对后现代主义的批判性思维很欣赏,而对有的后现代主义者完全否认规律不认同。事物的发展是有规律的,所以我研究现实的问题要用规律来思考。多学科研究是从不同角度看问题,可以看得更全面一些,但是不等于没有规律可循。第三,包容。对各种各样的教育思想、教育主张、教育方法等等,要包容,不随便否定。有人提倡什么新见解,可能不成熟,也可能有很好的苗子,不随便就把它否定掉。比如20世纪80年代我对"学习学"的态度就是这样。"学习学"或者叫"学习论",其最早提倡者是西安交通大学的林毓琦教授,当然还有其他的一批人,从学习的角度来研究教育,尤其是大学新生的教育,是有益的、有效的,应当给予肯定和支持。但是有的提倡者,一开口就批判教育学,说教育学是以教师为中心，只管教师怎么教，不管学生怎样学。而教育归根到底是要教学生怎么学的。所以他们提倡要用学习学代替教育学。惹得许多师范院校教授纷纷起来反对，四面楚歌。当时的学习论提倡者，只有一些经验之谈，缺乏科学理论。他们找到我，我说，第一，支持你们研究学习的理论和方法；第二，你们是不是不要口气太大？人家的教育学、教学论就不管学生学习？过分了嘛。教是为了学，教师如何教要根据学生如何学。教学论所谈的教学过程、教学方法，都要根据学习心理学的，教育学中还有专章讨论学生的年龄特征与教育的关系。你们可以强调学习的重要，但是不要一上来就批判教学论。他们开始也缺乏心理学的素养，缺乏教学论的素养，有许许多多经验之谈，并没有很好的理论修养，后来慢慢发展比较深入了，建立起心理学的基础，同教育学与教学论融合起来，现在学习学还搞得蛮不错。开始时他们要申请作为教育学会的一个分会，有人不同意，后来高等教育学会同意将高等学校学习学作为一个分会，我也去参加过几次会议。这些人开始的时候缺乏教育学的基本知识，但是他们的一些见解有其可取之处。后来这个专业学会参加的会员很多，专著和教材也出了好几本。

2001 年潘懋元参加全国大学学习科学研讨会

五、给教育理论工作者的几点忠告

2015年6月,在济南大学召开了"潘懋元从教80周年研讨会",许多专家学者撰写了论文,我读了过去和现在一些有关我高等教育思想研究的论文,虽然我只看了一部分,但是许多观点、许多理论已经超越了我的认识水平、思想深度。也就是说,许多论文,是大家对高等教育研究的新成果,是高等教育理论的新发展。因此,我的理解是,对潘懋元教育思想的研讨,只是把我的高等教育思想作为象征性的标志或者作为一个平台,实际上是大家在不断地发展之中的共同思想。现在,高等教育思想早就已经超越了我早期的理论,并且在不断地丰富发展之中。作为一个象征性的标志,我感到既荣幸又很惭愧。

我感觉到惭愧的,还在于我没有完成我应该完成的、哪怕是很粗糙的高等教育学科体系基本工程。多年来,我没有在高等教育学科的基本理论和核心问题上做好比较完整的工作,而是随波逐流、泛而不深。中国高等教育学的研究,开始时,既不是宏观的理论,也不是宏观政策的研究,而是开始于微观的教学过程的研究。不管是我最早的公开出版的《高等教育学讲座》也好,或者是中国第一部《高等教育学》也好,基本上是讨论培养人才的微观的教学过程的理论,以及教学原则与教学方法;其后,由厦门大学、北京师范大学、华中理工大学的教师合作编写,由我主编的《高等学校教学原理与方法》,也还是微观方面的。但是后来由于适应形势,追逐课题,我差不多放弃了微观的高等学校教学过程的理论研究和课程、教材、教学方法等等方面的应用研究。我们知道,宏观的理论研究、宏观的政策研究是重要的,它为高等教育的改革、发展指明了方向。但是,所有的宏观的理论、宏观的政策,只有通过微观的教学过程才能够进入人才培养的实践。两者的辩证关系是:微观的高教研究有赖于宏观的高教研究确定价值,指明方向;而宏观的高教研究成果,只有通过微观的高教研究,才能转化为实践。因此,应该有更多的人把更多的时间、精力,放在微观教学过程,放在培养专门人才的实践性问题的研究上。但是我很惭愧,没有很好地进行这方面的研究。现在觉察到这个问题,正在帮助组织人力进行教学质量建设的协同创新研究。质量建设主要体现在微观教学方面。这个工程是浩大的,现在我已力不从心,心有余而力不足,希望年轻的教育理论工作者和我的同仁、我的学生,能够重视微观教学过程方面的研究,包括课程、教材、教法,也包括评估,等等。这样,才能使中国高等教育研究真正深入到实践中去。

结合我的思想经历,我想对教育理论工作者提出几点忠告。

第一,当一名教育理论工作者,不要随声附和,也不要事事反对。有两种态度,一种是只要是上面说的话,不经思考,随声附和,反正随大流,现在随声附和的多。附和必须是经过思考理解了的。不应当是"理解的要执行,不理解的也要执行",因为你是理论工作者。也有一些人呢,是专门唱反调的,以反对派自居,专门写批判文章,什么东西都批判。错误的,当然应批判,但应阐明其错误之处,最好是帮助找出错误的原因;正确的,也批判,或者是断章取义,或者是无限延伸,致使真理多走一步变成谬误。那是后现代主义的解构派。我主张既解构也建构,我们既不要随声附和,也不要看到什么都批判。

第二,要敢为天下先,要研究现实。现在大讲创新,发展创新、改革创新、协同创新……创新变成口号了。那些一天到晚把创新挂在嘴边的人可能最缺乏创新,照抄上面的话,甚至是秘书给他写的讲稿,他念念就是创新。创新不是一天到晚挂在口头上的,创新也不是投多少钱设计什么逼着你去"创新"的。现在有个做法,规定你要写多少篇文章,文章要在什么地方发表,这是在扼杀创新。现在能创新的不一定是"985"、"211"学校的学生,很多高职的学生更会创新。创新当然要有知识根基,但是有时知识越多的人创新能力越差。不应被已有的知识所束缚,要的是"敢为天下先"。

第三,要敢于失败。教育理论工作者从事的科学研究工作是一项创新事业。创新事业,既可能成功,也可能失败。一战告捷易,屡败屡战难。因此,要在科学研究中开创新的领域和创造新的业绩,就要敢于面对失败,失败才能成为"成功之母"。不敢面对失败,遇到挫折就灰心丧气,不可能获得成功。

我的一生,经历过许多次的失败,其中有两次失败记忆犹新。它们既使我难以忘记,又使我从中受益无穷。当小学教师第一次上课失败的经历,激发我下决心学习怎样教学生的教育学,并立下了一个终身的理想:当一个好教师。第二次失败,是 20 世纪 50 年代,由于提倡要"变外行为内行",厦大组织了一个教育学学习班,要我对大学教师和干部讲教育学。那时的教育学都是以中小学为研究对象的普通教育学,因此开始时我们只能使用普通教育学教材。由于教材脱离大学实际,教学效果不好,教师、干部和我本人都不满意。这次失败,刺激了我下决心研究高等教育理论,下决心编写一本适合于大学教师和干部培训用的教育学教材,也由此萌发了建立高等教育新学科的理想。要做到"敢于失败",先要有理想。兴趣当然是重要的,但兴趣与理想并不是一回事。兴趣是坚持工作的支柱,但只有理想才是战胜困难、敢于面对失败的永恒动力。小时候,我对文学有着浓厚的兴趣,中学和大学时写过几十篇小说、散文发表在地方报纸上,为此在同学中还得了一个"文学家"的雅称,但我自知自己的形象思维能力不行,从来没有产生过当作家的念头,文学虽然是我感兴趣的,但并不是我的理想所在。所以,我知难而退,毫不犹豫地放弃了自己的爱好,进了厦门大学教育系,主攻教育学,辅修经济学。虽然我放弃了文学,相对于自己的兴趣而言不无遗憾,但我庆幸自己凭借理想战胜了兴趣,理性地选择了教育学。我个人体会,虽然理想要以兴趣作支柱,但兴趣所在不一定就是理想所在,理想的形成也不一定从兴趣开始,有价值的理想,往往与困难相始终。因此,干一件事乃至树立人生理想,不能光凭兴趣,还要有"明知山有虎,偏向虎山行"的胆识,百折不挠、知难而进的进取精神,"我偏要干出成绩来"的韧劲和耐性。

第四,包容。我看到一个研究经济学的学者的文章,他提到我们经营一个企业,在制定企业发展战略的时候,不能以打倒别人作为目的,不能以挤垮别人作为目的。现在有许多人一说到商业战略,就是谈怎么占有市场更大份额,挤掉别人,甚至要想方设法把别人的客户偷偷地拉过来。他说这是没出息的思想行为,很难有发展前途。真正的战略应该是提高自己的水平,使自己的东西又便宜又好,自然能扩大市场,良性发展。不以追求市场份额为目的,而以提高质量为目的,而市场份额就从这里产生,市场扩大了,也就是你好别人也好。假如一天到晚只想搞垮别人,生产就不会进步。所以他提出,不以竞争作为手段的战略,而以模式的改造提高作为战略。这对我们搞研究工作也有启发。现在有人看到别人有什么成果,心里就不舒服,我碰过这种人,他就必须是第一,别人走在前面就不舒服,就一定要攻击别人,闹得关系很紧张。一个单位内部闹矛盾,往往也因为相互之间缺乏包容。所以包容很重要。

第五,搞理论工作不要刻意追求"高深"。高深两个字是要加引号的。现在我们许多人写文章也好,搞研究也好,好像不够高深就不足以显示我是博士什么的。为了追求"高深",写文章、做报告刻意让人难以理解。殊不知最深刻的理论、最高明的理论也是要让人看懂听懂才有价值的。当然有些专业的东西也必须有一定的理论基础才能理解。但不要故作高深,理论工作者千万不要刻意追求"高深"。

六、中国高等教育学科建设可能成为其他国家的借鉴

2010年颁布的《国家中长期教育改革和发展规划纲要（2010—2020年）》与以往的政策文件不同的特点之一，是在制定的过程中，曾广泛听取各方意见，包括教育研究工作者的意见；在规划中，提出十大改革试点，分别由各地组织有关人士包括教育研究工作者进行探索。全国和许多地方教育部门也围绕《教育规划纲要》拟出研究课题，自上而下下达任务或自下而上申请承担改革研究项目。应该说，研究工作在解决问题上的作用，受到一定程度的重视。但是有两点值得注意：其一是有些地方的教育部门，仍沿着过去凭文件、凭经验办事的老轨道，不经研究就下达文件，以"紧跟"和"大跃进"的姿态，要提前实现《教育规划纲要》中2020年的发展目标，比如幼儿园的入园率、义务教育的均衡发展，因此有的做法违反教育发展规律，甚至违反社会发展规律；其二是有些理论工作者，只凭理论、凭"教条"，提建议、定方案，不顾中国实情。例如，把民办教育简单地一分为二，即营利性与非营利性，凡投资办学而要取得合理回报的，都要作为营利性企业对待，否则都应将所投资金、资产改为捐资，引起投资办学者的不安。我和邬大光、别敦荣教授合写的论文《我国民办高等教育发展的第三条道路》，就是针对这种不顾国情，照搬教条和美国经验的现象而写的。现在新的《民办教育促进法》出来了，简单地一分为二，而营利者、非营利者都在观望之中。

大学走出象牙塔，走进经济社会中心，是必然的趋势；进入社会之后，为大众所关心，大家就会提出许多问题。社会就是在不断地解决问题中发展的，高等教育也是如此。高等教育研究就是要在不断地解决现实问题中促进高等教育的发展，也促进高等教育学科的发展和成熟。

我 2015 年写了一篇有关高等教育基本理论发展的反思的论文。有些东西一直是正确的，比如两条教育基本规律互相制约；有些东西要与时俱进，比如说，高等学校的职能，原来世界性的共同认识是三个职能，即上面所说的培养人才、创新科学与社会服务。

在中国高等教育的发展过程中，许多研究者认为应当增加其他职能，比如国际化是不是一个新的职能？文化传承或引领文化是不是大学新的职能？因此，是不是根据中国高等教育发展的实际需要，高等学校还应有第四职能、第五职能？又如高等教育的功能。教育具有个体功能和社会功能两个方面的功能，这个不会变，社会功能方面包含政治功能、经济功能、文化功能，高等教育、普通教育都具有这些功能，但高等教育的内涵比普通教育丰富、复杂。至于个体功能方面，普通教育只有成长功能，高等教育还有选择功能、升迁功能。也就是职业的选择跟地位的升迁，这里可能有变化，但是总的两个功能没有变化。再如，高等教育的定义："建立在普通教育基础上的专业教育"，我认为还是没有变化。不过很多人认为不能叫专业教育，有的人认为建立在普通教育基础上太笼统，应当说建立在高中阶段基础上；也不应规定为专业性教育，现在应当淡化专业，加强通识教育。这个问题可以研究。我认为我的定义基本上还是正确的。完整的基础教育之上，也就是高中层次之上，不可能是初中或小学之上；至于淡化专业，并非取消专业；加强通识教育，并不能取消专业知识能力的培养。倒是原来我所提倡的教学原则体系，列举了 10 条重要原则，由于网络课程的出现与推广，可能要增加新的教学原则。

中国把高等教育学作为一个二级学科建制，而美国和一些发达国家只是把高等教育作为一个研究领域,而不是作为一门学科。我认为,高等教育既是学科又是领域。不仅是二级学科,可能还是同以研究普通教育为主的教育学并列为教育科类的一级学科。按照中国现行的专业分类,高等学校专业有13个科类,科类之下再分一级学科、二级学科。比如历史这个大科类,就分为中国历史、外国历史、考古学三个一级学科,教育呢,包含了教育学、体育、心理学三个一级学科,主张增设高等教育学一级学科的同志认为,高等教育学如果跟普通教育学的关系不是包容关系,就不应该作为教育学的二级学科,应该是并列的一级学科。问题是现在二级学科还有学前教育学、职业教育学,是不是都应当跟教育学并列,作为一级学科呢?

2005年在挪威举行的《潘懋元——一位中国高等教育学科的创始人》首发式上为读者签名

人们按照西方传统学科列出了许多条条,要有独特的研究方法,要有能够推导出学科理论体系的逻辑起点,等等。我认为,学科是科学的分类,科学是研究事物发展规律的,只要有特定的研究对象,深入研究作为对象的事物本质,研究作为本质关系的规律及其运用,形成一定的理论体系,就是一门学科。高等教育学独特的研究对象就是建立在普通教育基础上的专业性教育,它所研究的是教育基本规律在高等教育中的运用。

高等教育要改革要发展一定要有理论指导,因此高等教育学的发展是必然的,至于作为学科还是领域,这个看各个国家的国情,很多国家只是作为一个领域来研究,不是作为一个学科来研究。学科有一个系统,领域只是就其范围里面有什么问题就研究什么问题,如高等学校的经费问题、学潮问题、大众化问题以及一流大学问题等,而不是一个学科体系。美国不仅重视一个个问题的研究,还重视一所所学校的研究,尤其对本校的研究,即"院校研究"(校本研究)。有些美国学者认为,不存在系统的学科建设问题,不承认高等教育学是一门学科。而中国从一开始就把它作为一门学科来研究,研究学科的理论体系,而且作为一门独立的学科建制,进行学科建设。日本的高等教育研究起步比我们早,在1972年就建立了第一个高等教育研究机构——广岛大学的大学研究中心,由当时广岛大学的校长冲元丰担任该中心的中心长。为什么要建立这个研究中心呢?因为20世纪60年代末70年代初,世界各地都发生学潮,日本也不断发生学潮。前文部省为了研究学潮、解决学潮问题,专门成立了一个研究机构来研究大学学潮问题。广岛大学是由几所师范学院合并而成的,教育研究有较好的基础,校长冲元丰就是著名的比较教育家,承担了这个任务,在广岛大学建立了"大学研究中心"。可见,广岛大学的大学研究中心是针对一个单独的学潮问题而建立起来的。当时,美国等许多国家的高等教育研究机构也是围绕学潮问题建立的。各个国家的学潮暴露了高等教育存在的问题,如法国的学潮是由招生问题引起的,因为法国普通大学招生是不经入学考试的,当时教育部颁布新规定,招生要考试,引起了学生罢课,最后迫使当时教育部部长辞职。

一个个孤立的问题研究,构不成学科的理论体系,难以探讨共性的规律。同时,缺乏学科建制,难以开展有组织的活动。在国外是不是一个学科无所谓,没有学科照样可以招聘教师、开展研究、招收学生培养专业人才。在中国,如果没有学科,在高等教育制度层面就没有依托,有学科才能招生颁发学位。如果当年高等教育学没有作为学科建制进入研究生的专业体系,很难设想现在每年能培养数以千计的高等教育学硕士和数以百计的高等教育学博士。还有学会和研究机构的设立和活动都需要以学科建制为依托。学科建制是我们中国高等教育的特色,当然学科不是不搞问题研究,实际上我们一开始就是既研究学科基本理论,又进行大量的问题研究,两者构成两条并行而又有所交叉的轨道运作。也就是从实践中提炼理论,构成理论体系,然后用理论来研究高等教育的问题。当然,学科建设的要求不仅是研究具体问题,要深入和提高到理论层面上来,而且要把理论梳理成为一个系统,这样才能更加深入。比如经济学开始的时候也并不是一个学科,从亚当·斯密开始才成为一门经济学科,因为他揭示了最基本的价值规律。我们高等教育学是要梳理一个系统的理论,而且要有它的规律,同时在我们国家作为一个学科建制,才能有保障。譬如说,你要设一个专业,专业一定要进入学科目录,有了这个学科你才能招学生,没有的话你只能研究一个问题,问题研究完了就结束了。就像现在给你立项、拨经费,研究一个课题,课题结题就完了。而学科不同,有学科可以设研究室、研究所,我们厦门大学现在的教育研究院,可以招大学生、研究生,可以聘请教师和研究人员,这样才能逐渐壮大起来。当然有些问题研究我们不比外国周密、深入,但是我们不要妄自菲薄,我们不是所有研究都落后于外国,我们理论体系的构建就有自己的特色。当然不是说外国就完全没有理论研究,比如布鲁贝克的《高等教育哲学》,但是他没有构建一个从哲学思想到具体的教育怎么办的体系。我们还是要有中国特色,两轨并行,有所交叉,构成有理论有实践的社会主义高等教育体系,可以值得世界高等教育体系借鉴,也就是构成中国的高等教育学派。

中国许多高等教育的做法也不一定完全不如国外,比如中国高等教育发展太快,太快当然不好,但是有哪个国家能够不到十年时间翻了几番而没有出太大的纰漏?中国高等教育的治理存在很多问题,现在我们要去"行政化",实际上也是治理的问题,但是不管怎么样,

2008 年潘懋元先生获改革开放 30 年"中国教育风云人物"称号

中国高等教育还是在很好地运行之中,不够理想不够好,但是运行之中没有太乱。这里肯定有我们自己的东西,所以我们不能自高自大,但是也不能妄自菲薄,我们要敢于建立中国的学派。中国高等教育研究可以建立一个自己的学派,这个学派的特色就是学科与问题研究并重、交叉。我认为高等教育在中国成为一个学科,将来世界上也必然会成为一个学科。不能说高等教育学在美国还不是一个学科,中国就不能把它作为一个学科来建制,中国的学科建设可能成为其他国家的借鉴。

1999 年 2 月潘懋元先生获英国赫尔大学名誉博士学位

第八章

追寻高等教育的"中国梦"

  一方面中国高等教育实现了跨越式大发展,进入了大众化阶段,成为世界上高等教育第一大国;另一方面中国远非高等教育强国,在深化改革中问题丛生,面临着如何从大国走向强国的历史任务。高等教育实践呼唤理论指导,高等教育研究者应该担负起时代赋予的历史使命:在加强理论创新与实践指导的过程中,实现高等教育研究从大国向强国的迈进。

——题记

一、高等教育国际化与民族化

  高等教育国际化是一个历史悠久的概念,可以追溯到最古老的大学,尤其是中世纪大学本身就带有国际化的特点。当然,国际化的概念再次被提出来有其时代意义,尤其是随着经济全球化和信息技术的发展,国际化已经有了新的内涵,现已成为高等教育发展的重要趋势和理念。

较早推行高等教育国际化的是美国,日本自20世纪90年代以来,也大力推行国际化。日本曾经在20世纪80年代提出,要培养具有国际眼光的国际型人才,从国外大量招收留学生,接纳10万以上的外国留学生。当然,现在实际上已超过10万人,其中就有很多中国留学生。欧盟也很重视高等教育国际化,在构建区域性的国际化高等教育中取得成功的经验。中国自改革开放以来,也努力进行高等教育国际化,但由于受种种限制,推行高等教育国际化的过程中存在的问题比较多,其中之一就是如何正确处理国际化与民族化的关系问题。

为什么发展中国家要同时研究民族化的问题呢？因为发展中国家和发达国家的发展是不平衡的,不管是经济还是文化都是不对称的。这意味着,国与国之间,发达国家与发展中国家之间的交流往往是不平等的,如中国与美国的交流就存在许多不平等现象。我们承认这种不平等存在,但也不能放弃民族的优良传统。我们是弱势群体,但必须坚持民族化,不能全盘美国化或西方化。简言之,我们一方面要向他们学习,另一方面也不能放弃本民族的优良传统。

中国的高等教育必须走国际化发展道路,但必须建立在民族化的基础之上。国际化是必然的趋势,国与国之间的不平衡也是客观存在的,但国际化并不意味着放弃民族化,而是建立在民族化基础上的国际化。如果丧失了民族的整体意识,不能让我们优秀的民族文化参与到国际交流的平台,那就不是真正的国际化,只能是西方化,甚至是殖民化。在国际化进程中,发展中国家要争取成为国际交流与合作中平等的一员。

在经济上,我们通常用全球化或一体化来表达国际化的内涵,但在教育上,我们一般慎重地称之为国际化,因为经济上有更多的东西可以和国际接轨,而在教育特别是整个高等教育上,不能够都要求与国际接轨。某些具体的教育措施可以与国际接轨,但不宜谈整个高等教育与国际接轨,把国际化变成西方化。所谓的"国际"往往是指在国际上占主导地位的国家。在当今世界,发达国家才具有文化发言权,具体说更多的是美国的发言权。在某些措施上,我们可以与之接轨,向之学习,但绝不能把我们整个的高等教育同他们的高等教育接轨。因此,我们最好不要笼统地提与国际接轨,也不要随便说"全球化"或"一体化",我个人主张提"国际化"比较好。

当前,中国高等教育国际交流主要通过两条渠道。一是留学教育;另一是在地国际化教育。

留学教育包括出国留学与招收国外留学生。一般说,发达国家主要是招收国外留学生,发展中国家主要是学生出国留学。中国过去的留学教育基本上是出国留学,来华留学生很少。随着经济的发展和科学技术的发达,来华留学生逐渐增加。出国留学生主要集中于英语国家,学习理、工、经管、政法和艺术,来华留学生主要学习中国语言和传统文化,随着中国生产力的提高,来华学习轻纺、经管的也逐渐增多。

中国的在地国际化教育原称中外合作办学,有合作办学机构与合作办学项目两类。教育行政部门严格管理,经审批的合作办学机构有100多家,大多是附设于大学的二级学院;具有独立法人资格的,只有宁波诺丁汉大学、西交—利物浦大学、长江商学院、北师大—香港浸会大学联合国际学院、上海纽约大学(华东师大与纽约大学合办)、杜克大学等几所。其中有两所还只能算是参照中外合作办学条例与境外(香港)合作办学。

这些合作办学,都只是把国外(境外)教育资源引进来,相当于工商业的"招商引资"。随着形势的发展,国力的提升,优质教育的充盈,中外合作办学,要逐步从"引进来"到"引进来"与"走出去"并重,正如工商业从"招商引资"到"招商引资"与"海外投资"并重。这是中外合作办学的必然趋势。为此,《教育规划纲要》特别提出要"推动中国高水平教育机构海外办学","为发展中国家培训专门人才"。

"走出去"办学的意义:一是"提高中国教育的国际地位、影响力和竞争力",这是大家容易理解的;二是起教育"窗口"的作用,更深入地了解国外的办学理念、课程设置、教学方法与教育管理措施和经验等等。因此,"走出去"应当优先办具有中国高等教育比较优势或特色的学科,并充分了解所在国家(地区)的需求和发展特点。

世界各国国际合作办学,以"走出去"为主的,有英、美、法、加等国家;以"引进来"为主的,有马来西亚、韩国和非洲多数国家。近年来,马、韩、新这些国家十分重视"走出去",已将"引进来"与"走出去"并重作为合作办学发展方向。中国呢?

当然,中国孔子学院与孔子课堂,已经遍布世界各大洲,又多又快地实现了"走出去"。但孔子学院主要是传授汉语言和中国传统文化,还不足以显示中国在自然科学、社会科学、生产技术等方面的水平与特色。"走出去",包括海外办学和培养外国留学生,应当在科学、学术、技术、艺术等方面彰显水平、特色与先进性,应当能在国际学术平台上同发达国家平等对话。

厦门大学已在马来西亚办"中国厦门大学分校",同马来西亚有关部门合作办学,这是历史性的事件,值得全校、全国重视。

应当指出:中外合作办学的可持续发展,必须坚持若干原则。主要有:

(1) 坚持公益性原则。但要处理好公益性与投资办学合理回报的关系。英国对外国留学生和海外办学的高额学费、谋取高利润的做法和某些国家赔本办国外教育,均不利于公益性事业的积极发展。

(2) 坚持教育资源的优质性原则。不论引进或输出的教育资源都应是优质的。但要理解优质教育资源的相对性。不应限定排行榜上那些所谓"一流大学";不同层次、不同类型的高校与专业,急需的、匹配的教育资源就具有优质性。

(3) 坚持合作双方的"双赢"原则。只有合理的、公平的双赢,才能可持续发展。在世界市场经济的大环境下,WTO把教育作为国际服务贸易之一。中国是 WTO 成员方,承诺中外合作办学的商业存在。要转变中国传统的义利观念的思维定势,"不拿回一分钱"的诺言可能会徒增对方的猜疑。

二、国际教育平台上中国应该从"听话"到"对话"

在中国在政治、经济上不够强大,科学技术上比较落后的时期,高等教育强调国际化,只是派出留学生、聘请国外专家、引进国外科学技术,在国际学术会议上,只是"听话"而非"对话"。也有少量的来华留学生,主要是学习汉语言文字和中国传统的语文、艺术和中医。时至今日,中国已不能停留在"单向"的国际化上,来华留学的外国学生猛增,近年来华留学生已接近出国留学生数。尤其是所学知识,除中国传统文化外,大量是来中国学习工科,特别是轻工和制造业。说明中国的轻工、制造业具有先进性;来华学习服务业较少,说明中国的经营管理先进性不足;至于来华学习理科的不多,说明中国的科学水平有待进一步提高。在国际学术会议上,初步改变了只"听话"不"对话"的局面,但往往虚心有余,信心不足。例如:21 世纪以来,中国高等教育学会的主要工作之一,也是亮点之一,就是每年举办一届高等教育国际论坛,并于第三届开始增设博士生论坛。它以中国高等教育学会的声望吸引参会者,由地方政府协办,参加论坛者除高等教育研究工作者和少量的国外、境外学者之外,还有政府官员、教育管理部门领导、高等学校领导与干部,以及相当一批年轻的博士生。这个论坛对国家高等教育发展战略与政策的解读与宣传,对地方和高校高等教育改革实践的交流与影响,对博士生们的引导与培养,起了重要作用,这些作用,可能不都是立竿见影的,但却是深远的。

1994 年在国家教委会议室举行聘任美国著名学者博耶为厦门大学客座教授仪式上,潘懋元作介绍博耶的报告

2002 年潘懋元访问澳门科技大学

十多年来,已召开十几届的高等教育国际论坛的主题,除个别外,都是当时中国高等教育改革与发展中重大的宏观战略问题,如第五届的"科学发展观与中国高等教育",第六届的"建设创新型国家和中国高等教育的改革与发展"等等。而其中有三届,更是从不同侧面集中讨论"建设高等教育强国"的战略课题。这一课题,既是中国从高等教育大国走向高等教育强国的现实问题,也是高等教育学会所承担的重大攻关课题。作为全国性的高等教育研究组织,有计划地集中力量于国家宏观战略问题的研究是正确的、必要的。历届论坛所讨论的问题,所交流的成果,对国家宏观决策、地方和高校的改革实践,都有重要的影响,显示了中国高等教育学会在推动中国高等教育建设中所起的作用。

作为高等教育论坛,在国内已有重要影响。但是,作为国际教育论坛,可能还有进一步发展的空间。每届论坛,虽邀请了几名国外与境外专家参加,但因所讨论的主题多是中国自身的问题,域外专家只是提供一些经验或意见,以供中国借鉴;也可能带去一些中国的政策或经验,起一定的交流作用。但都没能充分体现作为"国际高等教育论坛"的本义——在国际性的平台上,中国对世界高等教育事务的话语权。

我认为,国际性教育论坛,有别于全国性教育论坛,应有三个层次的意义:其一,根据国内需要,借鉴他国经验;其二,平等对话,达到相互理解;其三,讨论国际性共同问题,探讨世界教育发展趋势与规律。所以,我认为第二届主题"人文教育与科学教育的融合"、第三届主题"加强教育科学研究,促进高等教育创新"等,既是中国高等教育应当研究的问题,也是20世纪70年代以来,世界高等教育界所共同关心的问题。比较符合"国际高等教育论坛"的本义,而不只是请人家来参加国内会议提意见。为什么国际会议所讨论的只是中国自己的问题而不是世界各国所共同感兴趣的问题呢?实际上暴露的是缺乏在国际平台上从"听话"到"对话"的自信心。

世界和中国所共同面临的问题很多。例如,中国高等教育当前的任务是"提高质量",而世界高等教育自20世纪50年代以来,学生人数每10年翻一番,到2008年时,大学生人数已达1.6亿。由于数量剧增,优质教育资源稀释,导致质量下降,这是世界和中国所共同面临的挑战;要保障高等教育质量最重要的是师资队伍建设,因而大学

2010 年潘懋元先生访问香港大学并赠书

教师专业发展也成为世界和中国高等教育发展的共同问题。其实，国际上共同感兴趣的问题很多，例如，合作办学、学位与学历互认、弱势群体的教育、妇女教育、高等教育普及化以及终身教育体系的建设等等。

就以高等教育大众化、普及化来说，20世纪90年代初，高等教育大众化在中国尚未进入政策视野，甚至不被认可之前，厦门大学教育研究院就开始高等教育大众化研究，当时主要是由谢作栩教授和我所提出的。我们认为高等教育从精英化到大众化有一个相当长的过渡阶段。按照马丁·特罗所提出的15％的毛入学率数量指标，当时中国还差得很远。但在质性指标上，如高等教育观、高等教育功能、课程与教学形式、入学机会的平等权利，以及高等教育的职业性等，已经逐渐呈现了。同时，我们还预见到大众化的高等教育，在办学形式上、教育质量上，必将呈现多样化。单一化与多样化，是大众化阶段与精英化阶段的重要区别。这些研究对其后中国高等教育大众化的发展都有一定的启发意义。与此同时，日本的高等教育毛入学率已经接近50％，日本广岛大学的大学教育研究中心有本章教授也提出了从大众化到普及化的过渡阶段论。他认为，当年日本的高等教育已具备普及化的种种质性上的特征，进入普及化的毛入学率指标已经不是按考试、注册、入学的大学生进行计算,而是包括通过申请、登记进入多样化的高等教育机构接受多样化的高等教育的学生。马丁·特罗接受了他的意见,在后来的一次报告中也指出,普及化阶段不能按精英化或大众化那样来计算数量指标。

中国高等教育毛入学率的数量指标已经接近普及化阶段,现在就要做好充分的准备。别敦荣教授所组织的研究团队成员正分别从数量、理念、特点、治理以及体育等的变化来探讨普及化阶段的改革、发展与问题。这些前瞻性的研究,有理有据,对有序地制定改革发展政策与实践有所启发。但是,有一个认识前提必须解决。现在有许多人,包括有些高等教育的决策者、办学者和研究者,对高等教育大众化的必要性和必然性有不同的见解,认为中国高等教育大众化导致工人缺乏而大学生太多,也就是"招工难"与"就业难"并存的人力市场结构失衡,应当减少高等学校招生而增加工人数量,以均衡当前人力市场结构。如果对高等教育大众化持怀疑态度,能积极迎接其普及化的到来吗?因此,必须解决高等教育大众化、普及化的必然性问题。

诚然,从 1999 年开始,中国高等教育量的增长太快,以致数量与质量、人才市场的供与需失衡,这是由于对高等教育大众化的思想准备不足而又急于拉动经济所致。但高等教育逐步地大众化、普及化,是符合经济社会发展规律的。生产要转型,生活水平要提高,社会要发展,高等教育必须满足于人民文化生活的提高并培养出适应和推动社会发展的多样化人才,否则就会陷入所谓"中等收入陷阱"。拉丁美洲等地一些国家,在 20 世纪后期,就进入中等收入水平。由于不重视高等教育质量的提高与数量的增长,未能进一步推动经济社会的发展,从而走不进发达国家的行列。中国现在的人均年收入已达 8000 美元以上,正处于中等收入较高阶段,亟须转型发展。例如"2025 制造业"、"工业化 4.0"、"互联网十"等等,都是为了面临转型发展以跨越"中等收入陷阱"。相应地,高等教育进入大众化阶段之后,应在数量增长上放慢速度,但必须坚定不移地、踏实地、有计划地进入普及化阶段。"招工难"与"就业难"的问题,也要在转型发展中,通过逐步提高科技水平,减少低层次工人而增加科技人才需求来解决。总之,首先要从认识上解决为什么必然要走高等教育大众化、普及化发展道路。

另一个阻力是许多人总是用高等教育精英化阶段的理念来看大众化,思想停留在传统的精英教育上。理念应当随着形势的发展而发展。马丁·特罗已经提出,上大学在高等教育精英化阶段是特权,在大众化阶段是权利,而在普及化阶段是义务。正如我们称普及基础教育为义务教育一样,高等教育普及化阶段上大学也是已成年的青年人应尽的义务。普及化阶段还有许多值得研究的理念。如平民教育的理念、包容教育理念、开放教育理念,以及非传统生源概念等,都值得进一步研究。尤其是关于普及化阶段的治理问题,这是马丁·特罗所提出的最后一个质性指标,在中国如何实现,困难较大,需要结合中国实际,深入地进行可行性研究,但它不是精英化唯一的指标。

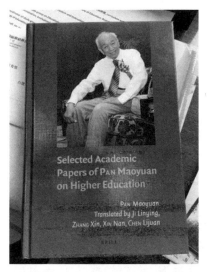

2015年12月《潘懋元文选》英文版由荷兰博睿出版社(Brill Press)正式出版

总之，在国际教育平台上，讨论这些问题，都应有中国的声音。中国的专家学者，可以介绍中国高等教育的成就与问题，也可以畅谈对世界高等教育发展的预测并评论；可以汲取他国的经验、理论，也可以宣传我们的思想、观点。青年的博士生们更应当扩大视野，加强信心。

未来的中国高等教育研究要加大对外开放的力度，进一步加强与国际高等教育研究界的交流与合作，不仅以更为宽广的胸怀借鉴世界一切先进的、优秀的高等教育理论，还要通过交流与合作，让中国高等教育研究的成果为世界同行所认可和共享，并逐步确立中国高等教育研究在世界学术界的地位。同时，积极参与跨国性的重大高等教育课题的研究工作，在国际化与本土化的相互作用、相互补充中不断取得新的进步。

联合国教科文组织在进入 21 世纪之际，提出了世界性的"全面教育理念"。十五年后的 2015 年，在韩国仁川召开的"世界教育论坛"上全面总结了十五年的进展与可能面临的挑战，提出了第二个十五年即 2015—2030 年的愿景，也就是指引未来十五年全球教育发展的"仁川宣言"。"仁川宣言"将全球教育发展愿景概括为"确保全纳、公平、有质量的教育，增进全民终身学习机会"。这既是面向 2030 年全球性教育发展的愿景，也是各个国家、各级各类教育的愿景。对于高等教育来说，这些愿景对 2030 年的发展前景都有重要的意义。

◆ (一) 全纳教育(inclusive education)：让所有学生共同参与

全纳教育作为一种新的教育理念和教育思想，象征着一种新的教育价值观的兴起。全纳教育理念有助于联合国教科文组织所推行的"全民教育目标"和"千年发展目标"的实现。更关键的是，面向 2030 年，全纳教育思想将逐步为多数人所接受，随着各国高等教育陆续从大众化向普及化阶段过渡，也必然成为高等教育普及化阶段的基本理念。届时，所有适龄青年都应接受高等教育。从而，接受高等教育已不再是精英化阶段少数人的特权,或大众化阶段众多人的权利,而是所有适龄青年的义务。

全纳教育理念倡导包容,鼓励多元。包容是增进不同文明样态相互理解的基础,多元是繁荣人类文明财富的保障。每一种教育理念都是教育理论的积极探索,每一种教育行动都是推动教育发展的重要基础。全纳教育不仅让我们更好地理解教育世界,更是致力于有效地塑造教育世界。新世纪的高等教育应具有可持续的普适性,既要保障所有适龄青年体验高等教育,又要鼓励更多的非传统学生重返大学课堂;既要积极推动公立高等教育的发展,又要为民办等其他类型高校的发展提供必要的支持;既要大力支持精英教育模式的发展,又要全面推动应用型高校的探索。

◆ (二) 公平:为了平等发展的权利

一个和谐的社会必然是一个人人享有平等受教育权的社会,是一个能有效支持能力发展和社会流动的社会,也是一个教育资源得以合理配置的社会。从国际上看,知识与技能对个人收入分配所产生的影响将越来越明显。尽管适龄人口中接受高等教育的人的比例不断增长,但仍有许多青年受家庭出身或其他条件的限制,无缘享有基本的高等教育资源,从而丧失了实现代际流动的机会。当一个社会的代际流动引擎逐步放缓甚至日趋停止时,社会的公平性就会降低,乃至消失殆尽。

目前,中国高等教育的公平问题主要表现在高等教育资源在城乡与区域之间分布不均衡。从城乡差异来看,出身于农村的高中毕业生享有优质高等教育资源的机会远低于出身于城市的学生。从区域差异来看,中国优质高等教育资源呈现从东到西逐步递减的趋势,并且此种趋势在市场经济的驱动下更加显著。随着国家"双一流"建设方针的出台,不少高校出现了非理性的"人才争夺战",导致西部高校出现严重的"人才流失"现象。从国际上看,中国、印度等不少发展中国家出现的持续性的"人才外流"现象也客观上反映了高等教育发展在国与国之间存在显著不平衡。

◆(三)质量:倡导多样化发展的标准

无论在精英化阶段,还是在大众化或普及化阶段,质量始终是高等教育的生命线,只是在不同阶段其发展定位和培养规格有所不同。当高等教育所面临的外部环境发生变化时,其质量标准理应有所改变。根据《教育大辞典》的解释,教育质量"所指的是教育水平和效果优劣的程度","最终体现在培养对象的质量上"。"衡量的标准是教育目的和各级各类学校的培养目标。前者规定受培养者的一般质量要求,亦是教育的根本质量要求;后者规定受培养者的具体质量要求,是人才是否合格的质量规格"。1998 年联合国教科文组织在巴黎召开首届世界高等教育会议,并在通过的《21 世纪的高等教育世界宣言:展望和行动》中声明,高等教育的质量标准"应鼓励多样化"。

高等教育的质量标准可分为两个层次:一是一般性的基本质量要求,二是具体的人才培养规格。前者所针对的是所有类型的高等教育,后者则是根据各级各类高等教育的具体培养目标。当高等教育由精英化向大众化,乃至普及化阶段过渡时,精英教育还将继续存在并有所发展,但是应用型、职业型高等教育将大规模发展。应用型、职业型高等教育的培养目标不同,从而其质量标准也应有所不同。

构建多样化的高等教育质量观是适应生产力发展和经济社会转型的必然要求。转型社会,既需要研究高深学问的科学家,更需要数量庞大的工程师、管理人才和高水平的具有创新能力的技能型人才。在转型时期,高等教育所培养的人才需要"适销对路",需要培养更多的"大国工匠"。而且,多样化的高等教育发展标准可有效改善目前中国高校趋同发展的现状,引导高校分类办学、合理定位和差异化发展,促进高等教育资源得以合理配置和有效利用。

◆ (四) 终身教育:构建学习型社会

过去,我们习惯于将人的一生大致分为儿童期、青年期、成年期和老年期四个阶段,接受正规学校教育的阶段基本限于儿童期和青年期。而成年期为职业期,老年期则为退休期。显然,这种划分方式已难以适应现代社会的发展需求,更遑论以此适应未来社会。联合国教科文组织在其发布的《教育——财富蕴藏其中》的报告中曾言:"今天,谁都不能再希望在自己的青年时代就形成足够其一生享用的原始知识宝库,因为社会的迅速发展要求不断地更新知识。"终身教育超越了传统基础教育与继续教育之间的阻隔,它是21世纪推动人类社会进步的关键动力,也是不断适应瞬息万变的职业需求和努力契合个人生活需求的必要条件。

在高等教育普及化阶段,终身教育不再是遥远的梦想,而是在不断适应社会发展所进行的系列教育变革中所形成的。随着高等教育普及化的不断发展,高等教育必然融入终身教育体系,成为终身教育体系的重要组成部分。正如《21世纪的高等教育世界宣言:展望和行动》所指出,"应致力于把高等教育纳入终身教育体系,并努力推动这一体系的完成。"高等教育不再是个人学习教育的终止,而是像初等教育和中等教育一样,作为终身教育过程的一个环节,一个阶段。"终身教育是不断造就人、不断扩展知识和才能以及不断培养其判断能力与行动能力的过程。"

因此,为了有效适应科技创新和社会进步所引发的生产过程的剧变,获得职业发展所需要的知识与技能,我们亟须将传统上各种被人为割裂的教学和学习形式加以整合,发挥各个教育阶段和各种教育环境的互补性,实现学历教育与非学历教育的有效融合,致力于构建一个学习型社会。在中国,终身教育理念无疑是推动高等教育由大众化向普及化过渡的一把"金钥匙"。当然,如何对各种形式的非学历教育进行有效认证,赋予其应有的"合法性",以此打开教育理想的大门,需要高等教育理论研究者和实践工作者集思广益,群策群力。

2017年11月,厦门大学高等教育发展研究中心召开"面向2030年的高等教育发展——理念与行动国际学术研讨会",来自联合国教科文组织、美国、俄罗斯、西班牙、南非、日本、中国香港以及内地重要高等教育研究机构的众多代表参加,在这个国际教育平台上,共同探讨以上国际性的共同理念及其发展战略,也讨论中国对国际性共同理念的实践活动。

总之,要建设高等教育研究的强国,就不能满足于规模大、成果多,更重要的是要沉下心来不断提高科学化水平和应用价值。高等教育研究者要切实担负起自己的历史责任,瞄准学术发展前沿,扩大认识视野,拓展思维空间,既立足当代又继承传统,既立足本国又借鉴外国,大力推进学术观点创新、学科体系创新和科研方法创新,形成国际高等教育研究中的中国学派,努力建设具有中国特色、中国风格和中国气派的高等教育学科群,为世界高等教育研究的发展做出我们中国学者应有的贡献。

三、高等教育国际化的"引进来"和"走出去"

厦门大学教育学科有三大亮点,这三大亮点体现了我们办院办研究中心的宗旨,那就是敢为天下先,我们要做第一,但是不做唯一。第一个亮点是高等教育学,已成为全国重点学科,每年有数以千计的学生报考硕士生,数以百计的学生报考博士生,如2016年有107个学生报考博士生,但仅录取20个博士生。第二亮点,提出科举研究,提出把科举作为一个专门学科进行研究,这是我们院的一个品牌,而且得到了大家的认可。科举是中国教育史上的一个重大问题,因为中国古代教育史实际上没有教育,没有学校,中国的教育史就是科举史。第三个亮点是中外合作办学研究——推动中国教育国际化的一个重大的具体的措施。在教育部的大力支持下,我们把我们的中外合作办学研究中心建立起来了。经过几年的努力,我们的研究成果得到教育行政部门和国内外的广泛认可,成为公认的"领头羊"。下一步要怎么做,还需要各级领导,包括校领导、省厅领导、教育部领导,以及兄弟院校的支持。

教育国际化是在国际平台上有共同的语言、共同的需要,进行平等的对话。我建议对《中外合作办学条例》进行修改。现在看来,《条例》中所指"中外合作办学"是指在中国的合作办学,不包括在境外(国外)的合作办学,也就是说可以指诺丁汉大学、纽约大学来中国合作办学,但是没有包括我们厦门大学的马来西亚分校。现在我们的国际化以及中外合作办学,已经不仅仅是"请进来",还有"走出去"。目前,有大量的孔子学院"走出去",但是孔子学院具有一定的特殊性,真正的国际化是在国际平台上有共同的语言、共同的需要,进行平等的对话。因此,今后"走出去"更重要的是我们的数理化、我们的工科、我们的医科以及我们的社会科学都能够在国际平台上跟人家平等地探讨。

中国与东盟国家也要在彼此的学习中相互发展。双方在教育发展、人才培养中有许多好的经验,这就需要经常举行交流会,共同探讨感兴趣的问题,这对人才培养和教育可持续发展是有很大好处的。主要体现在四个方面。一是高等教育大众化。许多东盟国家的高等教育大众化发展得比中国早,比如菲律宾在20世纪70年代末至80年代初就已经实现了高等教育大众化,其高教大众化的经验与做法值得中国学习。二是职业技术教育。东盟许多国家在20世纪70—80年代大力发展应用型院校和职业技术教育也是值得中国学习的,中国高职院校则是在20世纪90年代末才开始举办。三是民办教育

1997年潘懋元(中)与国际比较教育著名学者、加拿大人许美德教授(右)在一起

(私立大学)。民办教育尤其是菲律宾的高等教育大众化的快速发展得益于私立大学的兴起,菲律宾的私立大学占全国高校的80%,而且办得较好、水平较高,这也是很值得中国学习的。四是教育国际化。教育的国际化发展得早而且发展快速,以新加坡的高等教育国际化为典型代表和成功典范,马来西亚目前也正致力于教育国际化的大发展,邀请国际知名高校到马来西亚办分校,其中厦门大学马来西亚分校也是其中之一。同时,中国在基础教育、素质教育上所取得的成就,也是可提供东盟国家相互学习、借鉴的重要经验。

在中国境内,作为独立法人合作办学的大学不多,而这仅仅是国际化合作办学的一种,更多的是附属于大学的二级学院和合作项目,发展很快,形势很好,起着推动中国高等教育国际化的作用。但这些基本上属于"引进来"的国际文化教育交流。真正的国际化应当包含"引进来"和"走出去"。拿经济的全球化来说,改革开放初期,中国强调"招商引资",现在中国已经不仅仅是"招商引资"了,经济力量增强了,就可以而且应当"走出去",向国外投资、收购、参与控股,等等,让中国在国际经济平台上有话语权,参与讨论国际上的重大经济问题,对推动世界经济的改革和发展发挥作用。但在高等教育国际化上,基本上还停留在"引进来"的阶段。我们的"合作办学"有没有"走出去"的?有!孔子学院就是"走出去"的,而且这一步很成功。但孔子学院现在只是教外国人学习中国的语言和传统文化,还没有到国外去合作开办工科、医科、理科,也就是让中国的工、医、理也能"走出去"。厦门大学在马来西亚办了一所"分校",预示综合性研究型大学的许多学科也可以推到国际平台上。总之,高等教育国际化应该有宽阔的国际视野,不仅是"引进来",而且要"走出去";不仅是中国的语言、传统文化要走出去,而且中国的科学、技术在国际论坛上也应有话语权。

中国很多学校非常重视国际化,与国外很多高校的合作已经开展。有请进来的、也有派出去的。我在思考,除了这些国家,除了请进来、派出去之外,我们的国际化战略还能不能想得更远、更大、更自信一些?我说的可能很抽象。那我就用经济来打个比喻:过去我们讲经济上的国际来往,20世纪80年代讲招商引资,90年代讲招商引资也可以,到了21世纪,就不仅仅是招商引资了,而是要把我们的资金、技术打出去。经济可以打出去,我们的教育也可以,我们也要思考有哪些东西是可以打出去的。我想说,美国并不是什么都好,从现在来看,最好的学校在美国,但最差的学校、野鸡大学也在美国。美国每年有一两百所学校关门,又有一两百所学校开办。我们曾经邀请了一位美国知名的比较高等教育专家来讲学,有一个观点我与他有不同意见,他认为发达国家,尤其是美国,是世界的核心,发展中国家只是边缘,边缘自身不能发光,要靠核心辐射发光,所以对于发展中国家而言就是要好好地接受发达国家发的光。我说不对,有些东西你们是核心,有些东西我们是核心,我们承认你们在科学技术的某些领域比较有前瞻性,但并不代表你们在所有领域都是如此。

这样一种依附发展理论,不仅西方发达国家的学者提倡,而且有许多发展中国家的学者,其中包括中国的学者也在自觉不自觉地提倡。认为美国的东西就是先进的,美国人说的就是正确的,认为只要向西方学习、认同西方的理论就行。但也有的学者认为,我们不能单纯地向西方学习,向西方的理论靠拢,不能简单地照搬、移植、认同西方的文化,还必须结合各自国家的国情对其做出选择,加以改造。

依附理论的形成有其自身的必然性与合理性,发达国家在科学技术、文化制度等方面,必然有一些先进的东西,值得发展中国家借鉴;历史上,也确实存在不少先进文化同化落后文化的事实。中国近代教育制度,包括大学制度,基本上就是从西方引进的。当然,借鉴、引进与依附、同化是不同性质的概念。前者以我为主,后者不由自主。

但是,依附理论的消极影响也是很明显的。首先,它挫伤了一个民族的自尊心,造成了民族自卑感,觉得自己事事不如人。其次,它强调不要自主创新,直接"拿来"即可,扼杀了发展中国家人民的创新精神。

依附理论的假设前提是发达国家的科技发达,所以相比之下社会也就更文明。文明的社会,其文化也就更强势,其学科理论也是强势的、进步的、先进的。这个假设的前提是不全面的。我们承认科技越发达,生产力水平越高,文化程度也相对越高,但其文化中同样也有落后的东西。总体上来说,发展中国家生产力不发达,文明程度也较低,但不能说它的文化中就没有精华的东西。中国不但在历史上拥有优秀的文化,今天仍然有许多先进的东西,而且还不断地有很多先进的、新的东西出现。有些优秀的传统文化和创新的理论,可能比西方发达国家更为优秀、更为先进。比如我们的儒家文化和各门学科的创新理论。儒家文化是传统文化,我们不能够说儒家文化中所有的东西都是精华,但我们得承认儒家文化中确实有其精华,并对今天世界现代化发展有它的积极作用。为什么今天仍有许多国家还在研究儒家学说,就是因为儒家学说中许多关于修养的、经营的理论对我们今天还有积极的作用。在经济领域方面,也有许多经营管理理论是值得我们和世界学习的。有一本书叫《菜根谭》,其中的许多观念,在现代经营管理上仍然能够起到很好的作用。为什么现在商界的经理们还要学古代的《孙子兵法》？因为它对今天的经营管理还有一定的用处。为什么一个人口众多、资源不丰的贫弱国家，能在短时间中建成一个经济大国？其中必然有它并非依附发展的创新理论。可见，说西方发达国家的文化先进，而发展中国家的文化落后，发展中国家自己不能创新，也不必要创新，这种依附理论的论点显然是错误的。

依附理论首先是从经济理论界提出来的，认为发达国家跟第三世界生产力和经济基础发展不平衡，所以第三世界只有依附于发达国家才能发展，第三世界要发展只能依附于发达国家。除了这个说法以外，依附理论还有另外一个方面，即依附理论揭露了发达国家对发展中国家的剥削和压制，是一种新殖民主义。在经济理论方面，由于依附理论中存在许多不能自圆其说的欠缺，许多人提出了质疑，在批判了一阵之后也就没有再引起太多的反响。

"中心—边缘"说对中国高等教育研究也是有影响的。有的人认为，中国高等教育的研究要依附于西方，尤其是依附于美国，因为美国的教育比我们发达，理论水平比我们高，研究方法比我们科学，所以应该依附于美国高等教育理论。虽然有的人并不是这么公开地提倡，但实际行动就是这么做的。比如，现在有的大学要求学生写博士论文，必须在读大量西方的理论基础上写论文，甚至规定一篇论文引用西方著作和名家的话不得少于若干处，以证明所写论文是认真学习过西方教育理论的，更多的论文作者，总是无保留地引用西方理论作为自己立论的依据。西方的理论，即使是先进的、正确的，也得看看是否符合中国之情。现在还流行着一种有关改革文章的"三段法"。第一段，摆出中国的种种问题；第二段，介绍西方有关的理论和做法；第三段，西方的理论、制度、措施等等对中国改革的"启示"，从而按照西方的理论、模式提出改革的建议。当然，大多数人还是认为，中国的高等教育不是全部落后的，中国的高等教育有它自己的特色。很多中国的教育理论开头的确是引进来的，但引进之后，中国也出现了许多自己的创新、改造。比如陶行知的理论、陈鹤琴的活教育理论、梁漱溟的乡村教育理论、晏阳初的平民教育理论、黄炎培的职业教育理论等,都不是完全照搬西方理论,不是完全原原本本地依附于西方的。至于中国的高等教育学一开始就是土生土长的,虽然土生土长有缺点、水平不高,后来我们逐步借鉴西方的东西,提高了我们理论水平,今后还要学习国外的高等教育理论,包括美国的高教理论和研究方法。但不能够说我们都是"行星",只能接受"太阳"的光和热才能亮起来。比如,美国只承认高等教育是一个研究领域,而我们的高等教育学则是一个学科,教育的内部关系规律也不是从美国抄来的。也就是说,中国一些高校的做法,可以辐射出去、推广出去,推广到国际上。

四、从研究大国到研究强国

20世纪90年代初,中国的高等教育以学生数计量,就已经是仅次于美国、印度,超越俄罗斯,成为世界的第三大国。21世纪以来,更迅速超越美国、印度而成为世界第一大国。这个发展主要是数量上的增长。

但是,高等教育的大国不等于高等教育的强国。我们不仅要成为高等教育的大国,而且应该成为高等教育的强国,要成为大国很容易,因为人口多。但是"做大容易做强难"。那么怎么强呢?首先必须按照高等教育的规律办教育,能够更好地培养高素质的专门人才,因此必须有理论指导。其次,中国的高等教育要做强,不能光看有几所"一流大学",还要看全国高等学校的总体质量,包括正在兴起的应用科技大学和高等职业技术教育,是否能培养出现代化建设所需求的应用性、技能型人才。要做强,今后我们的发展任务更艰巨。正因为更艰巨，所以就更需要理论的指导。没有理论指导，单靠喊口号、提指标很难做强。现在我们高等教育发展过程中的许多做法和看法是急功近利的，并非长远考虑，缺乏审慎的研究和深邃的理论指导。

当前高等教育研究，形势大好。形势大好的背景是当前中国高等教育的问题很多。问题多是好事，事物的发展总是在不断地解决一个又一个的问题中前进的。没有改革就不会有问题，一潭死水就不会有问题，当然也就很难前进。我们就是为研究高等教育理论问题，解决高等教育实践问题而工作的。没有问题，我们不就失业了吗？形势大好的标志是每年报刊上发表的论文数以万计，出版的专著数以百计，高等教育学科和以高等教育管理为主的教育经济管理学科专业点近百个，每年培养的高等教育学与高等教育管理的研究生数以千计。正如一位外国同行专家所赞叹："中国是高等教育研究的大国。"但还不是高等教育研究的强国。如何向高等教育研究强国发展，我有两点建议。

一是高等教育学，就其总体上说，是应用性学科。当然，应用性学科也有应用性的基本理论研究，有的研究成果还能够补充教育学理论研究之不足，提高教育学的理论水平。但大量的应当是从宏观或微观层面上解决高等教育在改革发展中的现实问题，包括近来所提倡的"校院研究"或"校本研究"。例如，每年有数以千计的高等教育学科博士论文和硕士论文，某篇论文能解决某个实际问题就有意义、有贡献。但也应当有一些博士论文和一些学者研究高等教育学的基本理论。我很高兴地看到从厦门大学教育研究院毕业的张应强、张祥云、李均、王建华、刘小强、方泽强等院友，和许多兄弟单位毕业的硕博士，在基本理论研究上都有所贡献。

二是中国高等教育学科，是在中国本土产生与发展的。也就是说，从中国高等教育的实际出发，总结自己的经验，形成自己的理论。在其产生的早期，由于信息闭塞，对西方的高等教育研究的进展情况和研究成果知之不多,因而视野不够宽阔,理论水平不高。后来国际学术交流增多了,也就在一定程度上受国外尤其是美国的影响。这对学科的建设与理论水平的提高是起了促进作用的。当然,也有些分支学科和研究领域,基本上是从国外引进之后才开始研究的,如高等教育经济学、高等教育评估、院校研究以及某些教学方法等等。但大量的研究课题是从中国改革与发展的实际出发的。高等教育理论研究带有强烈的本土意识和主体意识,但在"与国际接轨"的倡导下,有些研究者,自觉不自觉地认可学科的"西方中心主义",呈现一定的主体迷失,盲目地追求理论和方法的国际"时尚"和"潮流",成为"依附理论"的追随者。而如果中国的高等教育研究只能仰仗于西方理论的"辐射",则中国的高等教育学科只能被边缘化。这是应该引起警惕的。因此,在新时代,中国高等教育学科建设,既应克服"民族本位主义"的倾向,也应警惕"民族虚无主义"的倾向,不做"依附理论"的追随者,努力做到在继承中学习,在借鉴中超越,建设有中国特色的高等教育学科体系。

2007年在厦门大学召开"借鉴与超越:中国高等教育发展的自主性路径研究"学术研讨会

高等教育的理论研究,不可能代替政策研究,因为政策的制定还需要结合现实条件。但是,理论研究负有引导政策的社会责任。高等教育学科建设,面对高等教育的变革与发展,应当与时俱进,从发展的趋势中预见未来,指引政策的制定,推动教育的变革与发展。

在未创建高等教育学科之前,研究高等教育问题的学者和文章很少,现在研究高等教育问题的学者相当多了,许多人都很有成就,包括我们培养出来的学生。很多学生在高等教育理论上、实践上都有很多成就,高等教育学被人称为当前的"显学",所以我对高等教育学未来的发展是充满信心的。

五、高等教育研究的协同创新

我把从1999年开始历经5年完成的"建设有中国特色社会主义高等教育理论研究"视为一次"协同创新"的高等教育研究活动,为什么?那时虽然还没有出现"协同创新"这一概念,也没有具备今天所推行的"2011计划"规定的模式,但已具有协同创新的某些要素,既有协同的机制,又有创新的成果,可视为"协同创新"的原生态,属于面向文化传承创新的协同创新类型。

当年,王冀生同志在"建设有中国特色社会主义高等教育理论研究"第三次研讨会做总结时指出,这一重大课题的研究"集中了国内一些著名的教育家、一些有经验的高教管理工作者和很多有识之士",是"政府与群众相结合、管理部门与学校研究单位相结合、中央与地方相结合,老、中、青相结合",开创了"把决策研究和理论研究结合起来"的新阶段。因此研究成果能够较快较好地转化为决策与实践,使得"我们研究工作的过程实际上已经在全国产生了广泛的影响,已经对我国高等教育发展和改革起了一定的促进作用"。这些研究成果不但在当时及时转化为决策与实践,在 20 多年后的今天进行回顾,许多观点和理论对当前高等教育的改革与发展仍有重要的指导意义。

2001 年与王冀生(右一)、李进才(右三)、陈谟开(右四)、张笛梅(左三)、钟秉林(左二)等在镜泊湖

举例说,高等教育进入大众化阶段,分类培养人才是必然的趋势。因此,《国家中长期教育改革和发展规划纲要(2010—2020 年)》提出:"建立高校分类体系,……引导高校合理定位,克服同质化倾向,形成各自的办学理念和风格,在不同层次、不同领域办出特色,争创一流。"而近 20 年前的理论要点,在大众化尚未到来之前,就审时度势,提出"分类指导,加强重点,是从我国经济与教育发展不平衡性的实际出发,在高等教育的发展上区别对待,有针对性地加以指导";要"逐步形成少数既是科研中心又是教学中心的教学科研型院校,多数以本科教育为主的院校,大量主要是培养实用型、技能型人才的高等专科学校和高等职业学校相结合的以及综合性、多科性、单科性院校相结合的合理的院校类型结构"。当年经过充分讨论就已提出三种类型,即少量的学术研究型院校、多数的理论应用型本科、大量的技能型高职,以及综合性、多科性、单科性高校并存,而不是把具有行

业特色的院校都办成同质化的多科性本科院校。遗憾的是这一分类发展、分类指导的正确的理论见解,受传统的"重学轻术"理念所影响,加上大规模的院校合并以及统一的评估、统一的招生制度的制约,导致同质化问题严重。至今分类发展、分类指导的问题尚未能很好解决。

这种政府与高校、富有工作经验的管理干部与从事理论研究的专家相结合的协同创新研究,有利于制定既遵循规律又符合国情的顶层设计。当年高等教育改革与发展的顶层设计是"增加投入是前提,体制改革是关键,教学改革是核心",其后又增加"思想转变是先导"。这一顶层设计成为当时全国高等教育改革与发展的共识,基本上也是改革实践所遵循的原则。其中"增加投入"这一前提,由于当时政府财力不足,民办高等教育刚恢复,增加财力有限。作为关键的体制改革,在当年的成效是比较明显的,如招生分配,从统招统配改变为自主择业,不包分配;投入体制,从不收学费到交费上学;管理体制,从条条为主到块块自主;办学体制,由统一公办到鼓励民间捐资或投资办学;等等。但作为核心的教学改革,开始时缺乏有效的实施,稍后由国家教委主导的"面向21世纪教学内容和课程体系改革计划"才启动。后者是一项比"理论要点"研究规模更大、参加的高校和专家更多的"协同创新"课题,是由时任国家教委副主任周远清同志所主持的。

根据对陆续参加课题的高校和专家的统计,有500多所高校、数以万计的大学教师参加,前后申报了3000多个项目,经审批组成221个大项目,985个子项目,主要是研究21世纪对专门人才知识、能力和身心素质的要求,改革人才培养模式;研究如何调整专业结构,修改主要专业或专业群的培养计划、课程结构,特别是基础课程、主干课程的教学内容和体系;编写出版了一批"面向21世纪课程教材"。

与此同时,1998年,周远清同志主持在武汉召开了唯一的一次"全国普通高等学校教学工作会议"。至于后来增加的"思想转变是先导",则不是顶层设计,而是自下而上形成的。当年许多高校在改革发展中感到"要把什么样的高等教育带进21世纪,先要解决把什么样的教育思想带进21世纪"。因此,一场"讨论教育思想的热潮,正在悄然兴起",这一群众性自发的活动就被概括为第四句话"思想转变是先导"。

"建设有中国特色社会主义高等教育理论研究"课题组分别在长春、无锡、江门三市召开三次大会,出版了三本论文集,选编的宏观研究论文近200篇。与此并列,课题组组织了一个综合研究组,在众多论文和讨论结果的基础上,提炼成14方面60条要点,编成《建设有中国特色社会主义高等教育理论要点》一书,这是一本简明的高等教育基本理论和发展战略相结合的纲要,对今天掌握高等教育理论和指导高等教育改革发展实践,仍然具有现实意义。

值得称道的是,这种具有协同创新要素的研究方式,在高等教育理论研究的组织上,一直延续下来并有所发展。

除了上述的规模更大、成果更多的"面向21世纪教学内容和课程体系改革计划"之外,还有2000年启动、由全国高等学校教学研究会组织的"21世纪初中国高等教育人才培养体系研究计划",全国众多高校的领导和管理干部、研究机构和教师参加,立项课题达600多项,涉及培养人才的理论、制度、课程、教学,以及教师发展、质量评估等等方面;以及2008年启动,由中国高等教育学会组织的"遵循科学发展,建设高等教育强国"课题研究,分为13个板块,召开了四次国际会议,从理论到现实,从历史到未来,展示了从高等教育大国到高等教育强国的发展之道。课题研究成果对于推进高等教育大众化发展,提高高等教育质量,建设高等教育强国,必将起到指引与推动的作用。

高等教育的改革、提高、创新、发展是一个不断探索前进的过程,也是一个理论前沿的课题。近年教育部启动"2011计划",对协同创新中心的构建有比较明确的要求,并且特别重视以哲学社会科学为主体,通过高校、科研院所等,建设面向文化传承创新的协同创新中心,提升国家文化软实力。有不少大学已经相互协作,组织起来,由于某种原因,可惜形成自流。

六、对未来中国高等教育研究的展望

尽管中国高等教育研究取得了辉煌的成就,但我们不能满足于现状。中国高等教育研究毕竟是一项年轻的事业,在学科建设、制度建设、国际交流以及对实践的服务力度等方面还有诸多不足,一些教育管理部门和高校的领导对高等教育研究的认识还存在一些误区。因此,我们必须正视不足,加快改革发展的步伐,朝着更高的战略目标前行。

进入新世纪,中国高等教育迎来一个快速发展时期,这既是一个发展的黄金期,也是一个矛盾凸显期。一方面中国高等教育实现了跨越式大发展,进入了大众化阶段,成为世界上高等教育第一大国;另一方面中国远非高等教育强国,在深化改革中问题丛生,面临着如何从大国走向强国的历史任务。高等教育实践呼唤理论指导,高等教育研究者应该担负起时代赋予的历史使命:在加强理论创新与实践指导的过程中,实现高等教育研究也从大国向强国的迈进。

作为一个前瞻性的崭新命题,建设"高等教育研究强国"是中国高等教育研究自身不断发展、不断超越自我的必然要求。这不是一个近期的、一蹴而就的目标,而是一项长期、艰巨的工程。对此,我曾经撰文从把握好"质与量"、"学与用"、"古与今"、"土与洋"几个辩证关系的角度谈了自己的看法。现在我再从21世纪中国高等教育研究的范式变革、制度建设和道路选择等几个方面谈谈我的想法和展望。

第一,中国高等教育研究的范式变革。未来中国高等教育研究要在范式上取得新的突破:既保持高等教育学科研究的特色,又积极吸纳一切相关学科的理论和方法,形成以高等教育学科范式为主导,多种范式并存的开放、多元的高等教育研究范式。

这个观点可进一步分解为两个方面:一方面,高等教育学科范式不是高等教育研究唯一的范式。仅仅运用高等教育学科范式将无法解决日趋复杂的高等教育问题,固守单一的高等教育学科范式必将限制高等教育研究的开放与发展,也不符合高等教育研究的方法论特点。只有高等教育学科与政治学、经济学、文化学等多种学科范式相辅相成,才能真正有效地解决高等教育问题。另一方面,高等教育研究走向开放,采取多范式研究,绝不意味着高等教育学科从此就走向终结。在未来的开放、多范式研究中,高等教育学科范式仍然占据主导地位,高等教育学科范式在保证高等教育研究的相对独立性、把握高等教育研究的全局和方向、整合多学科研究、聚集和培养高等教育研究人才等方面继续发挥其他范式难以替代的作用。

今后,高等教育学科要更加开放,学科建设的思路也要更加多样。高等教育学科不必因其他学科的广泛介入而妄自菲薄,应以一种更加开放、更加自信的学科意识,在主动接纳其他学科资源的过程中,强化自己的理论、观点和规范。未来的知识经济时代,高等学校将从社会的边缘走向社会的中心,高等教育学科作为研究高等教育的专门学科,将受到更多的关注,必然有更多的学者加入到高等教育学科队伍中,高等教育学科大有可能成为新世纪的"显学"或"朝阳学科",这又向学科建设提出了更高的目标和要求。

第二,中国高等教育研究的制度建设。高等教育研究制度是规范研究行为的准则体系和支撑研究发展的基础结构体系,通常包括研究的机构、人才、刊物、著作以及图书文献中心、学术会议、课题管理、研究经费、人才培养、学术规范、学术评价等各种要素。多年来,我们已经初步搭建了高等教育研究制度的框架,但框架内部各种配套制度的建设存在很大的欠缺。未来只有加强研究制度的建设,才能保障高等教育研究事业的持续、健康、繁荣发展。

未来高等教育研究制度的建设主要包括以下方面:完善保障高等教育研究机构自主发展的制度和机制,建立若干高等教育研究专业网站与虚拟高等教育研究平台,建立高等教育研究机构之间的合作制度和机制,建立高等教育研究刊物分类管理和质量保障制度,建立全国性和区域性高等教育研究文献资料中心和数据库,建立保障高等教育研究经费投入和有效使用的制度,完善高等教育课题研究和课题管理制度,完善高等教育研究人才培养制度,建立高等教育研究成果转化制度和机制,鼓励多元化的高等教育研究成果评价标准,完善高等教育研究学术规范等。制度建设,既要力求规范、完善,又要避免烦琐、僵化。

第三,中国高等教育研究发展的道路选择。未来中国高等教育研究要向"高等教育研究强国"的目标迈进,必须选择一条正确的道路。这条道路是坚持自主发展的道路,还是依附发展的道路?这是中国高等教育研究必须明确的方向性、战略性问题。

一方面,中国高等教育研究将继续坚持独立自主的发展道路。中国高等教育研究三十多年繁荣发展的历史已经证明了坚持独立自主的发展道路是正确选择,各国社会科学发展的历史也证明了没有哪个国家是通过选择依附发展的道路成为社会科学研究强国的。依附发展和从属理论不仅解决不了中国的实际问题,还会对高等教育研究的健康发展产生负面影响。

另一方面,中国高等教育研究将逐步走向世界。未来的中国高等教育研究要加大对外开放的力度,进一步加强与国际高等教育研究界的交流与合作,不仅以更为宽广的胸怀借鉴世界一切先进的、优秀的高等教育理论,还要通过交流与合作,让中国高等教育研究的成果为世界同行所熟知和认可,并逐步确立中国高等教育研究在世界学术界的地位。同时,积极参与跨国性的重大高等教育课题的研究工作,在国际化与本土化的相互作用、相互补充中不断取得新的进步。

总之,要建设高等教育研究的强国,就不能满足于规模大、成果多,更重要的是要沉下心来不断提高理论水平和应用价值。高等教育研究者要切实担负起自己的历史责任,瞄准学术发展前沿,打开认识视野,拓展思维空间,既立足当代又继承传统,既立足本国又学习外国,既立足现实又瞻望未来,大力推进学术观点创新、学科体系创新和科研方法创新,形成国际高等教育研究中的中国学派,努力建设具有中国特色、中国风格和中国气派的高等教育学科群,为世界高等教育研究的发展做出我们中国学者应有的贡献。

后 记

聆听先生，如此幸福

生命中的因缘际会让有些人走入我们的生活，进而影响我们的一生，对于我来说，先生就是改变我生命轨迹的贵人。

蓦然回首，从1991年成为先生的硕士生，我不知不觉已经跟随先生近30年，虽然有很长一段时间并不在厦门大学，但是一直在厦门，也一直与先生保持联系。因为景仰先生，我2005年又再次成为先生的博士生，毕业后经先生的推荐留在厦门大学任教。

2015年，厦门市社科联组织出版先生的口述史《鹭江学人潘懋元》，我有幸执笔；如今，华中科技大学出版社又推出《实践—理论—应用——潘懋元口述史》，很荣幸我再次成为整理者，真心感谢先生对我的信任与厚爱。

两次的口述史内容有少部分交叉，前者较多个人的经历；后者着重高等教育改革。为了不给本来就非常忙碌的先生增加负担，经与先生商量，这次的口述很多是在陪先生来回厦门大学的车上进行的，因为先生每周一都要去教育研究院参加学术例会，有时还要参加别的活动，从先生家到厦门大学，正常坐车来回要40多分钟，我提前几天把要访谈的内容通过短信发给先生，当天提前赶到先生楼下跟他一起坐车，一般一上车我便把录音笔打开，这样的好处是单次口述的时间不会太长,先生不会太累,也便于我及时整理,有疑问又可以在下一次乘车时询问得到解答。对于中国高等教育的改革,先生既是亲历者、实践者,也是研究者,所以他的视角很独特,很多报纸杂志采访过先生,包括一些老师同学也访谈过先生,先生也撰写过很多关于高等教育改革的论文,所以有些内容直接来自先生的文章和访谈,最后都经过先生一字一句的审读。

聆听先生,感受中国高等教育真实的历史,时代的光影得以重现;聆听先生,感受他在中国高教改革中的足音与心声,近距离触摸先生的思想与精神,何等幸运!

有人说:"真正的教育是用一棵树去摇动另一棵树,用一朵云去推动另一朵云,用一个灵魂去唤醒另一个灵魂。"每次聆听先生口述,对我都是一种教育情怀的熏陶,都是一次学术思想的启迪,我一次次地被摇动、被推动、被唤醒,感觉自己如此幸福。

感谢华中科技大学出版社的编辑周晓方和章红,她们认真细致的工作态度为我感动。许多老师、同学为此书出版提供了照片和资料,请原谅我无法一一列举名字,一并致谢。

郑宏

2018 年 6 月 8 日